# かけがえのない、大したことのない私

田中美津
Tanaka Mitsu

インパクト出版会

目次

# かけがえのない、大したことのない私

ドングリコロコロみたいな顔で緊張している私。
初めて勤めた会社の社員旅行で先輩たちと。
会社のお昼休みには、いつも
コッソリお風呂屋に行っていた。（20歳）

カバー写真＝（表）松本路子
（裏）梶山涼子

# 1章
# 火を必要とする者は、手で掴む

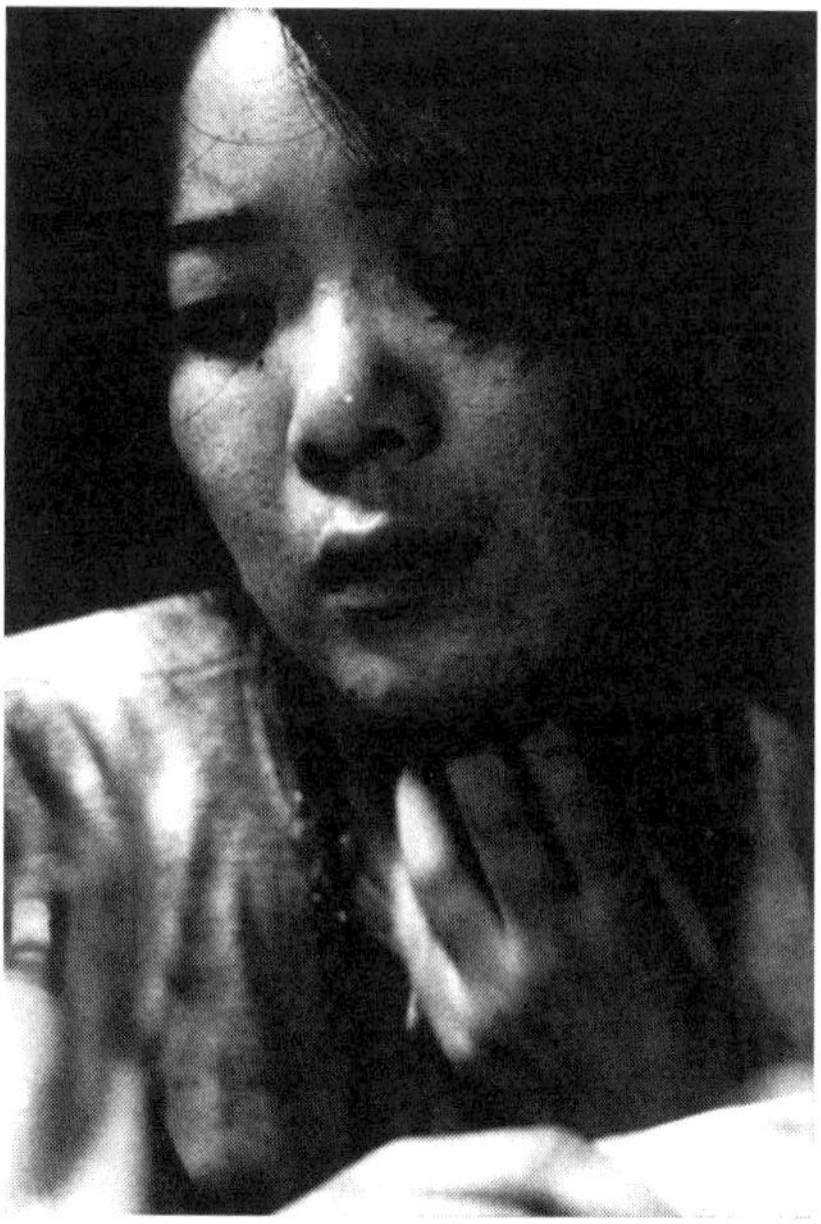

リブ運動まっただ中での私。
確かべ平連主催の広島を訪ねる旅のシンポに出たときのもの。
夜行列車だったので疲れていた。
あまり他人には見せない顔を、プロがすばやく撮った。(29歳。写真・福島菊次郎)

# 理知だけじゃ、あやめも分かたぬ闇を行く

## そぎ落される身体感覚

わたし今三五歳で、二十年前というのは田舎の中学生だったんで、リブの記憶がないんですね。同じ時代に日本に生きていただろうと思うんですけど、覚えているのは落合恵子さんがラジオで放送をしていて、なんとなく気にいって聞いていたことくらいで、社会の動きとか全然関心がなく、あとになって田中さんの本を読んでみたんです。82優生保護法改悪阻止連絡会の人たちの集会に行くと、多分リブの志というのはあの辺の人が持ってるんじゃないかなあと思っているんですが、全然知らないんです。

**田中◎**そうか、あなたにとってはリブは歴史なんだね。私にとっては、今だったらあそこをこんな風にできるだろう、でも、あの時はあれで精一杯だったのだから、ま、仕方ないかなと時たま思ったりする、そんな過去なの。過去を悔むより、いま現在の自分が過去の失敗を

生かしてるかどうかが大事。そういう意味では、今でもずーっとリブの続きをやってるかんじ。もともとリブは自分の生き方から始まるものだからね。

わたしは読んでいてさっぱりしなかったのは、新聞の見出しとか、座談会とかに書いてある単語で、原点が女の恨みだとか、女の側から見た母性とか、体制としての家とか、まだ結婚しないのかといわれることとかいろいろあるんですけど、女だからということでどうのこうのといわれることとありますよね。そういうことに対して、おかしいといってたという熱気は伝わってくるんだけど、その頃と今のわたしが生きている時代と、わたしの思う不満としては同じだなあと思う。

**田中**◎同じで、そして変わったところもあると思う。わたしは拒食症とか過食症の問題に関わってるでしょ。そうすると、だいたい完璧主義の成績のいい子たちがダイエットなんかでつまずいて、拒食症とか過食症になるケースが多いのね。

で、そういう子たちのお母さんは世代的には、私たちのやったことの影響を受けた方々で。つまり伝統的な生き方に裂け目が入った時代に結婚したわけで、「結婚だけが女の幸せじゃなさそうだ」と思いつつ、だけどじゃあどうしたらいいのかがわからない。横目で見るともっとおいしそうな生き方がちらちらしてる。

結婚するという生き方しか許されなかった時代、そういう生き方が普通のことだった時代は、たとえ結婚して幻滅しても我慢しやすい。隣りの女も似たりよったりだから。だけど、結婚しないでも生きられるとか、結婚しても自由とか、新しい女たちが現われると、やっぱり結婚の幻滅は幻滅として感じざるをえないじゃない？　自分はひどく損な生き方をしてるんじゃないかという気にもなる。

　みんな高学歴化してて、自分と条件は似たりよったりなのに、もっと良さそうな生き方をしてる女たちがいる。そうなると相対的に不幸感は強くなる。強くなるんだけど、空虚な自分をどんなふうに満たしたらいいのかわからない。

　人間って不安だと、他者をコントロールしたくなるものなのね。子どもに、そんなことしたらあなたこうなるじゃない、ああなるじゃない、なんて口うるさくいう。そうしていれば問題があるのは子どもであって、自分じゃないと思えるでしょ。過干渉する親は、いわば自分の不安をそのまま子どもに投映させているわけね。良き妻、良き家族ごっこをすればするほど生じる空虚さを、子どもとの関係で満たそうとしている。

　一方、コントロールされる子どもの方はいい子にならなければ、勉強できる子にならなければ、なんでも完璧にできる子にならなければ、お母さんが愛してくれないという脅迫を、ずっと受け続けていくことになるわけです。

　自分が生きられなかった人生を娘に実現させたいという思いとか、自分で自分が肯定できないからデキのいい子を育てることで肯定されたいといった思いとかがごっちゃになって、摂食障害の子が「時代の子」として生まれている。

日本も豊かになって、高学歴化して、余暇もできたから、母親が子育てにかまけられるようになって、それで生まれた現象ともいえるわね。

そういう人たちと比べると、この頃は結婚で自分のキャリアを犠牲にしたくないと思う女の人たちも増えてるんじゃない？

**――親の要求するレベルが高くなってきてるというか。私のころは健康でさえあればいいという程度だったけれど。**

**田中**◎拒食症の娘さんたちって殆ど勉強できる子たちで、ぼんやりできないのが特徴。ぼんやりできないというのは、親の望む子を一生懸命やってきて、逸脱することができなくなってるからなの。いわば、人生で初めてやった逸脱が拒食症、過食症なわけよ。

拒食症ってのはあるところで過食症に転じるケースが多いんだけど、それはすごいのよ。一回に一升のご飯を食べてしまうとか、食べては吐くから、吐く時に口に手を突っ込むせいで手に吐きダコができる。また、吐いたもので毎日ごみ袋がイッパイになる。その袋が破けて清掃のおじさんがかぶっちゃったとか、吐いたもので土管やトイレが詰まるとか、糖尿病のような強烈な匂いがするとかね、すごい話なんですよ。

とにかく、七、八〇年代に子どもを持ったお母さんたちにしっかりコントロールされた子が初めてやった逸脱だから、ものすごい形で出てくるわけ。

娘の側から語れば、摂食障害ってありのままの自分を受け入れられない、ありのままの自分を愛せないというヒトが、自分に対して行う非常に自己懲罰的な行為です。だって、自分に食べさせないとか、食べさせ過ぎるとかすれば苦しいでしょ。

お母さんに愛されるためとか、社会から誉められるために演じている偽の人格だと、「生きてるって楽しい」という思いは育たない。生きてることが喜びにつながらない。だから幾つになっても不安で、その不安の穴に食物を詰め込む。

世の中だんだんと綺麗とか清潔とか理知的とかの人間指数の高いヒトが上等ってかんじで、人の悪口は絶対いってはいけないとか、いつも感じよくふるまいましょうとか、共感できないことにも共感してるフリをしたり、そう思ってもいないのに「感動しました」とか答える、そういうのが常識化しているような関係や社会。

朝シャンしないと登校できないとか、学校では排便しないとか、ダイエットものすごく流行ってるし。偏差値文化というか、あの人より上品、あの人より清潔、あの人より痩せてるという追求で、身体感覚がドンドン抑圧されてしまうと、子育てがこれからものすごく困難なものになっていくと思うのね。

自分に対してムチ打つ行為としてダイエットをやって、お化粧も完璧にやって、大学もいいとこに行って……という娘さんたちにとって、男を振り返らせるというのも女の偏差値を高めるゲーム。だから男をゲットした瞬間にその男は価値を失なってしまう。アッシー君やミツグ君になってしまって、結婚する気にはなれない。

橋本治さんによると、女にとってはやっと石器時代の幕が上がったっていうことなんですって。ってことは当然の混乱が起きているのかも。闘いから帰ってきて女との関係にやすらぐという、「兵士の休息」はもう男たちにないということは確かかね。男が自分を好きだというと、とたんにその男に興味を失う女たちにとっても休息はないわけ。そういう意味では非常に男女平等は近づいているといえる。両者とも休息もやすらぎもなくて……。

これから本当にどうなっていくのかなという怖さ、面白さなのよね、現代って時代は。

――面白いっていうか、現実を考えると怖い。

**田中**◎怖いよ、でもしょうがないよ、ここを通過しなければ。

私がクレヨンハウスで開いている「イメージトレーニング」のセミナーなんかにも摂食障害の人たちってたくさん来る。でも逸脱もせずに、ズーッといい子ちゃんやって、大企業に勤めて、いいお嫁さんになるということがマルで、その路線からコケちゃった拒食症の子はバツかっていうとそんなことはない。逸脱することもなく、いい子の仮面を付けて平気で生きられるヒトの方が、ビョーキは重いかも。

――少なくとも拒否って点では意志表示をしているととらえれば。

**田中**◎七〇年代に私たちは、妻や母としてしか女を生かそうとしない社会に対して明確にノンっていったわよね。そして今子どもたちは、母親や世の中が押しつけてくる生き方に対して、拒食症、過食症というかたちで、ノンといい始めてる。

七〇年代にリブやり始めた頃、子殺しも社会現象として問題になっていて、私は当時リブの女と子殺しの女は同じ根っこから出現していると指摘。伝統的な女の生き方の終焉という根からね。旧来の生き方と新しい生き方のせめぎ合いが一人一人の女の中で起きている。もう本当のところ、女たちは子育てどころじゃないのよね。

## 豊富なムダをかかえて生きるのが好き

私がリブっていう言葉にこだわることっていうのは、なんかよくわからないんだけれども共感する部分がある。今でいうとフェミニズムというのが、一つの分野としてありますね。フェミニズムだと本いっぱい読まないとだめですよね。外国の本も同じくらい読まないと、話の糸口にならないというような雰囲気がある。

実際問題としてはわたしはOLをやっていて、会社に行ったりとかするとそういう話とは全然違う話しかしてなくて、ある日突然やっぱり勉強しなくちゃと思って読むと、一生懸命読んでもわかんないんですよね。

**田中**◎わかんないよ。よく読むね。女性解放って「最初にお勉強ありき」じゃないと思うのね。自分の中にそれを問題として感じるとか、自分が具体的に出会った問題を通じて、考えたり動いたりすればいいと私は思っている。

一番最初の私たちの主張は、「女が女として生きてないのに、妻として母として生きられるか」っていうことだった。「女が女として生きてない」とはどういうことか。気がつくと、いつも男や世間のまなざしを生きている私。「かわいいね」とか「いい娘さんね」とかいわれたくて、意識・無意識に自分をコントロールしている。セックスを始めとして、自分からは積極的に求めないつつましい女なんて、「どこにもいない女」なのに。

よく伊藤比呂美ちゃんと摂食障害のセミナーに呼ばれるんだけれど、比呂美ちゃんが料理のプロを知っていて、そのセミナーでも料理をみんなで作るというワークショップをやればいいのにとかいって、私がそうね、そういうのがあるんだったら退役したプロのストリッパーに来てもらって、魅惑的なパンツの脱ぎ方のワークショップがあってもいいんじゃないって。男がコロリと参るような、楽しいパンツの脱ぎ方ができる人が、毅然としたキャリアウーマンでもあるというのが魅力的。男を「抱く」自分も、男に「抱かれる」自分も両方欲しい。両方で「ここにいる私」だから。

**―え、今の難しい。女の人がパンツを脱ぐの?**

**田中◎**パンツじゃなくてもいいけど、女のフェロモンで男をコロリと参らせることもできる。だけどそうじゃない生き方もできる。いわゆる媚びない、雌の魅力で得しようとするような生き方じゃない生き方もちゃんとできる。両方できる、そういうのがいい。

ムダのないものってあなた好き? こんなことができたところでそれが何だというようなムダを多く持ってることに、私は豊かさを感じるの。自分の中にムダな部分がないと、妙にわかりやすい人間になっちゃう。ごく普通のお嬢《じょう》さんや水商売の女の人とお喋りすることもできないし。

――興味があるからわたしストリップとか見に行くんですよね。友達に誘われて。そうすると他の人から顰蹙《ひんしゅく》を。

田中◎買うでしょ。そういうこと話すことすら許されないっていう雰囲気があるんだよね。

――でも見てみなければわかんないとか思って、理由をつけては見たくなっちゃう。

田中◎例えば『ナインハーフ』っていう映画はセックスの快楽追求の映画で、一部ではいやらしい映画として批判浴びたよね。終始男が女に対して仕掛ける映画だからね。そういうところの批判は批判としてちゃんと持つとともに、だけれどもその映画の中で女が氷を肌に押し付けられて感じるという、思わずぞくぞくっとするような場面があるわけ。思わず見ていてヒィーとか感じるわけじゃない？　感じてる自分をありのままの自分として、そのままちゃんと受け入れられるって大事よ。それをケダモノ的な部分って私いってるんだけど、身体感覚的といった方がいいかな。

――……

田中◎例えば、男が、「やっぱり僕、ミニスカートはいてる女の人に感じちゃうんです。ズボンの女の人は活発でボーイッシュで、あれも魅力的だけど、でもミニスカートに感じちゃう僕っているんですよね」なんて不用意にいったら、袋叩きにあうでしょ？

**—なんてバカなことをいうんだろうと、怒る気もあんまりしないけど。**

**田中◎**そう？　私は男によると思うのね。だって、私自身の生きていくコンセプトは、「かけがえのない、大したことのない私を生きる」ということだもの。嫌いじゃない男のたいしたことのなさも許しちゃう。気高い私から大した事のない私まで全部私だと思うから。だからそういう男がいても、私たちはこの世の中以外では大きくなれなかったんだから、そういう気持を持っているのも仕方ないな、と。だって彼はそれだけの人じゃないから、正直に「ミニに感じてしまう自分」を語れるんだとおもうし。

『ナインハーフ』を見たときに、氷を当てられたらゾクゾクするだろうな、今度やってみようかなと思ったのね。私は、私をいい気持ちにさせてくれるものは、麻薬や覚醒剤とかはイヤだけど、もう掻き集めて生きたいほうだから。真面目が大事なのと同じくらいに不真面目な部分も私は大事。気持だけは三六〇度自由でありたいから。

ところが運動やってみてわかったのは、体制の価値観蹴飛ばして運動に入るじゃない。そしたら今度は、ウーマンリブとしてこう考えなければいけないという枠組みの中で生きなきゃいけなくなるようなところがあるわけ。自立した女はそんなことしないとか、自立した女はこうすべきだ等の見えない枠組みが。でもそういう枠組みって生身の私よりもいつも狭いのよ、その幅が。

**—でも当時は、他の運動体に比べればかなり……**

**田中**◎そうよ、でもそれでも狭かったわ、私には。運動というのは、いつだってヒトの生きる幅より狭いものになっちゃう。これは良くて、あれは悪い、これは正義で、あれは不正義という○×思考のワク組みでものを考えるから。

だから運動やってると、清く正しく美しく的なものがなんとなく強制されていくのね。この〝なんとなく〟がいつだって曲者《くせもの》。

私は何をやっても、時に自分のスカートを自分で踏んづけて前に倒れちゃうというようなアホな性格で、でもそれだと、みんながお金をカンパしてくれないのよね。だからすっごく努力して、みんなが見てる間は颯爽《さっそう》とスッスッと歩くようにしていたわけ。

そういう無理があったから、段々と運動するのがつらくなっていって……。私ね、リブ運動してた時に、万引きで捕まったことがあるのよ。今思えば捕まりたかったんだろうなと思うのね。

不屈とか、高い志というのは私の一部で、その一部ばかり強調してると、逆方向に過激に自分を表現したくなってしまう。拒食症の娘さんと同じね。逸脱したくなる。

人間として気高い私ばかりを自分で強調したり、他人からそういう目で見られることが多いと、決してそうではない私が溜まっていって、淀んでいって、それで体を悪くする事もあるだろうし、捕まえられたくて万引きすることもあるんじゃないの。ホントは自分はこの程度の人間だと明らかにすることで、無意識にバランスを取ろうとする。

私、タバコのむじゃない。そうすると、へー、東洋医学やってる人がタバコ吸うんですかとかいわれるの。そうすると、「アラ、知らなかったんですか、私って悪いことするために、からだを良くしてるんですよ」っていうことにしてるの。悪いことをしても体調が悪くならないために、東洋医学やってるんだもん。私は、健康に生きるために、生きているわけじゃない。

本当に何をしたって、そういったプレッシャーがくる。リブやってたときには、リブの女はこうすべきって感じの。男に尽くしてはいけないとか。尽くすってエロス的な意味では結構いい線いってるところもあるのよ。嫌になったら止めればいいじゃない。それだけの強さを持ってるかどうかが問題なのよ。

甘えるとかも私なんか大好きだし。甘え自体が悪い訳じゃないでしょ。尽くしてブスになる、甘えてブスになる、そういう尽くし方や甘え方をやらなきゃいいだけの話で。

## 不条理を受け入れる

**田中◎**私って「理知」も「無知」もっていう人間。それでいわゆるフェミニズムに、あんまり熱心じゃないのかも。ウーマンリブだからじゃなくてね。ハッキリいって今のフェミニズムっておもしろくなさそう。難しい議論、議論で。

新しい理論が必要ないとはいわないよ。でも理知的にものを考えてるハズの人が、新しい理屈とか新しい理論上のスターが現われると、そっちの方へソレーッて駆けていく。そういうのをみると、理論理論といってもしれたもんだよ、結構みんなミーハーじゃんと思うのね。私は私自身が一番大事。その大事な私というのはミーハーの部分もひっくるめて大事なんだけれど、私はその大事な私自身をチャンと通過した言葉や理論が大切なんであって、そうじゃない理屈、理論なんて、なくても平気で生きていける。ことばが「今生きてるこの私」を刻印するものでないのなら、そんなもの何なの、って思う。

わたし鍼灸で救われたと上野千鶴子さんとの対談（『美津と千鶴子のこんとんとんからり』）でもいってるけど、鍼灸師って一定の人格が必要でしょ。日によってコロコロ人格が変わる人が鍼もって近づいたら怖いよ。私がやってる石坂流の針って太くて長いんだもん。だから、鍼灸では私、ケッコー人格者やってるのよね。みんなが安心して信頼できるような。で、そこがちゃんとしてれば、あとはどんなにミーハーでも、スットコドッコイでもいいと思っている、思えるようになって、本当に楽になった。

ありのままの自己を生きるっていうのは、一定した人格を生きるということとおよそ反対のことで。世界には不当に抑圧されてる人がいて、そういう問題に対して私も非常に怒っている。怒っているんだけれど、次の瞬間、シッポまでアンコの入った鯛焼きなんかもらうと嬉しくって、それでニカッと幸せな人になってしまう。そんなたわいのない情けない私もひっくるめて、ここに居る私ってことです。

政治的抑圧に怒ることも、鯛焼きに喜ぶことも両方チャンとやっていきたい。まっとうに生きるって、そういうことだと思うのね。ところがメンタルブロック（思考・記憶の遮断）が強いとそんな風にならないんだよね。無理して一定の人格を生きようとして、摂食障害になっちゃったりさ。集会では元気でウチに帰ると淋しい人になっちゃったり。

――私は最近メンタルブロックというか、からだが拒否してしまうのね。

**田中**◎それはとてもいいことよ。私、七歳のときにいたずらされたのね。昔「いたずら」って平仮名でいっていて、平仮名じゃあなんとなく大した問題じゃないと思われるんで、この頃は「性的虐待」って漢字使ってるけど。その性的虐待というのを受けて、娘盛りの二十一歳で、これから一番花開こうというときに自分が梅毒にかかったというのがわかったの。その時はたった一人しか男と寝てなくて、子ども時、何回かキスされたとかの体験があったけれど、ものすごく運が悪いといわざるをえないじゃない。エイズにかかったほどではないにしても、かなり大変なことよね。

で、二年間自分一人でその事実を背負って、病院に通ってそれを治すということをやったの。そのときに私、人生というものは不条理なものだということを知ったし、受け入れたのね。

確かに性的な虐待というものは自然に起きるものじゃない。だから原因を社会的に追求することも大切なことだけど、でも、当事者にとってそういうことが一番の問題じゃない。なんで他の人に起きなかったことが自分に起きたか、そのことが最も大きな問題なのよ。

このあいだの橋桁《はしけた》の下敷きになって死んだ人たちもそうだろうと思うわ。工事に手抜きがあって橋桁の強度がなんとかかんとかって原因追究されても、その人にとっても家族にとっても、どうして他の人間じゃなくって、自分が、娘がそこで死ななきゃならなかったかということが一番大きい問題だと思うのね。人間ってそういうもんじゃない？

私は自分では背負い切れないようなものを無理やり背負わざるを得なかったときに、生きるってことは不条理なことだ、どこまでいっても、どんな社会になろうとも、「なぜ私の頭に災いが起きたか」という不条理はずっとあるんだということに気づき、それを受け入れたの。それを受け入れなければ、自分がこの世に生み出されたということ自体を呪わなきゃならなかったから。

この世の中で起きる事で無意味なことなんてない。だから、苦しみを経てなにか掴むパワーを持った人間に、そういうものが落ちてくるんだって考えて、なんとか肯定するしかなかった。

私の場合は相手が顔見知りの人間だったから、私の受けた「性的虐待」って結構ワクワクした楽しい部分もあったの。もちろん、だからといって何もわからない幼児を使って自分の欲望を満足させようとした男が、免罪されるわけじゃないのよ。そういう男はいつだって断固糾弾しなくちゃね。

でも、私はクズの女なんだという惨めさの中で私が生きてこなきゃならなかったのは、主要にこの世の中に横行している女に対する誤った価値観のせいです。女は純潔をもって良しとするような。

そういった価値観は私たちの手で変えられる。だから変えていく。そして変えられないものは受け入れる。というのが私の立った場所だったの。

つまり、私の頭に落ちた石を不条理として受け入れる一方で、「なんで私が不幸にならなきゃいけないのよ」と怒った人間なのね、私は。私のリブは、いわばそこから始まった。

## リブって、山姥的パワーだったと思う

田中◎私、ウーマンリブの運動でまあよかったと思えるのは、「ミューズカル おんなの解放」という、全篇喜劇のかたちで女の問題を、自分たちも楽しみながらわかりやすく表現したものと、第一回目の混沌のカオスが渦巻いてたようなリブ合宿と、リブニュース。その三つを自分では評価している。でも、どれも今だったら体調がいいから、もっと面白くできると思うけどね。

優生保護法改悪反対とかの運動は、敵からの攻撃に対して、こちらが防戦しているカタチだからおもしろくなかった。厚生省に夜座り込んで頑張った時には、血沸き肉踊ったけどさ。そんな風にいくらかでも攻撃に転じた時はおもしろかったけど。国会に集まって請願したり、会議を傍聴したりするのは必要なことだけど、ゼンゼン面白くない。よく頑張ったと、まわ

りから評価はされたけど。

ただ優生保護法や、中絶に関するリブの問題提起というのは、ピルのことひっくるめて、当時突出してたと思う。主に宗教的理由で中絶が禁止されていた先進諸国の女たちは、中絶の合法化を求めるという方向で闘っていた。でも、昭和二三年から中絶が制限付きであれ許されてきた国の女としては、そういう屈託のない立場はとれない。産む、産めるという事が選択できないのに、中絶だけ選択できる状況というのは決して女にとって優しい状況じゃない。

だから私たちは〝産める社会を、産みたい社会を〟と掲げる中で、中絶の自由を提起した。あとになって「リブは母性主義だった、なぜなら産むことにこだわってた」とか学者がいってたけど、あれは主義ではなく、中絶の選択の問題だったのよ。

ピルなんかもそう。「コンドームつけて」って男にいえない女がピルなんか黙って飲んだら、タダでやる売春婦になっちゃうじゃないかって。フリーセックスなんて考え方が強く出てきた七〇年代だから、ピル解禁イコール女の解放なんて楽天的にはとても考えられなかったもの。

**―美津さんがリブをやってた時って、わりと若い二〇代の人たちが多かったという……**

**田中◎**ものごとを見通す力がまだ育ってないといったかんじの若い人たちよね。もっと賢い人達はうしろで見てたもの。でも、未熟だからできることってあるのよね。私もひっくるめてみんな未熟だった。だから視ないで飛ぶことができた。誰かが飛ばなきゃ始まらなかったから。

でも、自分自身が混沌としてるのに、わかりやすい言葉で外に向かってもっともらしいことをいわなきゃならなかったから、それがホントに大変だった。

――わかりやすいというか、台詞は気がきいてるなあと思った。

**田中**◎そうだね、感覚に訴えるというか、本音で迫るというか、リブの言葉ってそんな感じがするでしょ。女たちのネットワークを調べた人が、全国の女の運動を見たらその中のかなりの部分は、ウーマンリブの影響を受けた人のやってた運動だったというね。あんなにマスコミにむちゃくちゃ悪く書かれたのに、全国で地道に草の根的にしこしこ自分の問題としてやってるのは、ウーマンリブの影響を受けた女たちだったと。一度ウーマンリブになった女は、何をしようとずっとウーマンリブなのね。ことばが人に届くってそういうことなのよ。

フェミニズムが出てきて、男の人は女の問題がわかったと思うし、そういう意味では良かったよね。女性差別が市民権を得たというか。ただ男の口に入りやすいものになっただけ、パワーはなくなったんだよね。整然からはパワーは出ないから。ま、しょうがないけど。

摂食障害の人の中には一升のお米を一度に食べてしまうようなスゴイ人がいるっていったでしょ。それって民話の、頭がパカッとひらいて、そこにぱっぱっぱっぱとゴハンを放り込んでる山姥みたいじゃない？　だけどずっと逸脱できないでいい娘さん、奥さん、やっちゃってた人がそんな風にすごい逸脱をやるということは、見た目どんなにすごくても、その人の健康的な部分が出たわけよね。

　リブの運動も、いわばそういう山姥《やまうば》的パワーを持ってたと思うのね。あんなに世の中から非難中傷されながらも、あのとき一歩もひかずにウーマンリブした私たちって。

　この間小沢遼子さんと話したときに小沢さんは離婚したてで、もう本当に「なんでもこいっ！」という気持ちになってた時だそうで。私は私で、「この私が本当に価値がないんだったら、こんな地球ぶち壊れても構わないっ」というふうに、怒りはもう殺意までに高まってた。だからできた。当時はそれぐらい大変だったのよ。

**——今日はいろいろありがとうございました。**

（一九九一年一二月二日、御茶の水にて・インタビュー・大山千恵子）

『インパクション73号　特集・リブ20年』一九九二年二月刊、初出タイトル「かけがえのない、大したことのない私を生きる」

# 真面目はマジョルカの薔薇で、不真面目はシシリーの花

加納実紀代・田中美津

## 1、真面目の価値が下がっている

加納　この八月（一九九四年）、私は『まだ「フェミニズム」がなかったころ』という本をインパクト出版会から出しました。主に七〇年代に書いた文章を集めたものなんですが、あとがき的な文章でリブについてこんなことを書きました。

「リブの『わたしたちの歌』が『がなりたてるヒス女』といったイメージでしか伝えられていないことのマイナスを思う。その責任はまずはマスコミの男たちにあるが、リブたちの性急で倫理主義的な問題提起にも原因の一斑はあったのだろう。その性急さ、倫理主義を極限にまで進めるとカンボジアのポルポト政権になる。」

私は当時の運動を共有していないのですが、勝手に「遅れリブ」を自認している人間で、リブの提起には今日的意味があると思っています。だからこそリブが正当に伝えられていないのはなぜなのか、その理由をあれこれ考えた結果こういう表現になったのですが、これに対して田中美津さんからご批判をいただきました。ショックでした。でもおかげで自分のひとりよがりに気付かせていただいた感もあります。

今日は美津さんからその批判を出していただき、さらに、最近栗原奈名子監督によるリブのドキュメンタリー「ルッキング・フォー・フミコ」が完成したこともあって、あちこちでリブをめぐる議論が起こっていますので、そうした議論も含めて改めてリブとは何であったか、その現在的意義といったことについて話し

合えれば、と思っています。

**田中**　倫理主義というのは、いわば真面目《まじめ》主義よね。真面目がとかく陥る欠点は、時に自分を笑う余裕というか視点を持ってない、そういう風通しのいい窓を持ってないということだと思うのね。でもね、当時の例えば「リブニュース」も結構笑えるものだったし、「ミューズカル・おんなの解放」なんてなんと全編喜劇だったのよ。自分たちのまじめさをも笑い飛ばすような視点を持ってるところが、リブの新しさだった。

　それに対し常にマスコミは私たちを、性急でクソ真面目なヒステリー女という視点でとらえたがっていたけれど、それと同じイメージのなかで加納さんもおっしゃってる感じに私は思えるのね。

　だから、おいおい加納さん、リブ＝マジメ＝ポルポト派だなんて『週刊文春』や『週刊新潮』の視点だぜ、という気持があるわけですよ。

　それにこの頃真面目の価値がとても下がっているでしょ。真面目だからこうなったんだといういい方ってヤバイと思うの。たいていの問題って真面目のために起きているといってもいいぐらいだもの。登校拒否する子は決して不真面目な子じゃないし、アトピーに真面目に取り組めば取り組むほどアトピーがひどくなったり。恐ろしい事件を起こしてしまう若者もたいてい真面目よ。

　真面目って確かにすごく問題がある。だけど、いまみたいに真面目の価値がすごく下がってる時代は、もうちょっと真面目という問題を丁寧《ていねい》に扱わなければいけないんじゃないかと思うのね。

　だいたい倫理主義、つまり真面目ということが極限まで進んだところがポルポト派だというふうに単純化していいわけ？　そういうことの上にリブを重ねてしまっていいの？　それってちょっと乱暴すぎない？

**加納**　『週刊文春』や『週刊新潮』の視点というのは外からリブを否定するためですよね。私は内だと思っているから、それと同じだとは指摘されるまで全くわからなくって。

私が「リブたちの性急な倫理主義」と書いたとき、考えてみればその「リブたち」のなかに美津さんは入ってないんですよね。逆に私自身が入っています。ポルポトの問題につなげたのは非常に短絡的だというのはその通りですが、じつはこれは自己批判なんです。この本の最後に八五年に書いた「社縁社会からの総撤退を」という文章を入れているのですが、ここで言いたかったことは「交換価値から使用価値へ」ということです。これは七〇年代を通して考えていたことですが、七五年にポルポト派が政権についたとき紙幣を燃やした写真をグラフ雑誌で見て、非常に鮮烈な印象を受けたんです。これぞ革命、まさに「交換価値から使用価値へ」という感じで。当時私は、中国の文革もそうですが、ポルポトも素晴らしい提起があると思ったのね。それは都市と農村の分離だとか精神労働と肉体労働の分離だとか、そういうものの問い直しを具体的にやろうとした。

その提起自体は間違っているとはいまだに思ってないんです。ただポルポトによる虐殺や文革なんかでもずいぶん酷いことがあったというのは認めざるをえない。じゃあどこでどう間違ったのかを考えたとき、たしかに非常に安易なんですけど、「性急な倫理主義」というのが出てきたのね。だからポルポトへつなげたのは、途中はしょってしまっているのでそうは読めないというのはおっしゃる通りなんですが、主として自己批判のつもりだったんです。

ただ、「性急な倫理主義」はポルポトだけじゃなくてリブにもあったと思っています。美津さんはきちんと自己対象化する姿勢を持っていて、『リブニュース・この道ひとすじ』を見ても、自分で自分を笑うという姿勢はすごくよく見えます。「永田洋子はあたしだ」（『何処にいようとりぶりあん』所収）という文章を拝見しても、既成の女に対する道徳が女は正座すべしというのに対して、こちらが逆に正座じゃ駄目だ、あぐらをかくべきだというふうに対置するんじゃあだめなんだとおっしゃってますよね。だから決してお化粧しちゃいかんとか、イヤリングつけてはもうだめとかいう発想はないと思うんです。

でも「リブたち」といった場合にはやっぱりあったと思うんです。私自身も糾弾されたこともあるし、栗原奈名子さんも「革のパンツはいていったら、ブルジョア的だと叱られた」という声を紹介していますね。(「ウーマン・リブの昨日と今日」『週刊金曜日』九四年一一月四日号)

もう一つ、私はもう二〇年近く「女たちの現在《いま》を問う会」という小さなグループで戦中・戦後の女の歴史を辿って『銃後史ノート』という本を出しているのですが、次の号ではいよいよリブの時代が対象なんです。なんで延々とシンドイ思いをして出し続けてきたかと考えたら、私にとっては結局リブに至るまでの流れを一応自分の目で見直してみたいというのがあったからなんですね。それで次の号でリブをやったらもう終りにしようと思っているんですが、それだけに、さあ、やりましょうという感じでいま仲間たちと美津さんの『いのちの女たちへ』や『資料　日本ウーマンリブ史』などを読んでいるんですが、私より上の一九三〇年代生れの人も五〇年代生れの若い人もわかんない、わかんないという。美津さんの文章読んで「息苦しい」というんですね。私にとってはこれまで一緒にやってきた身近かな人たちからの息苦しいという声にすごくショックを受けました。その息苦しいというのがどこからくるのかなあと考えたときに、性急な倫理主義という言葉になっちゃった。

美津さんは、ご自分のなさってきたことでミューズカルと『この道ひとすじ』とリブ合宿が一番好きだとおっしゃっていましたね。私はリブが、というか美津さんが提起されたものは、中身はもちろんですが、それと同時に表現の仕方そのものもリブの提起だったと思う。われこそは正義だという感じで、わかれ、わかるべきだと押しつけるんではなくて、提起の仕方、表現の仕方自体が一種の革命だったと思うんですよね。

　そういう意味でいえば確かに倫理主義とか真面目主義とかというふうに物が一つにしか見えないのではなくって、美津さんの書かれたものはすべて自己対象化というか、もう一人の自分がいてちゃんと自分を見ているというのがよくわかる。私はそれをすごくいいと思ってるんですけど、逆に今回仲間たちと話してみて、彼女たちが息苦しいというのはその自己対象化とか自分を笑うということそのものにも息苦しさを感じてるのかなあと思ったんです。つまり自己完結しちゃうわけですから。

**田中**　真面目な人のところに集まってくるお友達は、これまた真面目な人と相場は決まってる。当時もお勉強好きな人たちって、絶対にリブには近づいてこなかった層だもの。あなたのお仲間って、いまだにリブが怖いんじゃないの。自分を視たくないために、守るために理論武装したがる人たちなのかもよ。自分を開かなきゃリブは理解できないけれど、自分を、性的なことをひっくるめて開いてみるのって怖いからね。

　そもそも女性解放って本を読んだり集会に行って学ぶもんじゃなくって、「私」の中にある怒りや矛盾を性的なことをひっくるめてたぐり寄せていくなかで、どんな自分になりたいか、どんな社会が欲しいかを一人一人が考え行動していくもんだと思うのね。だから自分を正直に感じる必要があるわけで、それが怖いという人たちもいるんじゃないの。リブがああだ、こうだいう前に。

**加納**　それはあるかもしれない。

**田中**　上野千鶴子さんに会ったら、学生にベティ・フリーダンと私の本を読ませたら、ベティさんの方はもう感覚にズレを感じてよくわからないけど、私の方はわかると学生たちがいってるっていってたよ。

　それでね、すでにあなたが書いたことの実害が出てるのよ。朝日新聞に『ルッキング・フォー・フミコ』の映画のことで「『フミコ』を通して栗原さんが近づいたリブは、さわやかすぎる気もする。実際の運動には、目的を急ぐ余り、狭い面もあったからだ。」という記事が出たのね。

「実際の運動には目的を急ぐ余り狭い面もあった」ってなによ。目的を急いだことなんて一度もなかったわよ。長年の家父長制によって形づくられた意識が、ちょっとなんかやったくらいでスグに変わるなんて、いくらそそっかしくったって思わないもん。

　マスコミから新左翼に至るまで、「リブならバカにしていい」という暗黙の諒解のもとに、すさまじい弾圧というか非難嘲笑を、当時私たちは四六時中受けていて、そのために、地を這いつくばるようにしか前に進めなかった。立ち上がって、それこそさわやかにやりたかったけれども、立ち上がれば矢が飛んでくるからそうはできなかった部分がすごくある。

「狭い面もあった」ということを否定してるんじゃなくって、私たちがさわやかに、ひろやかに進めなかった原因のひとつはマスコミの扱い方にあったのに、マスコミの一員である朝日新聞に、「目的を急ぐあまり狭い面もあったからだ（注）」なんていわれたくない。一体どこに身を置いてそういうことをいってるんだって思ったわ。

　で、取材された監督の栗原さんに聞いたら、記者があなたの例の本にこういうことが書かれてあるといったんだって。朝日の「目的を急ぐあまり」という表現は、あなたが書いた「性急で倫理主義的なリブ」を根拠にしたってわけよ。

**加納**　そうなんですか。それは意外というか。あれを書いた記者は自分の体験で書いてるのかと思ったんですけどね。

田中　もちろん記者自身そう思っていたから書いたのよ。でも新聞記者というのは自分の個人的な意見は書けないタテマエだから、いわばあなたの本を味方に、論拠にしたわけね。批判されたときに、ここにこういうふうに書いてあるっていえるもの。

まちがわないでね、リブには狭い面がなかったっていってるんじゃないのよ。こんな書かれ方で狭い面があったといわれるのが心外だといってるわけ。

加納　それはそうだと思います。私の本がそういった誤ったリブ批判の根拠になったのだったら、ほんとうに申し訳ないことでお詫びします。

（注）朝日新聞一九九四年九月二〇日夕刊「単眼複眼　リブの記録映画　しなやかに着実に続く闘い」

## 2、性急な倫理主義はリブだけの問題か

田中　ところで、あなたはさっき「田中さんのリブはそうじゃなかったけど、他のリブたちの中には性急な倫理主義の人がいたじゃないか」っていったけど、それってリブだけの問題かしら。

確かに体制の価値観を蹴飛ばしてリブに入ってきたのに、今度はリブの女かく生きるべしみたいな物差しがあって、そこにいちいち照らして、その行動は正しいかどうかを気にしていく傾向ってあったと思うのね。

六年くらい前の、ある五月のとっても気持ちのいい土曜日の夕方に、ある人がフィリッピンの中絶の問題について話をするというので、私、そのスピーカーの人に用事があって行ったのね。

そこに五〇人位の女がいたんだけど、こんな五月の気持ちのいい土曜日の夕方に、なにもフィリピンの女の中絶の問題について考えなくたっていいじゃないかと、スグに私は思ったわ。だって今すぐそれを知らなきゃ困るって問題じゃないでしょ。

真面目な人たちだなあと思いながら見わたしたら、

中に小学六年生くらいの男の子がいたの。お行儀よく、ちゃんと膝に手を当てて聞いている。

ヒェーッ、こんな小さい子が土曜日にって、驚いちゃった。そしたらある人が、「偉いわねえ、○○さんの子どもは。あんな小さいときから女の問題をちゃんと勉強して」っていったんで、もうヒェーッ、ヒェーッよ。変態真面目の集まりだ、こりゃあ、と思ったわ。変人奇人変態だ、みんな（笑）。これ、今から六年前のフェミニスト運動まっ盛りの中での話よ。

嫌いな男が胸を触ってくるのに怒り、好きな男が触りたいと思うお尻が欲しい「私」の、その混沌を引き受ける中からしか、パワーなんて出てこないと私はよくいってるけど、これは別に新しい問題提起なんかじゃなくって、元をたどれば二〇年以上も前に『いのちの女たちへ』の中で、「化粧が媚びなら素顔も媚びよ」といってることと同じなわけね。

共に媚びになりうるんだから、「化粧か素顔か」の選択ではなくて、「やりたければ化粧も素顔も自由自在」の中からパワーが出てくるんだ、ということをいってたんだから。今を生きる「ここにいる女」のパワーが。

男が勝手にイメージする「どこにもいない女」を生きるのも、女自身が頭の中で作ってしまう「自立した女」なるものを生きるのも共にイヤだ、というところから私のリブは始まっている。

ところがリブもフェミニズムもエコロジー運動も反原発運動も運動という運動の中には常に、マル対バツの価値観があって、正しいマルのカードだけ集めて、いかにもふうに生きていくのがいいことだ、という集団意識、それが、そこからハミ出す「化粧も素顔も」の「私」を抑圧していくのね。それってホントに腹が立つ。

**加納**　こう、正しさのピラミッドみたいなものがあって、なにが正しくてなにが間違ってるというふうに振り分けてしまう。そういう構造それ自体を壊すというのがリブの提起だったと思う。男の構造がこうある、それを否定するためにこんどは女の構造はこうだというふうにハードなものを立ててしまっては全然リブじゃない。でもどうしてもそうなっちゃうという……。

**田中**　その問題を初めて意識化し、壊そうとしたのがリブだったのよ。

**加納**　それをいえてる人ってリブのなかでもそう多くはないのでは……。

**田中**　いや、私たちは男の人たちの運動の中に持ち込まれる全体主義や教条主義が嫌だと思って産声を上げたわけでしょ。その部分はすごく大事だと思った人はイッパイいたわよ。ただそれってものすごく難しい問題なのね。多様性を認めない、異質であることを許さない人たちの国だもの、日本って。私たちだって、それ以外の自分の作り方、人間関係の作り方を知ってこなかったといってもいいと思うのね。

　だから「ここにいる女」の矛盾をひき受けていく中で、マル対バツの世界を超えていこうとリブが志しても、とてもじゃないがスッキリなんていかないわけよ。

　リブ運動の中にも「リブの女かく生きるべし」の教条主義、倫理主義があったことは事実。その点をあなたのように強調するなら、それを乗り超えようという意思を持った唯一の運動がリブだったということも強調してほしいわ。

**加納**　もちろんそうですが、ただそこで評価して終りというんじゃなくて、それがなぜ力を持ち得なかったのかを考えたいんです。そのときにいまおっしゃった日本社会全体の問題ってそれはもう自明の前提ですよね。私は勝手にリブの中の人間だと思ってしまっているから外にだけ原因を求めたくない。あくまで内在的というか……。

**田中**　それがリブだけの問題としてあるんだったら「性急な倫理主義」っていわれてもしょうがないけど、リブのあとのフェミニズムも似たりよったりなわけでしょ。フェミニズムの中でも強烈に倫理主義がはびこってるから、「ポルノ論争」が悪書追放運動と同じ次元で語られてしまう。

**加納**　それはフェミニズムも同じだと思う。

**田中**　同じでしょ。同じだったらなんであんなふうに書くの。ああいう形で書けば問題の所在がアイマイになって、ただリブ＝倫理主義だけが人々の記憶に残ってしまう。

私ね、主体性って、〝たまたま〟が半分だと思ってるのね。自分が意識的に選んで作り上げてる部分が半分、たまたまの部分が半分。五〇パーセント五〇パーセントの世界。

たとえば私がリブになったのも五〇パーセントはたまたまのことよ。二七歳までぼーっと家に居たんだけれど、一回もお嫁に行けといわれたことがなかったし。かといって「自立した女として生きていきなさい」という家でもなかった。お見合いもちゃんと三回くらいしっかりして、帰り道母と、「あの男はだめよね」なんていってるような、家だったの。結婚はマルでもバッでもなかった。

経済的にもある程度豊かで、ご飯を食べる心配をするより、顔をみて悩む時間が多かったから、リブになれたんだと私は思うのね。

私の家は、こんなことはいってはいけないというタブーがほとんどなかった。今でもそう。私がハリやってあげるというと父はイヤがるから、耳元で「お父さん、ハリをやってれば、死ぬ時苦しまないわよ」なんて、大きな声でいうの。そうすると父がニコッと笑うんで、「アッ、まだボケてないな」って私、安心する。

以前はね、自分のウチみたいなのが普通だと思っていたの。ところがいろいろ聞くととんでもない、そんなマルとバツのない、いわばタブーも押しつけもないという家に育つって珍しいことで。そういうウチで育てられたんだから、私自身が、「化粧が媚びなら素顔も媚びよ」というふうに、○×なしに生きていくって、そんなに難しいことではないのよ。

だけれども、真面目○、不真面目×の価値観に呪縛されている普通の家で育てられたら、リブになろうとフェミニストになろうとスグに、わかりやすい「自立した女」を生きようとするんじゃないの、どうしても。

女性解放に興味を持つ人って勉強できた人ばっかり。いわばマルを集めることで周りから肯定されてきた「いい子」たちだからね。この業界ではいまだ、「マルの私も、バツの私も両方大事」という価値観は特異なものなのよ。

**加納**　私の批判は内部批判のつもりなんだけど。

**田中**　「リブは……」って書いたのが間違いよ。「私も倫理主義者ですが」って書けばよかったのに。

**加納**　でも性急な倫理主義という側面があったことは事実じゃないですか。

**田中**　さっきからいってるでしょ。なかったといってるんじゃないって。じゃあ加納さん、今まで倫理主義がはびこらなかったと思う運動があるならいってみてよ。

**加納**　でも私は他の運動は関係ない。自分はリブが好きでリブでいたいからなんとかしようよと言ってるわけで。

**田中**　だったら倫理主義を超えようとしてた人もいたし、そういう運動だったってことも、ちゃんといわないと。「リブは……」とひとくくりにして、「倫理主義だった」っていったら問題提起として不正確じゃない？

**加納**　それはそうですね。もう一つ考えたのは、他の運動もそうなんだけど、リブというのはとりわけ倫理主義的になりやすい質をもった運動だったと思うの。というのは、つまりタテマエとホンネの使い分けとか、男たちが人間解放とか言いながら実はうちでは女を踏みしだいてセックスの道具にしているとか、公と私を分離してタテマエでエエカッコしているのを問うていったわけだから。

**田中**　エーッ、リブがとりわけ倫理主義になりやすいなんて、そんなことないよ。新左翼だって濃厚に倫理主義だったもの。新左翼のある方向が行き着いた果てに連合赤軍事件があると思うんだけど、連合赤軍事件のなかで兵士たちがどんな形で総括されて死んでいったかということを考えてみてよ。

　あのなかの倫理主義、例えば「ちょっとそこのちり紙とってくれ」といったら、革命家というものはそんな甘えをすべきじゃないと総括されて、殺されてしまった。射撃訓練中にイヤリングしていたということで総括されちゃった女性兵士もいたし。

　連合赤軍が特別に倫理主義だったんじゃなくって、それ以前の運動の集積としてそれが現れたんですよ。それなのになぜあなたはリブは特別に倫理主義だったっていうわけ？　それっておかしいでしょ。

**加納**　ちょっと待ってよ。リブが提起していた問題というのは、男と女が公と私に画然と分かたれて、男が公できれいごというぶん、女は私生活で後始末させられていたわけでしょ。リブは私生活に押し込められている女が自分も一人の人間なんだ、もう後始末はいやだと声を上げたんだと思うの。つまり公と私を分離してきれいごとで生きてる男社会をこっち側から撃っていったわけ。自分を便所にしてあんたきれいごとを言うなって。リブの中で「生きざま」とかそういう言葉が出たのは日常性の中での生き方そのものを問う、それによって押し込められていた自分をひらいていこうとしたんだと思うの。

**田中**　それは「個人的なことは政治的なことだ」というテーゼでしょ。私はそれはいまでも正しいと思ってるけど……。

**加納**　そう、その提起が間違ってると言ってるんじゃないんです。まったくそれは正しいことであって、だからこそマスコミの男たちがものすごくリブをたたいた。自分の一番痛いところを突かれたわけだから。でもそれは、リブの側でも自分に返ってくるということはあると思うんですね。生きざまとかそういいながらあんたの生き方はなんなんだというふうに……。

田中　「こうあるべき関係」や「こうありたい私」を対置しながら男を批判すると、それっていわば絶対正義だから、その正義に批判する側もからめとられてしまう。「こうありたい私」というタテマエを自作自演することになるのね。でもそれってリブだけじゃなくってフェミニズムも共通に抱えているわけですよ、いま現在。

加納　そうだけど、そこんとこでリブとフェミニズムを分けない方がいいと思う。

田中　あなたが「リブは〜」って名ざしで書いてるのよ。

加納　リブたちというのとフェミニストたちというのは私、別だと思ってないのよ。

田中　じゃあ「リブもフェミニズムも」と書いたらいいのに。

加納　でも私は自分はリブだと思ってるわけだから。

田中　「リブの『私たちの歌』が『がなり立てるヒス女』というイメージしか伝えられていないことのマイナスを思う」っていう文章読んで、それはリブもフェミニズムも共通に抱えている問題なんだと思う人はいないわよ。

加納　うん、もちろん。ただ私の本は「七〇年代女を生きる」という副題をつけたように、七〇年代の自分史的なものだから。

田中　新左翼の運動からフェミニズムの運動に至るまで、全部ひっくるめて共通に抱えてる問題として提起するんなら意味があるけど、「リブは性急で倫理主義」と書くのは、かつてマスコミがリブを貶《おとし》めようとして採用した視点に重ならない？　あなたにはもちろんそんな気はまったくないにもかかわらず。

加納　私は普遍的な問題として提起してるわけじゃなくて、リブの問題、自分の問題として書いたつもりで……。

田中　だからそれなら、「私自身も倫理主義から逃れられない」と書けばいいのに、と私はいってるわけ。ポルポト派まで出しながら、普遍的な問題として提起してるわけじゃない、なんて通らないよ。

加納　でもリブの問題でもあったんじゃないですか。

田中　だからリブにもあったと最初からいってるでしょ。それはフェミニズムの問題でもあるし、新左翼の問題でもあるわけですよ。だったらこういう書き方そのものは……

加納　でも私が問題にしているのはリブなんですよ。

田中　マスコミによって、リブは「がなり立てるヒスな女」というイメージが伝えられてきて、そのうえにさらに、あなたは「リブはポルポト派のように倫理的だった」というマイナスイメージを付け加えようとしているのよ。現在はイメージが一人歩きしてしまう時代なのに。

加納　そこのところでは、結果的に朝日のああいう記事になってマイナスが再生産されたとすれば、やっぱり書き方の問題は私の責任として考えなければいけないと思います。ただ、やっぱりもうひとつ納得できないのは、いま言ってるみたいに二〇年たったいま、リブの問題点についても自分たちできちんとやらなくちゃいけないと思うんです。

美津さんも「ルッキング・フォー・フミコ」の中でおっしゃってたでしょ。男の運動が権威主義になってみんながハハーッて聞いた、それと同じように自分が男の役割をやってしまっていることに気がついてメキシコに行ったって。そういう質をリブが持ってしまったというのはなんなのかということを……。

田中　内部批判がいけないなんていってないわよ。

「リブなんだからこうあるべき」という倫理主義に最も苦しめられてきた一人ですから、私は。いまだにそうだけど……。

理想的一〇〇パーセントの運動なんてない。いつだって私たちは不十分のｉｎｇで進んでいくわけね。でもその中で、やはり少しずつ、少しずつ変わっていく部分があるわけですよ。だからもうちょっと丁寧に論じて欲しいの。そうでないとまた新たなるデマゴギーをリブに付け加えることになるんじゃないかと私は心配してるわけ。

だって過剰な倫理主義っていまだに私たちが抱えてる問題なんだもの、過去の問題じゃない、現在の問題として提起して、その中でリブが出てくるなら私はずっと納得できると思うの。

昔から、運動というものはどうして人の生きる幅より狭いんだろうというふうに嘆かれてきたけれども、一貫して、フェミニズムにおいても「好きな男が触りたいと思うお尻が欲しい」なんていえないものになっている。だからリブからずっと続いている、私たちみんなが引き受けて明らかにしていかなければならない問題なんだという形で提起されれば……

加納　おっしゃる通りだと思います。私もいまも続いている問題だからこそ、じゃあどうすればいいんだろうかということの投げかけのつもりだったんですけど。

## 3、歯を食いしばるのではなく楽しみになる運動を

田中　うーん、難しいね。そもそも日本ではグループを作るということ自体いいことかどうかわからないところがあるから。

さっき半分はたまたまで半分は選んだ自分だったというふうにいったけれども、私リブをやる前は市民反戦の運動をやってて、そのもっと前はベトナム戦災孤児の救援運動をやってたの。「ベトナム戦災孤児に愛の

手を」という視点でね、ガハハ。

当時私が一番問題にしていたのは、悪いのは北ベトナムか南ベトナムかということではなくて、同じ村の中でどうしてあの子にはお父さんがいるのに、ボクのお父さんは死んでしまったの、という、いわば不条理の問題だったのね。泣いてる子どもにとって一番の大きい問題は南か北かじゃない。なぜ僕にはお父さんがいないのに、あの子にはいるのということよ。これはなぜ私だけセクシュアル・アビューズ（性的虐待）にあったわけ、なんであの子じゃなくって、私だけ、という当時の私の気持とぴったり重なったの。

いろいろな才能とかいいものたくさんもっていても、持って産まれた〝たまたま〟の条件、例えば貧乏か金持ちか美人かブスか、体力があるかないか、在日朝鮮人として産まれたか否か、性的虐待にあったかどうかエトセトラの問題、そういう本人が選べなかったことによってその人の才能の開花なり自我の確立がものすごく影響されてしまうという事実が、私、いまだに悔しくてしょうがない。

この間、『ニューズウィーク』に「いくらＩＱが高くても美人にはかなわない」という記事が載っていた。「人はみかけによる。この世には不幸な美人より不遇の天才のほうがはるかに多い」ということを論じてるんだけれど、美人かどうか、生まれつき丈夫かどうか、金持ちの家に生まれたかどうかｅｔｃの、たまたまのことで人生が決まってしまう。そんな、自分が選べなかったたまたまの事実で差別されていくわけよ。そういうことに対する私の憤《いきどお》りをたどっていくといつでも、「泣いているベトナムのこども」に出会う。

たまたまの事実って神様の領域に関係することよね。どんな両親のもとに生まれるかは、誰にも選べないことだから。でも人間が自分で変えることができる〝たまたま〟もある。

私自身若いときから慢性腎炎で、体が悪かったためにできなかったこと、うまく作れなかった関係、ガンバレなかったことなどすごく残念な悔しい思いをたくさん抱えている。リブ運動の中でうまくできなかった問題って、私的には全部自分の弱いからだにつながってるといってもいい。それをできなかった言い訳にしたことはないけれど。

　そのことをズーッと悔しく思ってきたから、体が弱いという〝たまたま〟は、頑張れば人間の手に負えるかもしれない、と。そう思ったから鍼灸師になったのね。

　私の時間感覚って、過去があって現在があって未来がある一本のヒモのようなものじゃなくって、いわば映画の「バック・ツー・ザ・フューチャー」の世界。現在の横で未来と過去が同時に廻っている。なんかたまたまベトナムに生まれたために、ひどい目に合った「泣いてるベトナムのこども」の脇で、弱いからだに悔しがってる私が一生懸命鍼を打ってるって気がするの。

　この頃リブは歴史になったとかリブ・ルネッサンスとかいってる人がいるけれど、そういう考え方に違和感があるのは、多分時間感覚が人と違うせいじゃないかなと思ってる。

　セクシュアル・アビュースのことも、過去のことじゃなくって、現在の私の横で「なんで私の頭の上にだけ石が落ちてきたのよ」と怒っている私がいるわけ。悔しいことはやっぱり悔しくて、嬉しいことはいつでもやっぱり新鮮に嬉しくて、だから私のようなタイプは老化が遅いかも。

**加納**　つねに現在だものね。

**田中**　そう、現在《いま》、現在《いま》、現在《いま》というふうに流れていく時間しか持ってないからね。

**加納**　その中で自分でいられるというのは、やっぱり美津さんならではのこと。だけどたいていの人はやっぱり不安だから、物差しとかなにか持たざるを得ないわけでしょう。そういう人をどうすればいいのかというのはもう関心ない？

**田中**　関心ないどころか、からだのことをやってると いうのは全くそれですもの、あなた。病気というのは 不安とか恐れとかが姿を変えて出てきたものよ。だか ら私は日々病気を通じて人々の不安、悲しみ、恐れと 出合っている。

私が摂食障害とか、薬物中毒とかの依存症の問題に関心があるのも同じ。彼らが心にあいた不安の穴にたくさん食べ物やドラッグ、アルコールを詰め込んで、自分を罰するように生きて苦しんでいる人たちだからよ。

人を生き難くさせる不安や怒りは私にとって一生もののテーマ。それともう、日々全くぴったり寄り添って生きてますよ。

**加納**　美津さんの話を聞いていると、一生懸命昔の資料を読んだりしているのばからしくなっちゃうな。私歴史なんてところで過去と現在と未来と一生懸命わかろうとするじゃない。それは自分が解放されたいとか世の中もうちょっとましにならないかなあとか思ってひいひい言って鉢巻きしめてやってるけど、美津さんの話を聞いてるとそれより胃かなんかなおしたほうが世の中が変わるんじゃないかと（笑）思ってしまう。フェミニズムもなにもいらないんじゃないって思ってしまうね（笑）。

**田中**　運動がいらないとは思わない。運動を通じて解き放たれていく道もあるから。でも、運動依存症や社会正義依存症になっているのに、その自分に無自覚の人が多すぎると思う。

**加納**　私も社会正義のためじゃなくて、結局は資料を読むのが好きだからやってるんですけどね。

**田中**　前に『インパクション』でインタビュー受けた時に、「田中さん、鍼灸師のくせにタバコ吸うんですか」といわれると、「あ〜ら、知らなかったんですか、私、体に悪いことをしても病気にならないように、体に気をつけているだけよ」と答えるという話をしたけれど、運動も同じね。
　私は健康になるために生きてるんじゃないし、運動するために生きてるわけでもない。もしそうなら健康オタクと同じ運動オタクになっちゃうんじゃないの。

## 4、「便所からの解放」とリブの生成期

加納　美津さん、リブのころ『週刊女性』と、『女性自身』しか読んでなかったというのは嘘でしょ。
田中　本当よ。私、ミーハーだもん。
加納　ミーハーの部分がある。だけども両方ちゃんと持ってる。だってこの「便所からの解放」なんてものすごいマニフェストですよね。
田中　だからさ、当時は、男たちから言葉を学んで……
……
加納　どこで学んだんですか。
田中　運動の中でよ。ビラを見て。

加納　どこかの組織とかにかかわってらっしゃったんですか。
田中　昔から寄らば大樹の陰というのはニガテ。自分たちで作った小さな市民反戦のグループでやっていたの。
加納　この東京の真ん中で？
田中　ウン、一五人くらいのささやかなグループで。
加納　女だけじゃなくって男たちも一緒にやってたわけですか。
田中　うん。男の人たちも一緒に、最初はベトナムの戦災孤児を救援しようと……。それずっとやっているうちにだんだん南ベトナムと北ベトナムというのがあるんだというのに気がついて、どうやらアメリカと結託している南ベトナム政府が悪いことをやめない限りは、泣いてる子どもたちはどんどん増えるばかり、それでこれは反戦しなければいけないと……
加納　一段一段。なるほど。

田中　反戦は怖いと思ってたのね。でもやっぱりやらなきゃいけなんじゃないかと思っちゃって、「反戦アカンべ」という組織を作ったわけ。

加納　アカンべというのはいいなあ。その頃から戯作者の本領はちゃんとあったわけだ。

田中　そのあたりは『いのちの女たちへ』に書いてあるけど、いわゆる自分は意識性が低い市民反戦だと思っていて、ヘルメットかぶるくらいでゲバ棒なんてとても握れない。一応羽田の佐藤訪米阻止とかね、行きましたけど。空港の近くで、銀行とかあるのに、催涙弾どんどん飛んできて、看板の後に隠れて、怖くて怖くて（笑）。パクられそうになった時にうまく逃げられるように、つまりごまかせるように、わざとスカートはいて行ってね。もう日和見一〇〇パーセントという感じの反戦運動をやってたわけ。カルチェ・ラタンも知ってますよ、御茶の水の。道路に石がゴロゴロして怖かった。

加納　『資料　日本ウーマンリブ史』を見て、初めてあれーそうなのかと思ったんですけど、あの本には「侵略＝差別と闘うアジア婦人会議」がリブ前史として置かれてるでしょ。あれは美津さんは違和感なくて受けとってらっしゃいます？

田中　そうなってるの。リブ前史かぁ……。私の感じからいうとそう？という感じで。

加納　そうですか。

田中　リブやり始めてから飯島愛子さんなんかと知り合いになったけれども、彼女らは本当に真面目で、それこそあんまり自分の事を笑わない人たちだなと（笑）。

加納　私そこにいた（笑）。

田中　ひとことでいうと、そういう感じだったのよ。そう間違ってないでしょ（笑）。あまり笑わなかったからリブ前史なのかな。

加納　だけど私は飯島さんを通じて美津さんの本を読んだんだと思うんですよね。美津さんの「便所からの解放」は七〇年八月に集会で撒いたというでしょ。その集会というのは飯島さんが事務局となって呼びかけた「侵略＝差別と闘うアジア婦人会議」のことなのかなと思うんです。そうじゃないですか。

田中　もう覚えてない。

加納　七〇年八月二二、二三日、法政大学でやってます。

田中　法政大学の事で町野（美和）さんという、初期のメンバーで、いまレズビアンで活動してる人ですけど、彼女がある時送ってきたファックスによると、その集会にもろさわようこさんが呼ばれてたんですって。

もろさわさんの話のあとで、後ろの方から小柄な女が、「女というものが純潔の象徴たる母と、それから男の性欲処理の便所とに分断されているが、それを一つのものにしていくことが女性解放としてとっても重要なんじゃないかと思うがどう思うか」と問うたんですって。

もろさわさんはそれに答えなかった。答える言葉を持っていなかったのかも。当時の女性解放にはそういう視点がなかったから。

加納　私はもろさわさんはそういう視点はある人だと思うんですけどね。

田中　でもその時にはなにも答えなかったって。それで私が、答えを求めて壇上に迫るという感じだったんですって。そしたら急遽《きゅうきょ》その集会は終りになった。あんな小柄な女が一人で頑張ってるというのに同情して、町野さんはビラ配るのを手伝ったというの。

加納　そのビラが「便所からの解放」なの？

田中　というふうに彼女はいってるのよ。でも町野さんって、まちがえて覚えていることの多い人だから……。

加納　私は法政の集会に行ったという記憶はあるんです。ただもろさわさんの話って全く記憶にないし、小柄の女なんて記憶ない。その時に絣の着物を着た忍草の母の会とか、三里塚の女たちがもんぺはいて壇上に並んだとか、劉彩品さんの入管法問題とかが問題になってた記憶ある？

**田中**　とにかく私はゼンゼン覚えてない。あの頃は集会で発言すれば無視される、嘲笑されるというのが普通だったから。あんまりたくさんそういうことがあったんで全部忘れちゃった。

**加納**　確かに。系譜探しする意味ではないんですけど、私は美津さんの「便所からの解放」がリブの起点だと思っているものだから、もしそれが法政のアジア婦人会議で撒かれたんだとすれば私もビラをもらったかもしれない思ったりしてね。今のお話でもろさわさんのお話が出たんですけど。

**田中**　町野さんのファックスにはそういうふうに書いてあったのよ。もろさわさんに当時そういう視点がなかったとはいえないかもしれないけど、ただそういうふうなことを急にいわれて、サッと答えられるほどハッキリしたものとしてあったかどうか……。

あの時点においては、多分ほとんどの方が戸惑われたんじゃないですか。セックスの問題はタブーだったから。当時、女性解放の問題としては。

**加納**　そうね、婦人運動というのはね。

**田中**　性に関することは個人的な次元の低い問題と見なされてたから。だいたいそこにいたのがもろさわさんかどうかもわからない話なんだけど。

**加納**　もろさわさんは私の出会った方の中でその後「国連婦人の一〇年」のなかでなにかを獲得しようというふうにならなかった数少ない人じゃないかという気がする。

## 5、リブは継承されているか

**加納**　「ルッキング・フォー・フミコ」のことなんですけど、私は映画自体は評価するんですが、最後はリブはいまも生きてるんだ、こういうふうに継承されてるんだという形で積極的に評価して終わるでしょ。作品の作り方としては非常にわかるし、そうすることによって広げていく意味ってあると思うんだけど、疑問はある。

田中　リブを知らない世代にわかりやすく、明るい展望を付け加えて伝えるという意味で、戦略的に見れば肯定だけれども、個人的な感想としては疑問が残るというやつでしょ。

加納　そう。で、疑問が残るというのは私はリブを見えなくさせてしまったものに七五年の国際婦人年、それにつづく「国連婦人の一〇年」があるというふうに思ってるんですよね。その中で具体的な制度改革だとか、いわゆる女性の社会参加とかが中心課題になった。だから一般的な女性運動の見方でいえば、七〇年代前半まではなにもなかった、七〇年代後半になって目覚ましく女性の状況は改善されたんだというのが主流だと思います。いわゆる〇〇女性センターみたいなのがあちこちに建ったでしょう。

田中　でも、それだからリブは継承されていると結論づけてしまったら、リブが放った問題提起は落ちていってしまう。それではものすごく大きなものを日本の女性解放運動は失うんじゃないかしら。

加納　そう。リブが「国連婦人の一〇年」に埋没させられてしまったんじゃとんでもない、大事なものを失うと思っています。それなのに「ルッキング・フォー・フミコ」の最後の部分は、リブと「国連婦人の一〇年」がゴチャゴチャに入っていたという気がするんです。

田中　そうね、なだれ込んでるね。

加納　そこでなだれ込んで制度改革やなんかでやってるところを一緒にしてしまったところがある。そうじゃないものをやっぱりリブは言ってたと思ってるのね。

田中　私自身リブと、その後のフェミニズムの質的な違いをどこでみるかといったらば、やっぱり国際婦人年だと思うのね。国際婦人年を境に運動の質が違ってしまった。国際婦人年以降は、権利の獲得、法の改正というふうなところに照準が絞られた。獲得目標がはっきりして、沢山の人が参加するようになったけれど……。

それ以前の運動であるリブは、私が私を革命すること、変わることと、社会が変わるということを一緒に考え動いていこうとした。だからいつか法が改正されれば女が幸せになるというふうには考えなかった。イヤなことにイヤといえた今日の私は昨日の私よりか素敵……というふうに私がなっていくことによって、社会も人間関係も少しづつ変わっていく。社会なんて私たち一人一人の集合体だからね。そんなふうに、リブは「私」から始まる変革を目指していた。

役所とか女性解放の専門家に指導されるんじゃなくって、あくまで「私」を手放さないで、自分を生き難くさせている、このこんがらがった糸をたどっていこうじゃないか。そのために今までこういうものだと思いこまされてきた事柄、関係を一度すべて疑うところから出発してみようよって。それが、国際婦人年以降は、従来の権利獲得運動の流れに返っていったという感じがするんですね。昔ながらの。

**加納**　そうですね。七〇年代後半、制度改革という形で女の状況を変えていくわけですけれど、この社会の構造を一応前提にした上で、女が男に比べて不利である部分をこう変えましょうということで、社会の基本的枠組み自体は問われてないという気がするんです。だけどもリブはそれがあった。しかもその前の社会主義女性解放論とちがって、革命が成功すれば女も解放されるといった階級闘争に自分を預けちゃうんじゃない。今おっしゃったように私を手放さないで、しかも根源的、ラディカルに問題を立てたと思うんです。

**田中**　妻や母という役割を生きるだけでは不完全燃焼してしまう生を意識化することで、自分はホントはどんな風に生きたいのかの問いが浮上してきた。「何のために生きるか」ではなく、「生きるために何をするか」の問いをリブたちは生きたんだと思う。私たちは女だから女としての自分から発したけれども、この問いって男の人にもつながる問題よね。

**加納**　だから女の論理というふうに立てたというのは、女のためだけじゃなくって社会全体の、こんなふうに息せききって生きなければならない社会のありかたを問い直す……。

**田中**　生産性の論理とか。

**加納**　そうそう、そういうことを問題にしたのに、それが「国連婦人の一〇年」で削ぎ落とされてきているなという気がするんです。そういう近代社会批判としての意義を受け止めてほしい。

**田中**　リブが始まった時に、リブと子殺しの女というのは一つの根の中から出てきた、と思った。昔ながらの女の生き方の否定からその二つが出てきた。私たちより生活程度も低く、学歴も低い人の中で、例えば病気とか夫が刑務所に入ってしまったとか、未婚で子どもを産んでしまったとか、そういうようなことがキッカケとなって子どもを殺す人たちが続出したわけよ。それをひとことでいえば母性の否定よね、そこんところでリブとつながる。

それがどうなったかというと、昔の低所得低学歴の女の子殺しが、いま中流、もしくは中流だと思いこまされている結構高学歴の女たちによる子どもへの虐待につながっている。皮肉な事に女性解放の意識がそれなりに社会に広まれば広まるほど、女たちのイラダチは強くなっていってる。

結婚して子どもを産むと、一挙に旧態依然の女の生き方が待っているんだもの。男たちはあいかわらず効率第一の世界の住人で、その世界が切り捨てるもの——育児、家事、看護など一切が女にかかってくるんだから。そのギャップのひどさ、それが結局子どもへのイラだちにいってしまってる。

「私」の生き難さから、男との関係や家族の問題を追求したリブの問題提起をプッツンしたところで、権利の獲得だとか、制度的な改革だとか、雇用の機会均等という方向に運動が行ってしまった。そのことの「つけ」が、今きているのかな、と。

**加納**　美津さんそのことを前からおっしゃってるでしょ。リブの結果、既存のあるべき女性像が壊されたまま、モデルがない状況のなかで母親の方は虐待というふうに出るし、娘の側では摂食障害とか。

**田中**　虐待と過保護と両方出てますよね。

**加納**　私はそれがリブの責任というふうに受け止められてるのかなと思っていたの。

**田中**　違う、違う。

**加納**　だから、あれっ、どうなってるんだろうと思って。リブが既成の女像を壊した、それに責任を感じているのかなあと思ったりして。「国連婦人の一〇年」の問題だったのですね。

**田中**　私はこんな風に子育てしてるとか、夫婦関係がこういうふうになりました、なんていっても、それは他人にはわからないものだし、もちろん社会的な活動だとは思われない。それよか法改正とかの生産性の高いものをやらないと、女性解放とはいえないみたいな風潮ってあったと思う。今でもあるんじゃない。権利の獲得とかハッキリした到達目標があるのが運動なのであって、リブというのは自閉している、「私が、私が」ばっかりいってるっていわれ続けたもの。

リブ派もそれをはねかえすような方向を、見いだせないまま運動自体が弱まっていったから、私たちが全面的に無罪で、すべての責任は国際婦人年以降の運動にあるというつもりはないけど……。ただ問題意識としてはリブのあの部分がちょんぎれてしまったということのツケが、今来てるなというふうには思う。

**加納**　だからこそ私は、リブがなにをいってたのかということを、いまきちんと伝える必要があると思う。

いまエネルギーがなくなってるとかいう状況も含めて、現状をひらく上で意味があるという感じがしてるんですよ。だからどうやればリブが提起したことが今の人たちに伝わるのかなあと……

田中　伝わるかどうかということより、どう繋《つな》がっていけるかということの方が私は大切だわ。私、あんまり年代論って信じられない人なのね。年代なんて関係なく、自分を笑うことのできる人とだったら繋がっていけるもの。真面目になんかやってるんだけど、そういう自分をおもしろがるもう一人の「私」を持ってる人とだったら、世代と関係なくつながれるんじゃないかなあ。要するに結婚しても結婚に一〇〇%はまらない、子育てしても子育てに一〇〇%はまらずに、自分を生かしていける人が多くなりゃいいんだから。

加納　それはそうですね。

## 6、リブには肉体がある

田中　武田百合子さんという、武田泰淳さんの奥さんが自分の文章を書く基本の中に日常使ったことのない言葉を使わないとか、自分でもよくわからない言葉を使わない、ということをいってるのね。

私フェミニズムの人でもウーマンリブの人でも、時々話してるとわかったようでわからない言葉が多いんでイヤなんだ。例えば「ウーマンリブというのは自己実現だ」という風にいう人がいるのね。すごくスッキリしてるけど、私、自己実現って、わかったようでわからない言葉の一つなわけ。

海外留学が実現したり、シンガーソングライターになったりすると自己実現したことになるらしいけど、私にとって自己実現というのは、楽しかったら楽しいように、頭にきたら頭にきたように、生きることです。胸に触られたらぶつし、ぶてなかったらなぜぶてなかったのかということを悔しがって、歌を作ったり詩を書く、というそれ全部が自己実現なのよね。

つまり、いつか来る自己実現よりいまが大事。素敵な自分が実現できたときだけ自己実現じゃなくって、こういう時には自律したいし、こういう時には甘えちゃいたいということが自由にそのまま表現できるってことなのよね。

そういう意味で私はリブに参加しなくても、毎日自己実現しつつ生きていたと思うのね。でも多分うんと性格がユガんだと思う。私らしく怒ったり悲しんだり喜んだりすると、嘲笑されたり嫌われたり孤立してお友だちや恋人を失っちゃったり、仕事から干されたり、そういう事につながってしまう時代だったから、七〇年代って。「私は私」の生き方をジャマする人たちとか社会を無視して自我が確立できるほど、私は強くなかったし。

だから「この指とまれ」じゃないけれど、同じように悩んでる人が集まって、点じゃない、面になろう。面になればそれに寄りかかることもできるから、と。いわばそれに寄りかかって自我の確立を図ろうとしたわけね。それから二〇年経って私の自我もずいぶん強くなって、そうなったら当然私にとって運動のかたちは変わってくる。

気がついたら私の治療所が持っている「場の力」が、患者さんたちを自然と助けるようになっていたの。弱い自我を、からだ的に気持的に助ける場になってたってわけ。安易によりかかってくる人を時々こづいたりしながら、実は私も、患者と一緒に作ってるウチの「場の力」に支えられて生きてる。支えて、支えられながらね。

「ルッキング・フォー・フミコ」の中で「なんで田中さん、昔のようにやってないの」って質問されたけど、そもそも他人のためにやった運動じゃない、リブって。自分が変われば、やり方も変わるのよ。

**加納**　なんか自己実現というそれに向かって努力して、あ、やったという感じですよね。

田中　そう思う人もいるけど、私のように自己実現というのはもっと日常的な事だと思う者もいる。

　運動としてのリブがなくても私みたいな人間は自己実現に奔走したでしょう。リブがあろうとなかろうと、自分の言葉でしか喋《しゃべ》ないだろうし。でもその揚句に精神病院に入ってたかもよ。

加納　さっきもでたけど、お尻なぜられてパッとたたくのと、あ、これはセクハラだと思ってから怒るというの。面白かった。

田中　お尻触られて「ワア、セクハラ！」と怒るのがフェミニズムで、ぶっ飛ばすのがリブ。ぶっ飛ばせなかったら自分はナゼそうなのかを考える。そこから始まるのがリブなのよね。

加納　私も、まず頭にセクハラというのが入って、セクハラはいけない、怒ろう、となるかなあ（笑）。

田中　怒るのが正義だと思って怒る（笑）。

加納　その一瞬の差というのがね。

田中　リブには肉体があるからね。肉体から出るパワーが。

加納　それは非常によくわかる比喩《ひゆ》だなと思った。

田中　フェミニズムってそれがないから面白くないのよ。いま女は男をぶつパワーがなくて、子どもをぶってる。

加納　やっぱり私も真面目主義自己実現というのかな。ふつう自己実現というとより高いものを目指すわけだけど、私のまわりのリブだと逆になるんですね。お化粧したらいけないとかイヤリングをつけてるからいかんとか、辺境とか共同体をめざして名もなく貧しく美しく、というそこに自己実現を求めるという感じがあった。やっぱりそうやって自分から離れていく。運動ってどうしてもそうなっちゃうところありますよね。

田中　女が一〇人いたら一〇通りのリブがあればいいいんだけど、日本人は「多様性」が苦手だからね。長野にいる斎藤史さんという歌人が「定住の家を持たねば

朝に夜に　マジョルカの薔薇　シシリーの花」って歌ってる。私のリブって、まさにこれ。

私ってウーマンリブで未婚の母でハーフの子がいてって、もうバッチシ跳んでるってかんじでしょう。でも半分はたまたまのなせるワザでそうなっちゃったに過ぎない。

「化粧も素顔も私のものよ」って、言い換えれば、「マジメもフマジメも私のものよ」ということで、「定住の家を持たねば」のイメージがそれに重なるのね。マジメもフマジメも私のものだから、未婚の母だけでなくチャンスがあれば愛人もやりたい、結婚も一年くらいやってみてもいいな、離婚も味わったらどんな気になるだろうと思うわけよ。今日はマジョルカの薔薇でも、明日はシシリーの花になるかも。

半分たまたま、半分自分の選択としてある人生だから、軽やかに風通しよく生きていければいうことないわ。思うままにグチったり嘆いたり開き直ったり、わくわくしたりしながらね。そんな小さな生きものとして、自分にいい訳しないで生きていければ……。

（一九九四年一〇月二八日、御茶の水にて）

［インパクション89号　一九九四年一一月、初出タイトル「「真面目は、マジョルカの薔薇で、不真面目はシシリーの花」という話です。」］

# 混沌を引き受けて生きたい

## ご飯粒になりたくない私

――『インパクション』八九号の加納実紀代さんとの対談でリブ批判への反論を展開していらっしゃるのが、とても痛快だったのだけど、田中さんはなぜリブを？

**田中◎**私、子どものとき使用人に性的いたずらをされて、そのことで、リブ始める二十七歳まで、お友達ができないくらい自分の中に入り込んで生きてきたの。ひたすら、何でよりにもよって私の頭だけに石が落っこってきたのかって思いながら。

当時の私は、男から選ばれたいけど、男が選んでくれるような汚れのない女のふりをすることができない。その狭間で右往左往して限界に来てたのね。だからもう、黒人たちの〝ブラック・イズ・ビューティフル〟ふうに、「苦しんでる私は美しい」って開き直るしかなかったの。

**それが始まりで、そして、ご自分が運動の中で男の役割やってしまうことに嫌気がさしてリブの運動を離れたというのは？**

**田中**◎初めてリブの運動に参加した時には、みんな、すごく生き生きした文章書くんだよね。「私」という主語で。でも、日本人って、集まるとすぐ、ご飯粒がくっついたようなやすらぎで満ちてしまうの。私の育った家が変わっていたのだと思うのだけれど、家族だからみな仲良くという押つけがまったくなかった。そのせいか私は「ご飯粒」にはなれない人なんです。でも、大抵の人は、同じグループだというだけで、べたっと仲良しになっちゃう。

そうなると、個として表現する必要がなくなっていって、代わりに私の言葉に自分を簡単に四捨五入するようになるのね。でも私にはそういう彼女たちが視えて、それゆえ怒る女になっていって……。私が怒れば怒るほど、彼女たちはますます自信がなくなっていくし、私はそのことに罪悪感を感じて……。「みんな意見を言ってよ。これじゃ全部私が背負わなければならなくなる」って、最後はもの狂おしい感じでいいましたが……。

みんな疲れてたしね。ほんとうによくやったと思います。運動も生活もってかんじで、お金も稼がなくてはならなかった。二十歳前後の人たちが、いわば運動の前衛部分、突撃隊をやっていたわけで、ただでさえ親や社会から非難を浴びて大変だったから、よけいグループ内でくっつきあっちゃうわけね。

でも、あの「最初の女たち」が頑張ったからいまがあるのよ。あの当時、少し先の見える人たちはリブに近づいて来なかったもの。リブだと言うだけで引き裂かれる時代だったんです。

――でも、そのご飯粒をどうするかというのは、それ以降美津さんがずっと持ち続けたテーマでしょう?

**田中**◎そう。だから、いま、「田中さん、何で運動に関わらないの?」といってくる人がいるけど、そんな気軽に言ってくれるなよ、と。私は思いっきり手を広げたいときは、いつだって広げます。大人同士の関係ならまずもって思いやりとか、まずもって配慮ありきといった関係なんか作らない。その代わりあなたの手が私にぶつかってきたら、それは引き受けるよって。

でもそういう関係を作ってくれる人がホントどれくらいいるのって思う。この、「国中が家族」で、お互いに言わず語らずで手がぶつからないようにしている国に……。

## メキシコへ

――それで、そのあとすぐメキシコに行かれたのでしたね。メキシコを選ばれたのは?

**田中**◎国連の国際女性会議があったでしょ。それに出席して新聞社に原稿でも送るつもりだった。でも結局、一本も送らなかった。メキシコには四年半いたけど長期滞在のビザがないから、もう三か月毎とか六か月毎に、アメリカとかグァテマラとかに行かないと不法滞在になるという、そんな四年半だったのね。

メキシコでセニョールっていうのは肩書きのない人のこと。肩書きがあればドクトールとかになる。看護婦であることがステイタスだから、白衣のままで通勤する、そういう階級社会なの。そんな世界で、未婚で子どもを産み、ビザも友達も金もコネもなく丸裸で暮らすとはどういうことなのか。それをいやというほど体験しました。

コネも肩書きも財産もない人間は道を歩いてる犬と同じなのよ、隣のセニョーラから見れば。それが階級社会。

――**それでも、逃げだそうと思わなかった。**

**田中◎**それほど帰りたくなかったのね。連合赤軍事件があったでしょ。彼らみたいに日常は禁欲して、非日常の銃撃戦で自分のエロスを開花させるという、死のエロスを生きる目的にしていくようなのはおかしいと思った。でも、彼らが良しとした「大義のために私を殺す」といった、何かを我慢することによって生じる喜び、それから未だに私たちは自由ではない。

例えば、アル中を治すには、患者の妻が「いい妻」をやめることだと言われている。でも、それがなかなかできない。「尽くす妻」やることには快楽が伴うんですよ。「心中」がエロスであり、快楽である文化が脈々と私たちの中にはあるわけで。関西大震災でも、自分の家が潰れちゃっているのに、必死になって会社に駆けつけた男たちがいたでしょう。あれ、会社と心中したいのね。

もっとも、その一方で略奪などせずにお弁当をもらうために行列に黙々と並ぶ人たちがいて、そんなふうに、ときに、自分の欲望を我慢することが役に立つこともある、だから難しい問題なのだけど。

とにかく日本人って、尽くすとか耐える切なさが好きな国民性で、そこのどこをどうほどいていけば、私たちは連合赤軍を乗り越えたって言えるんだろうか。メキシコ滞在の間中、そのことをズーッと考えていた。

私は当時、女であることはずいぶんと選べるようになっていた。胡座《あぐら》をかこうと、クソっといおうが、私は女以外の何ものでもないという、そういう自信はあったから。でも、日本人であるということも選び直したかった。こんなふうに、禁欲が喜びになるような、いくら頭で否定しても自分の中にもそういう部分がある、これをどうにかしたい。でも日本で日本人のことを考えても分からない、って思ったの。

正解よ、メキシコでは信頼のイメージからして違うもの。ラテン系って「今がすべて」の、一人一人がバラバラのご飯粒で、それがお茶碗の中で飛び跳ねているって感じの人々で。四年半、もう唖然呆然《あぜんぼうぜん》の日々だった。いまやろうとしてもとても怖くてできない体験だったけど、何も知らないからできたのね。メキシコに行ってよかったとつくづく思う。私ってからだを通過させて物事を知っていくという手しか持たない人間だから。

## 治療場の力

――それで、息子さんが三歳のとき帰国して、鍼灸治療師の学校へ行かれたのでしたね。自分の弱い自我を支えるためにリブが必要だったと書いてらっしゃるけど、いまは「点」でいられて、支える「面」は要らない？

**田中◎**「面」が必要ないなんて、自分はそんな強い人じゃないから。いまはいろいろな人が来る治療所が「面」になっている。しかもあのころと違って、治療所は仕事としてやっていることだから、おのずと患者さんたちと距離感が持てる。それがいいのね。もちろん私だけじゃなくて患者さんが持ち寄ってくれる力も場の力、面の力になっている。

重い患者さんが多いから、毎日ヘトヘト。あと何年この仕事ができるか、体力が持つか真剣に考えます。ただ、患者さんって、どこの治療所でもそうですが、気の合った人しか残らないから、あ、明日はあの人に会えるって喜びながら、もう患者さんに助けられて生きている。

気が合わなくてもずっと残っている患者さんも中にはいるのね。そういうのはいわば天の思し召し。気の合っている人と会うだけでは私は片よってしまう。ちょっと気の合わない人が残ってくれることによって、私という人間は調和が保てるんだとおもうのね。性格が合わなくてもからだがある。その人たちのからだも、私にとっては手塩にかけたからだで可愛い。だから自然に受け入れることができるの。

## マルもバツもない家庭

美津さんを見ていると、過激で強烈な存在には違いないのだけど、カリスマ特有の、この人の前ではこうふるわなくちゃと思わせるような圧迫感が希薄だから、自由な空気が流れているのね。ご自分の家のことタブーのない、マルもバツもない家庭だったと書いていらしたでしょう。そのことと関係あるのかな。

**田中**◎そうね、日本の家庭としては変わっていたと思う。母は子どもの内面にほとんど踏み込まなかった。べたべたしないのね。明治四十三年の生まれで、無学で教養もないけど、なかなか魅力的な人で。適齢期の私に「女は結婚するだけが幸せではない」と。「日本は戦争に負けたから良かった、負けていなかったら、未だに男が威張って女はえらい目にあっていた」っていうのが口癖で。もう直感的に正しい人なのね。

「こんなのもなきゃ困るから」って選挙のときは、必ず共産党や社会党に投票していた。主義主張ではないのね。そういうものを信じていないから騙《だま》されることもない。私も母親ゆずりの庶民の感覚をたっぷり持っていると思います。

――お父様は?

**田中**◎母の蔭で父は影が薄かった。でも、マイペースの人で、年とってくるに従って、雨ごいせずに日照りに合わせて生きているアメリカインディアンのナバホみたいにね、自然の一部みたいになっていくのを見て、父が好きになった。
私が若い頃、母は父の悪口を言うために生きてるみたいだった。彼女にはジョン・ウェインのような力強い男が男だという幻想があったから。でもね、最後の三年間、母は入退院を繰り返したのだけど、母が入院してから、縦のものを横にもしなかった父が掃除洗濯みんなするようになって、母が退院してからもほんとうによくやっていた。
若い頃仲が悪かったのに、最後の三年間で奇蹟みたいにパズルがうまくはまるように和解した。ああいう夫婦もあるのね。

**起こったことはしようがない**

**田中**◎子どものときの性的虐待の話に戻るけど、私ね、母親の機嫌が良かったとき、楽しい秘密を教えるようにその男とのことを母に話したの。そうしたら、もう母はカカカーッとなってしまって、その男の親まで呼ばれて、母からガンガンに怒られた。それで、初めて、ああ悪いことしたのだなって。

**――されたこと自体はいやじゃなかった？**

**田中**◎私の場合は安心できる相手だったし、それほどひどいことをされたわけじゃなくって、遊びみたいで楽しかったのよ。それだから、後からひどく傷つくんだけどね。
「私は被害者」のところにすっきり立てない自分がいて、楽しんだ自分を罰し続けたの。だから、リブを始める二十七歳まで、友達らしい友達もできなかったし。

森田ゆりさん（エンパワメント・センター主宰）が言っていましたけど、子供からそういうことを聞いたとき、まともに怒る親って少ないんですって。私の母はそんなバカやった男を烈火のごとく怒って、それはそれで正しい対応だったのだろうけど。

でも私の場合、それで、「ああ悪いことしてしまった」って「罪の子」になってしまったんだから、どんなことも、こうすれば大丈夫という対応なんてないのよね。私が「罪の子」にならないようにするには、母はどうすれば良かったのか、いまだに私にはわからない。

でも、それ以降、父からも母からも、兄弟からも、そのことを一度たりとも持ちだされたことがない。そんなことは何も起こらなかったように家の時間は動いていました。いまになってみるとそれが良かったと思う。何か私が失敗する度に、「お前はああいうことがあったから、かわいそうに」なんて言われ続けたらたまらないもの。

私、いまはね、「起こったことはしようがない」というふうなところから物事を進めちゃう人なの。分析的にね、これこれこういうことがあったから私はこうなった、ああなったということを、ほんとうに長い間ひとりでやってきた。でも、性的虐待があったために不幸になる道があるのなら、そうでなく、それがあったからこれだけ私はものを考えられるようになったといえる道だってあるのよね。

「それゆえ私は不幸になった」ばかり反復していくと、不気味なことに不幸な過去が育ってしまう。私がそうだったけど、そういう人って、重い過去に現在が乗っとられてしまって、今を生きてるようで生きてない。不幸な過去をずっと生き続けることになるのよね。それにハマッちゃうとどうしようもなくなる。

私、いまそういう人がいると、いうの。「過去がなんであろうと、結局私たちが手にすることができるのは今だけ。今だけが現実よ。ほら、風が吹いている。光が木漏れ日を作っている。手に入らなかったものを数え上げるのは止めて、あなたがいま受け取っているものに気づこうよ」って。

私って目先のことに全力投球する人だから、過去に囚われてる人に会うと動転しながら、一生懸命そんなふうにいってみるんだけど……。

## ひとりでとことん苦しませてくれる家

田中◎私を見りゃ分かるように、私の家族ってすごく欠点が多い家族だった。でも、なぜか節目節目は逃さないで決めていく。私がほんとうに苦しいときには、何もちょっかい出さないで、とことん苦しませてくれたしね。ヘンな気づかいや同情を示したりということがなかった。

息子が私立中学の寮に入ったとき、私は恋愛していて息子どころじゃない。でも、ちょうどその頃彼は淋しそうな感じだったんですって。で、たまに父母会などに行くと、クラスのお母さんから、「彼が淋しそうだから、もっと来ておあげになったら」とかいわれた。私、いいましたよ。「あの子は、いま私がやさしく話しかければ淋しくなくなるような淋しさを抱えているわけではないと思います。淋しさも彼を育ててくれる力です。だから、淋しいときは淋しい思いを十分味わって生きてもらいたい」って。すごく嫌な奴と思ったでしょうね。でもそれは、私がそういうふうに生きてきたからなの。

「僕が強くなったひとつは喘息だよ」って、いま、息子がいう。医者にも薬にも頼らなかった。ハリ打ってると、途中で一度苦しくなることってあるんですよね。あるとき、打っている途中に、彼は息が出来なくなった。「あなた、落ちついて、『アァー』って声を出しながら息を吐きなさい。そしたらいくらかでも入るから」っていったの。あとで、「お母さん、今日はほんとうに死ぬかと思ったよ」っていうから、私、何気なく、「あら、良かったじゃない、あなた。人間って死ぬ体験すると何かが見えてきて世界が広がるんだって。なにか見えた?」って言ったの。あとから考えてみると、我ながらひどい親だと思って（笑）。

でも、「起きることはすべてマル」って、ほんとうに思っているからそんなふうにいったんだと思う。だって自分が不幸で孤独だったときにため込んだエネルギーが、リブとして開花したんだし、からだが弱かったから鍼灸師になれたんだし。どこまでいってもバツしか産みださないバツなんて、この世にそう多くない……と、私は固く思っているのです。

「かけがえのない、たいしたことのない私」っていうコンセプトが好きです。言葉だけじゃなくてまさしく自分自身がそうなのね。つまらないことにこだわったり、ああでもない、こうでもないと、ひとつの決断するまでにものすごくたくさん悩んで……。でもね、生きているってそういうことだと思うのね。私は死ぬまでそうやって、毎日生々と悩みながら生きていくタイプなんでしょう。情けないような、よかったような……。

（インタビュー・稲邑恭子）

［『くらしと教育をつなぐＷｅ』一九九五年二・三月号］

# 世界は「野蛮」を待っている

## 私が座談会に出ないのはナゼかの巻

先日、愛知県のある中学校で、教師による体罰事件が発生。その件でPTA総会がひらかれた。ささいなことで激昂した教師が、なんと生徒を四〇発くらい殴りつけたというメチャクチャな話よ。当然親たちは教師や学校を吊るしあげただろうと思ったら、なんとその反対。

「センセッ　遠慮せずに今までどおり、いうことをきかない時はガーンとやってください」って、父母が要望したっていうんだから、スゴイね。「いつか自分の子も殴られて、心身をズタズタにされるかも知れない……」とは考えない、その想像力のなさに驚いてしまう。

でも、いくら管理教育で有名な愛知県でも、こういう凄い親って、そんなに多くはいないんじゃない。ただこの手はたいてい知性を欠いている分だけ、声がでっかく神経も太い。だから他の親たちは意外な展開にびっくりしているうちに、「ハイ、おしまい」になっちゃったんじゃないかしら。

ムロン昨今のことだから、「殴られたのはウチの子じゃないし、まっ、いいか」と思って黙っていた人も多いハズ。こんな親はもう論外ね。私が気にかかるのは、集会が終わったあとで新聞記者に、「体罰肯定の親がいるんなんて驚いた」とかいってる〝良識派の親たち〟だ。そう思っているんなら、なんでシッカリ集会でいわないのよ。とかく良識派は見苦しく頑張るのがお嫌い。でもあと出しジャンケンはズルイじゃない?

野蛮には「野蛮」のパワーだ。「なに言ってるんだっ!」「体罰はゼッタイにやめろっ!」と、こっちも負けずに吠えないと、ね。そんなふうにキッチリ対抗してたら、新聞にあんな風には書かれない。それをしないで、後で何をいったって、「私はあのヒトたちとは違うんです」の〝エエ格好しい〟になってしまうのよ。

〝理性派〟や〝良識派〟って「野蛮パワー」がないからね。あんまり人間しすぎちゃうと、どうしても「野蛮」パワーはなくなっていくのよ。

というところで、ハナシは突然ウーマンリブのことになる。我れ想うに、ウーマンリブの最もすごいところは、野蛮に激しく拮抗する「野蛮」パワーを、運動として爆発させたという点だ。

現在、タイ国内だけでも一八歳未満のこどもが約八〇万人も「買春」の犠牲になってるそうだ。世界はまだまだ至るところ、女や子どもに対する野蛮で満ち満ちてる。今でもそうなんだから、もう二五年前はどんなだったか。

野蛮には「野蛮」。殴られたら殴り返せだ。もちろんブッシュやアルカイダみたいに、爆弾には爆弾を！　というのは間違い。私が良しとしているのは、物理的な暴力以外の暴力で、それを「野蛮」といっている。

女に対しては、サビついちゃってるもいいところの社会の歯車を、野蛮の力でゴトンと動かした私たち。野球でいえば、九回の裏、五対一の負けゲーム。そこへ捨て身の一番バッターが会心の一撃！　カーン。「それーっ」とばかりに勢いづくナイン。打つわ打つわ、またたく間に五対三まで追いついて、今まだ快進撃中、という状況を現在女たちは生きている。

ウーマンリブとは、いわば「会心の一撃」をもたらした者たちのことだ。そう、もし私らがいささかなりとも賞賛されるとしたら、それは私らが持っていた野蛮な「なにクソ」パワーのおかげです。

「歌手」には二種類いるって知っている？　歌がうまいから歌っている人と、どーしても伝えたいものを持っているから歌ってる人の二種類よ。テレビ、週刊誌を通じて「一部暴力ブス集団」と喧伝《けんでん》され、嘲笑の的になりながら一歩もひかず、「まちがっているのは、あんたらの方だ！」と叫び続けた女たち……は、もちろん後者の歌手である。あの時私らはどーしても伝えたいものを持っていた。だから「火事場のクソ力」が、「野蛮」パワーが出たのです。いわば火を素手で掴もうとしたわけね。

しかし歌がうまいから歌っているに過ぎないフェミニストたちは、ゼッタイに素手でなんか掴まないし、掴めない。彼女（彼）らは、そもそも「野蛮」が嫌いです。タブンそれはね、どーしても伝えたいものを持っている人間を、心の深いところでシットしているからよ。「なにクソ」パワーって、いわば原始の輝きそのものだもの。とはいっても——。

昔のシロクロ写真は、時の力でやわらかなセピア色に変化する。女たちのかつての「なにクソ」パワーも、今となってはプリンのような歯ざわりだ。先日関西で行われた「リブ二五周年記念大会」のチラシをみたら、「昔過激だといわれたリブの主張も、いまはあたり前になりました」とあった。

そうかしら？　及ばずながら私は今でも過激です。いつだって私の「あたりまえ」は世間の「過激」さ。去年の秋、フェミニストのマジョリティは打ち揃って「国際婦人年・北京大会」へとお出かけになりました。ちょうどその少し前よ、私が仲間と浅草のサンバカーニバルに参加して、炎天下、「イエーイ！」と五〇分間近く踊ったのは。ホッホ、私って孤塁を守っちゃった。

だって、この世のすべての問題は、マクロからみていく人と、ミクロから見ていく人の両方が必要。国連の会議って、いわば「マクロから」見ていきたい人が集まる場だ。でも私にとってはいつだって、ミクロからマクロに至る視点が大事です。

「サンバでイエーイ！」が無理なくできる、大したことのない私だから、〃理性派〃でも〃良識派〃でもない、大多数の女たちとつながって、横一列で生きていかれる。横一列で、住専に怒り、チェルノブイリの放射能漏れを心配し、今夜の献立を考え、「もう桜、見に行った？」とたずね合って……。

自分の考えを伝え、他人の考えを聞くのに鍼灸師ぐらいイイ商売ってない。なんせ相手はハリで動けなくしたマナイタの鯉よ。ナアーンてもちろん冗談ですが、患者のひとりがある時曰く、「ミツさんって〝生もの〟ね」。

フーン、さすが古い患者だ、うまいことをいう。確かに私は〝生もの〟だ。だから昔ナニした、カニしたなんて、まっーたく関心ないものね。同窓会はニガテです。〝いま〟がすべてよ。〝いま〟だけが現実よ。

「野蛮」パワーは「いまだけ」パワーだ。私みたいな人間は、人生の時間が、〝いま、いま、いま〟と流れているのよ。だからなにをしたって、まるで帰る時間を忘れて遊ぶこどものよう。

そういう私に、「元リブ新宿センター（略してリブセン）のメンバーと座談会をして欲しい」だって？私らに喋《しゃべ》らせれば、お子さまランチみたいに過去をひと盛りにできる。これがトマトライスでその横がオムレツよという具合に、ウーマンリブがわかりやすくなると思うなら、とんだ見当違いです。

正しく伝えることができる〝過去〟なんて、だれのポケットを探ったって出てきやしないもの。エンゾ・エンゾ（ロシア系フランス人のシンガー）は歌う。〝リンゴの半分はいつだってリンゴだけれど、「真実」の半分はすでにウソよ〟。

真実はたくさんの顔を持っている。個人においては、どんな物語を自分に採用するかで「真実」が決まる。

それなのにたくさんの元リブセンメンバーにプラス私が加わって昔を語れば、それって否応なく唯一無二の、「ザ・真実」になってしまうんじゃないの？　アナ恐ろしや夢の競演！　それがどーにもいやだから、座談会を断わって、こうやって「なぜ座談会に出たくないか」を書いている。あぁシンド。

他のメンバーたちはいい。自分の「真実」を話す機会だもの。でも私は抜けることで、私自身を語りたい。

「座談会に出たくない」と云ったら、「あなただけリブセンについて語っているではないか。しかもネガティブに」といわれたわ。ムムッ、私だけ語るチャンスが与えられるって、私の罪なの？　責任なの？　しかも私はいつだってある一点に関して執拗に語っているだけだ。なぜならその一点は、〝私たちだけの問題〟でも〝過去の問題〟でもないと思うからよ。私が語る「昔の私たち」とは、「今のあなたたち」に他ならない。ちょっと長いけど、『くらしと教育をつなぐ〝Ｗｅ〟』（九五年二―三月号）に載ったインタビューを引用させてね。

「初めてリブの運動に参加する頃は、女たちはみんな、すごく生き生きした文章書くんだよ。『私』という主語でね。でもね、日本人って、集まるとすぐ、ご飯粒がくっついたようなやすらぎで満ちてしまうの。私の育った家が変わっていたのだと思うのだけれど、家族だからみな仲良くという押しつけがまったくなかった。そのせいか私は「ご飯粒」にはなれない人なんです。でも、大抵の人は、同じグループだというだけで、べたっと仲良しになっちゃう。

そうなると、個人として表現する必要がなくなっていって、代わりに私の言葉に自分を四捨五入するようになるのね。でも私にはそういう彼女たちが視えて、それゆえ怒る女になっていって……。私が怒れば怒るほど、彼女たちはますます自信がなくなっていくし、私はそのことに罪悪感を感じて……。「みんな意見を言ってよ。これじゃ全部私が背負わなければならなくなる。」って、最後はもの狂おしい感じでいいましたが……。

みんな疲れてたしね。ほんとうによくやったと思います。運動も生活もってかんじで、お金も稼がなくてはならなかった。二十歳前後の人たちが、いわば運動の前衛部分、突撃隊をやっていたわけで、ただでさえ親や社会から非難を浴びて大変だったから、よけいグループ内でくっつきあっちゃうわけね。でもあの『最初の女たち』が頑張ったからいまがあるのよ。あの当時、少し先の見える人たちはリブに近づいてこなかったもの。リブだというだけで引き裂かれる時代だったんです。」


くそっ、読み返すと腹が立つ。この「物語」のどこが〝ネガティブな意見〟なのよ。唯一無二の「真実」でもないけれど、ネガティブでもないわ。「国中が家族」みたいなこの国では私たちの関係だけでなく、集団になればいつだって〝和をもって尊しと為す〟になってしまうのよ。ご飯粒となってくっつき合う。だから「ドンドン体罰やってください」という人に、「ナニいってるんだっ！」のひとことがなかなか出ないんじゃないか。「日本の役所や多くの企業で、人びとが最も関心を持つことはなんだろうか。決して仕事のことではない。組織内の『和』をいかに保つか、ということである。朝から晩まで人々はそのために気をつかうのだ」（「天声人語」『朝日新聞』九六年三月四日）

役所に企業、ＰＴＡの集まり、学会、ご町内等で気をつかうだけじゃない。家庭内や、ツァー旅行だってそうだ。そしてウーマンリブやフェミニストたちの関係も、ともすれば……。

「野蛮」パワーは、〃みんな仲良く〃に屹立する個人からしか出やしない。私はいわば「野蛮」発生源で、「野蛮」って伝染《うつ》るんです。元リブセンターのメンバーたちは、「ご飯粒」であるとともに屹立する「野蛮」であった。彼女たちは整合性を欠いた分までパワーと化した。「女は女らしく」の抑圧を右足で蹴っとばし、次に「自立した女かく生きるべし」の抑圧も左足で蹴っとばし、夜空を見上げて未だ見ぬ我が身と語らって……。「野蛮」はステキだ、カッチョイイ。

それにしても整然とした言葉でしか自己を表現できない貧しさに、お勉強好きの「フェミニスト」たちは早く気づいてよ。私らには手もある、足もある、目もあり鼻もあって、そして口もあるという生きものなんだから。呻吟する世界は「野蛮」を待ってるぜ。わぁーぉ！

〔『銃後史ノート戦後篇８　全共闘からリブへ』インパクト出版会、一九九六年七月〕

## ＊＊＊今の私からひとこと、ふたこと＊＊＊

「強い人間は文学など必要としない」という言葉がある。なるほどね。〈文学〉のところに〈ウーマンリブ運動〉という言葉を入れてみる。

「強い人間はウーマンリブ運動など必要としない」。うん、そうだね。強ければ、自分の力だけでウーマンリブできるもん。個としての自分が弱いから、私たちは集まって面になって、「女の癖に！」と抑圧してくる世間や男に対抗しょう……としたわけだ。

弱いと敏感は紙一重。弱いから視える風景がある。弱いから感じられる痛みがある。強いことがマルであるなら、弱いこともマルなのよ。

そのことがわかった上で、思うこと。それは強い人には弱さが必要。そして弱い人には強さが必要だってことです。人間強いばかりじゃ、いつか強さは強《こわ》ばりと化すだろう。そして弱い人も、弱い者同士くっ付きあって、「差別された」「見くびられた」と怒ったり嘆くだけでは、弱者であることが最大のアイデンティティになってしまう。それじゃまずい。

夏に新幹線に乗ると、ほとんどいつも冷房がきつい。そういう時、私はお弁当をすばやく食べてから、わざと髪を乱し口紅をふき取る。そして通る車掌を呼び止めて、軽く咳き込むふりをしながら弱々しい声で、「あの、コホッ、風邪で気持ちが悪くって……、吐き気がするんですけど、冷房を弱めてくれませんか」と頼むのね。

もういつでも百発百中よ。吐かれたら自分が掃除しなくちゃならないと思うから、車掌はぴゅーっと飛んで帰って冷房を弱くしてくれる。と、話すとみんなまず笑う。そしてたいてい、「でも、私にはできないわ」と言うのです。

うん、同じことはやらなくていいのよ、でもあなたならどうするの、ギンギンに冷房が効いてる時に。ガマンするの？　ガマンして、あとから、「新幹線の冷房がきつくって、おなかが痛くなった」とか、愚痴るのかしら。

易々《やすやす》と被害者になるのは、イヤなのです。相手のなすがままに被害者になるのは。それは相手が勝手に「私」に貼り付けた安い値段を許すということだから。たいていのことはこだわらない私。でも、そのことには、こだわるわ。

新幹線の冷房なんて、所詮《しょせん》たいした問題じゃない。でも、たいした問題じゃないのに、どうにもできないでいて、いざたいした問題に遭遇《そうぐう》した時に、果たしてどうにかできるものなのか。

田辺聖子さんはいう。「女性解放とは、被害者意識からの解放だ」と。ほんとにそうね。時々、「田中さんはつおい」といわれるけれど、ゼッタイに嫌だと思ったら、①泣き寝入りしない②一人でも戦う③創意工夫で私らしい戦い方を考える、この三つで私は強くなってきた。中でも私らしい戦い方、これが大事ね。

新幹線のあの「コホッ～」のように、自分でも笑っちゃうような戦いが、いつもしたいものです。

あぁ、女はみんな活火山!? あっちでボン、こっちでボンと音が聞こえる。

＊＊＊＊＊

# 一歳年をごまかして……、それが私の原点なのよ

1、

こんにちわ。私は怖い鍼の先生と思われていますが、東大では誰が一番怖いか、みなさんわかっているよね（笑）。上野千鶴子先生の前で、私はたいへん緊張しております。

今から三〇年前の、リブの一番最初の頃に、新聞記者が取材に来て、「ところで田中さんは、おいくつですか」って。「二六です」と私は答えました。でも本当は二七だったのね（笑）。思わず一歳若く口走っちゃって。たった一歳ってところが我ながら情けない。

当時はまだオールド・ミスなんて言葉が使われていて、リブなんてやるような女は売れ残りのもてないオールド・ミスに決っていると思われていた。二七なんていったらそういう嘲《あざけ》りにドンピシャでまずいんじゃないか……と私はタブン危惧《きぐ》したのね。

でもそれだけじゃない。私自身二七歳という年に脅《おび》えがあった。いまだ男の一人もつかま

えられない自分を自分で引き受けて、これでいいんだというふうには思っていなかった。それで思わず一歳ごまかしてしまったのです。

大学の先生であろうと警官だろうと医者だろうと、女は常に若いか綺麗かということが問題にされる。これからリブの旗掲げて、そういうことに対して「ナンセンス！」と主張しようと思っている私なのに、一歳でも若く見られたいなんて、あまりにも情けない。そう自己嫌悪しつつ、でも、はたと私は思いました。

今まで、〝二五歳はお肌の曲がり角〟だとか、〝結婚こそ女の幸せ〟というような謳《うた》い文句にずっと脅かされ続けてきたわけでしょ。そんなふうに二七年生きてきて、ちょっとリブの旗掲げたぐらいで、年齢を気にしない毅然《きぜん》とした女にもしなれるとしたら、そのほうがよっぽどおかしい、と。

それまで女の人たちは、男の人が自分をどう見るのか、そればかりを気にして生きてきました。こういうふうにしたら可愛いと見られる、おしとやかだと思われる、と。自分がどうしたいかではなくて、相手の眼差し、相手の期待に応えて生きることが普通になっていたのです。

つまり自分であって自分でない、「どこにもいない女」として、私たちは生きてきたのです。そんなふうに生きる空虚に耐え切れなくて反旗を翻《ひるがえ》したのに、ここでまた年齢なんか気にしない、毅然とした女としてふるまってしまったら……またまた私は「どこにもいない女」

になってしまうじゃないか。これじゃ元も子もない、と私は思いました。

このできごとは、ほんとにリブをやり始めてすぐのことだったので、とても印象に残っています。私はこの時のことを自分の中でくり返し思い返すことで、自分の立つ位置というものをはっきりさせてきたような気がするんです。

女は女らしくの抑圧は右足で蹴飛ばして、リブの女は颯爽《さっそう》と、毅然と生きるべしという抑圧、抑圧と呼べるかどうかわからないけれど、リブの女に対する他人の期待、他人の眼差しですね、そういったものも左足で蹴飛ばして、私が立ちたい場所は右でも左でもない、その真ん中にあるというふうに思いながら今日までやって来ました。

## 2、

当時、私たちが掲げたスローガンの中に、「抱かれる女から抱く女へ」というのがあります。抱かれる女から抱く女へ。そういうスローガンを掲げて、そしてすぐに「抱かれる女」と「抱く女」のあいだに、こういう矢印（↔）を入れるのがいい、と気がついたのです。「抱く女」になりたいけれど、「抱かれる女」っていうのも手離したくないわ、と。時に抱かれ、時に抱く。「それが私よ」って思ったわけです。

スローガンとしては「抱かれる女から抱く女へ」って、スッキリしててカッコいいですよね。いかにもリブってかんじだし。でも、時には「抱かれる」っていうのもいいなあと思っている私がいる。「ここにいる女」としての私が。「抱かれる」私もいいし、「抱く」私もいい。その両方の私が欲しい、と。

考えたら「抱く女」になれたら、「抱かれる女」にもなれるんですね。女だから男に「抱かれる」のではなく、「この男なら抱かれてもいいな」と、自分で選んでの「抱かれる女」に。

私は今、奄美の島唄にハマっています。奄美の島唄って沖縄と同じだと思ったら大間違い。弾くときに、沖縄は水牛でできた指抜きみたいなもので弦を上から押さえる。でも奄美は竹ひごみたいなもので一度上から下へ弾いて、そのあとスグに同じ弦を弾ね上げて、必ず「返し」を入れる。

こう弾いてこう返す。それを知って思わず、へぇ〜って。「抱く女」になれたら、「抱かれる女」にもなれるって、いわば奄美三味線の「返し」じゃないかと思いました。

次に記憶していること、それは、今でいうとセクシャル・ハラスメントの問題ですが、「男ってどうしていやらしい眼で女を見るの！」って、私たちは時々頭にくる。男たちは女とみれば、バストがあるとかないとか、お尻がどうとかこうとか当たり前のように話題にするから。

そんなふうに女を見ている男に対して「やめろヨ」と思うわけですが、その返しで、「ところで、どうして私はいやらしい眼で男を見ようとしないんだろう？　そういう欲望がないんだろう?」と思うわけです。

これって女一般の問題を返して、今度は自分自身の問題としてとらえ返すというプロセスでもあるわけです。「抱かれる女」から「抱く女」へ、というのは、まあ私たち女一般の主張です。そして返す鋮で、いや、鋮じゃない、間違えちゃった(笑)、返すバチでね、「でも私、時には抱かれるのも好きだわ」って思う。それから、「セクハラはやめろよ」と世の中に主張する一方で、「ところでどうして私っていやらしい眼で男を見ようとしないの、これってナゼ? 私って自由じゃないわ」と思う。そのように返しが入るのがリブなのです。

いま自由という言葉を使いましたが、そもそも私は、平等でも自由でも、自分の言葉に直さないとよくわからない人間なんですね。だから、「田中さん、男女平等についてひとこと」なんて突然いわれても、一般的にいわれてる平等って概念が私にはピンとこないわけだから、ムムムッになってしまう。

私にとって平等とは、「誰でも世界で一番自分が大事」ということです。誰でも世界で一番自分が大事。私が大事なように、あの人も自分が一番大事なのだから、私を大切にするように、あの人も大切にしなきゃいけない、されなきゃいけない。

また自由とは、私的には「自分以外の何者にもなりたくない」という思いです。

ですからリブの最初に、年を一歳ごまかす「私」もマル。それから年なんて気にしないでやりたいことをやって生きようとする「私」もマル。両方マル。その両方の自分を生きることが、ここにいる女として生きることなんだ、と。それでいい、ここから出発しよう、と思ったとき、実はすでに私は自由を獲得していたんですね。つまり、自分以外の何者にもなりたくないという思いを、その時すでに獲得していたわけです。

ですから、私にとってリブとは、自分以外の何者にもなりたくないという思いから出発して、それを邪魔するものに対して、何とか力を合わせて変えていこう、それは女たちみんなの共通の問題だから、ということだったと思うのです。

従来の女性解放運動は権利の獲得や法の改正といった制度的な改革を目ざすものでした。でもリブ運動は、自分以外の何者にもなりたくない「私」が、自分以外の何者にもならないですむ世の中を欲して、頑張った運動なのです。もちろんそのために必要なら制度的な改革も行う。しかしそれは他人のまなざし、価値観を生きてしまう「自分」から、自分を取り戻すということを追求しつつやっていくことであって、それ以上ではない。というのがリブの基本の考え方でした。

## 3、

私たちのやったことで知られているのは、たとえば優生保護法の改悪に対する反対運動。いわゆる経済的な理由、経済的に育てられないから子どもを堕していいという条項の削除が生長の家なんかを中心に、当時、行われようとしていました。野放しの中絶は性の乱れをもたらし、結婚制度や、ひいては国家の基盤を揺るがすというような考え方で、改悪しようという動きが出てきたわけです。

これって、ピル解禁を願う製薬会社がからんでいるのかもと、当時疑ってましたが。その頃、中絶に反対する右よりの動きと連動するように、ピルを解禁しようとする動きも活発になっていったので……。ま、政治にはいつだって裏がありますから、当たらずとも遠からずだったかもしれません。

私たちはもちろん、優生保護法改悪ゼッタイ反対の立場でした。でも……。昭和二三年から経済的な条項により、お金がなくて生み育てられないのなら中絶していいよということになって、じゃあその中絶は女に何をもたらしたか。

もちろんたいていのことは、全部いいことばっかりってことはないし、また全部悪いことばっかりってこともない。いま私は悪いことのほうからいおうとしているのですが、日本の戦後の復興は、いわば女たちが中絶しつつパートで働くことでもたらされたわけです。経済的に産めないし、産みたいと思えないような世の中。しかも、いい避妊法も知らない、もしくは知ってても夫が協力しないとか、女自身もいい加減にしていて、それで生まれてしまった子ども。それを堕ろしつつ、安いパートの労働力として女たちは働いてきたのです。

そのような中絶のありようを考えたとき、日本の女は欧米の女たちと同じ立場には立てない。主に宗教的な理由から中絶が禁止されてる世界で生きる欧米の人たち。それゆえ中絶の自由を権利として要求する彼らとは異なる立場から、私たちは中絶の自由を主張したのです。すなわち「産める社会を！　産みたい社会を！」というスローガンを掲げる中で、中絶の自由を主張したのです。

優生保護法改悪反対というスローガンを掲げつつ、返すバチで、リブの女たちは、「でも、中絶って果たして権利なの？」、「私たちは中絶をどんなふうにやってきたの？」と考え始めました。

女一般の問題を、バチを返すことによって個人的に深める。「どうしていやらしい眼で、私は男を見ないのだろうか？」とか、「私はこんなふうないい加減な中絶をしたことがあるのよ」ということが運動の中でいえる。そんなふうにいうことがタブーでない。運動内部にそういう風通しの良さがあるかどうかって、すごく大切なことですよね。

リブの場合、運動のグループはみな小さくて、一〇人ぐらいのグループが多かった。だから、その返しの部分をお互い同士個人的に話し合うことができました。「嫌な男からお尻なんか触られたくないけど、好きな男が触りたいと思うお尻が欲しいわよね」なんてグループの中で話し合える。そして自分以外の何者にもなりたくない私だけれども、その「自分」って、ポケットを裏返すように時々点検していく必要がある……っていうことにも私たちは気がついていったのです。

たとえば、私自身の卑近な例でいえば、ある時、胡座《あぐら》をかいて何かやっていたんですね、女同士で話しながら。で、好きな男が入ってきたらしい気配を感じただけで、あっという間もなく私は胡座から正座に変えてしまって……（笑）。あァ～あと思いました。でも年を一歳ごまかしても「そういう私なのよ」って、そこから開き直って出発する私ですから、そのことも、「あっ、恥かしい、人に見られなかったかしら」というふうには考えないで、ああ、女らしさの抑圧ってここまで肉体化してるんだな、と。

意識では、「女が、胡座をかいたっていいじゃないか」と一〇〇％思っている。ところが、好きな男が入ってきたらしい気配を感じただけで、考えるまでもなくからだが勝手に動いて正座になってしまった。女への抑圧って、かように身体化しているのか、いやぁ驚いたって思いました。

## 4、

世間が、男が良しと思う女として生きよという抑圧は、もう私の中で身体化されちゃっているんですね。だから、女性解放についての本を読んだり、意識でいくら私はこういうふうに生きるんだ！　と思っても、男の前に立つと急に自信がなくなったり、お皿を洗いに自分だけ無意識に席を立ったり、ノーを言う代わりにニコニコ笑ってしまったり、やけに声が可愛くなったりと、いろんな矛盾がでてくるのです。

そういうことをその一〇人ぐらいのグループの中で時間があると話し合いました。私たちのグループ（グループ「闘うおんな」）の場合、ほとんど衣食住を共にして暮らしていましたから、食べながら話をしたりフトンに入ってから話したり。人というものは自分のことはよくわからなくても、他人のアラはよくわかる（笑）。で、「あなた、男の人が来ると、ちょっと声がヘンじゃない？」とか、「どうしてすみっこのほうにいつも座っているの？」とか話し合って……。

自分以外の何者にもなりたくない、と頭では思っている。でも、「ピルを飲みたいから飲んでる」つもりで、実は、コンドームつけてって男に言えなくて黙ってピル飲んでるだけなのかもしれないわけです。こうしたい、ああしたい、これが自分だと思っても、実はそのこと自体、心の深いところで「自分は価値がない」と思っていることの反映だったりするわけです。どうも自分が自分の自由にならない、これはなぜなのかっていうことを生活の中で、男との間で、女との間で私たちは考えていきました。

リブは新左翼の運動に参加した女たちが、その中でいろいろ疑問を持ったところから始まっています。私もけっこうニューレフトの運動に影響を受けてるし、時に反面教師として役立ててきたってかんじで。例の、年をごまかす私もマル、そして、そんな私なんてバカみたいと思う私もマル、という二つのマルでいいんだ、「ここにいる女」としてその矛盾を引き受けるところから出発しようというその考え方は、たぶん東大闘争の自己否定の論理に疑問を持ったことに端を発していると思うんですね。

自己否定の論理って知ってますか。自分たち東大生は世の中枢を担うことを約束されている。しかし、それは結局ベトナムを侵略しているアメリカに加担する日本政府のお役に立つ人間になるということだ。それゆえ世に出てひとかどの人間になりたいと思っている、東大生の自分を否定するところから、新たに自分を出発させなければならない。そうマジメに東大生は考えたわけです。

自己否定の論理ってかっこいいなぁ〜と最初は思いました。かっこいいなぁ〜と思ったけれど、でも私ってすぐにバチを返しますからね、じゃあ私は何を否定すればいいのって考えたら、なんにも否定するものがなかった（笑）。

私は小さい頃に、チャイルド・セクシャル・アビューズの体験をしています。性的な虐待といってもさまざまで、私の場合加害者は自分の父親だったわけでもないし、道を歩いてて突然草むらに引きずり込まれたわけでもない。でも、ああいうことは他人と比較できるもんじゃないから、私は私なりに大変だったわけです。

私の場合、男は店の従業員で、その男とお医者さんゴッコのようなことをしているって結構楽しかったんですね。ある時ヒミツの遊びを教えてあげようと思って母の耳にナイショの話をしたら、彼女はすぐさまモーレツに怒って……。私に対してじゃなく、従業員だった男に怒って、それでも気が収まらず、その父親まで呼んで怒ったのです。それって親としてとてもマトモな対応だったと思うのですが。あんなにお母さんが怒るようなことが楽しかったなんて、なんて自分は邪悪な子どもだろうと、そう私は思い込んでしまって……。

でもまぁ、そんなトラウマだって、悪いことばっかりじゃない。すごく邪悪な人間だから、何かいいものにならなくちゃ、みたいな気持が芽生えたのですから。何かいいものになりたくて、私はウーマンリブになり、世のため人のために頑張ってきたような気がするのね。やがて鍼灸師になって、一人の患者に二時間もかけて治療してるのも、トラウマがもたらした力のおかげかもしれない。

邪悪だから、何かいいものになりたい。きっと上野千鶴子先生も似たようなトラウマを抱えてて(笑)、それで、いいものになりたい、いいものになりたいと思って今日があるかもしれません(笑)。トラウマって悪いばっかりじゃない。

前に伏見憲明さんがブスをテーマにした本を編集したことがあって、私のところにもインタビューにきました。なんで私のところに、とそこが不愉快だったんですけれど(笑)、彼とは友だちだから引き受けたのね、でも考えたら、私の場合、まだ他のお嬢さんたちは正札すらつけていないのに、私だけディスカウント台に乗っちゃってるような気持で、長年生きてきたわけです。それだから美醜で悩んだり、男女の役割分業で悩む以前に、私はすでにものすごく大きい孤独を抱えていて、その方がよっぽど大きい問題でした。

そういう私だったから、私の何を否定すればいいわけ?って。自己否定の論理って何か否定すべきものを持っている人の話じゃないのって思ったわけです。それだから一歳年をごまかした時にも、「ウーマンリブの旗かかげたくらいでこの私がキゼンとした女になんかなれるかよ」とか、「年のことで脅えてしまう私がいて、あったりまえじゃないの」というふうに開き直れたんだと思うのね。自分を否定することは、幼い時からイヤという程やってきた。これからはもう、自分の中のどんな切れ端も大事にしてあげたいと思っていましたから。

「女の解放」なんて、本から学んでやるようなものじゃない。日常的に体験する女への抑圧、差別。それを「痛み」として感じるからこそ、なんとかこの状況を変えていこうと思うわけです。だから〝難しいことばで語らない、ケイモウより共感してもらおう〟と思ってミューズカルをみんなで作って上演しました。あれは私たちのピカ一の運動だったと思います。

その中の一曲、♪あなたがあなたを、あなたがあなたを、あなたがあなたを、ババンバン、革命できる、ババンバン、革命できる、あなたが変われば世の中変わる、世の中変わればあなたが変わる、ババンババンバンバンバン〜♪（笑・拍手）。世の中を変えていく中で私も変わる。そして私が変わる中で世の中も変わっていく。私たちは自分と世の中が変わることを両方同じように大事に考えていました。いや同じようにって、ちょっと綺麗ごとね（笑）、いつだって私が変わっていくことのほうが、ずっと大事だったんだから。なにせ世界で一番大事な自分ですから。

さっき言ったように革命家諸君を身近に見てきたでしょ、新左翼の運動の中で。革命によって世の中の矛盾が全部なくなる。止揚される、なんて言葉を当時は使ってましたけど（笑）とにかく革命すればこの世は天国みたいに男たちはいってた訳です。

でも、男同士雑談しているのを横で聞いてると、「結婚するんだったら、やっぱりデモになんか出ない女がいいよな」なんて（笑）。オイオイってかんじ。そんな男たちに革命されたって、女は幸せになるかしらって思いましたよ。

あんな旧態依然の意識で何やったってダメ、なんにも新しいものは作れないと思ったところから私たちは出発してますから、法の改正とか、制度を変革するといったことに幻想を持たずにすみました。制度的な変革が必要だということは重々わかっている。しかしそれはあくまで私が変わっていくということと一緒に進めたいと考えたわけです。

つまり私たちはそもそも効率というものをあまり重要視していなかったのです。変革はプロセスが大事。人が変わるって時間のかかることだから、そんなに急いだってねぇって。それだから連合赤軍事件が起きたときに、ああ、やっぱりって思いましたもの。自分たちの意識の変革なしにコトを急いではいけない、と。

それに、自分以外の何者でもない者として生きたいという思いを持ったときに、私たちはある意味では欲しい自分の切れ端を手に入れてたわけですから。自由の基本というか、土台を。だからあせらずにいこう、と。

なぜなら「自分以外の何者にも」といっても、先ほどいったように、その自分、自分だと思っているものが、男が来ると我れ知らずに正座してしまったり、みんなに好かれたくて無理していい感じにふるまったりしている自分かもしれないわけです。

「おじいさんは山へ芝刈りに、おばあさんは川へ洗濯に行かねばならない」というジェンダーの呪いを代々受けているうちに、いつかしら私たちは自分から進んで「芝刈りに行ってしまう男、洗濯に行ってしまう女」になってしまっている。だから自分でも気づかずに、お茶を入れようと立ち上がったり、目立たないように端っこに座りたがる。その方が気持が落ちつくから。

からだは無意識界に属するものです。男が居ると、無意識に立ち上がったり、正座したりしてしまう私たち。ジェンダーの呪いはそこまで、からだの中にまで浸透してしまっている。だから無意識にまで、からだの中にまで入り込んでしまっているジェンダーの呪いを時間をかけて変えていかないとね。変えないで、「これが私よ」と思っても自分が自分に裏切られてしまう。

マル対バツ、正義対不正義、抱かれる女対抱く女という二者択一的な考え方はスッキリしています。すごくわかりやすい。それに比べて、「なんで男はいやらしい眼で女を見るのよ」と怒り、その一方で、「どうして女の私はそんなふうに男を見ないのだろう」って、疑問を持つ。そういう運動って、とてもわかりづらいですよね。しかし、そのわかりづらさの中に私たちの命があったし、パワーがあったと思うのです。

東洋医学的にいえば、パワーというのは、陰と陽の二つのエネルギーがあって生じるものです。ですから、男に「見ないでよっ」と怒り、「どうして私は男のお尻を見ないの」って自分に疑問を突きつけて取り乱す中に、リブのパワーがあったわけです。

毅然とした女、自立した女を目ざしながら、実際にはそれから程遠い情けない私だけれども、その私を「良し」と認めるところから始められる運動はラクです。そのような、「ここにいる私」から始められる女性解放だったことも、リブのパワーになったと思います。

マル対バツの運動というのは、私はこのように酷い目にあった、差別された、差別された被害者の私は正義であると主張していくわけです。でもリブは、男から「抱かれる女」として生きるのは絶対にイヤ、「抱かれる女」から「抱く」女になりたいと主張しながら、でも、「抱く女」としての力量が自分に持てたら、「抱かれる」のも悪くない、抱くのも抱かれるのも両方自分のものにしたい。それが私にとっての自由よ、ってなるわけです。

もちろん人によっては今に至るまで被害者意識だけの人もいるし、そこから抜け出せた人もいて、さまざまだと思いますが、でも、運動としてのリブは、「被害者である私」だけを抱えて出発しなかったことは確かです。

少し前の『中央公論』を見たら、物質的な欲求から、次第に承認への欲求に世の中が進んでいるということを佐藤敏樹さんという人が書いていました。承認の欲求を満たすことができないせいで、人々は欠落を強く意識して、この社会は不平等であるという不満がドンドン強くなっている、と。あまりにも承認されないから、酒鬼薔薇みたいに、とうとう悪人として承認されようと思う者も出るのかなぁなんて、ちらっと考えたりします。

ただ、この物質的な欲求から承認への欲求っていったときに、その承認への欲求は他者から、または社会から承認されたい……ということだと思うのね。

上野さんと宮台真司さんの対談で、宮台さんが、「女はセックスしてないと、女としてのアイデンティティが揺らぐものだ」なんていっている（笑）。もうビックリ。だって、宮台さんといったら今をときめく知識人でしょ。本人の意識では先端を行ってるハズの……（笑）。たとえば、若い子がこの頃しきりと使うイケてるとかイケてないという言葉の意味も、彼はちゃんと正しく把握している。イケてないというのは、どんなに横文字のステキな職業を持とうとも、「僕のこと好きだろうか」とか、「あ、こんなこと言ったら嫌われちゃう」とか気にしているような奴はイケてない。で、イケてるのは他人《ひと》がどう思おうと、「これっきりの僕さ」とか、「これが私なのよ」というような開き直った奴がイケてる。そう自分でいってるくせに、一方において、セックスしてないと女としてのアイデンティティが揺らぐものだといい切ってしまう。それはイケてない女の場合でしょ、ってもう突っ込みたくなる。

上野先生はもちろん、「ウッソーッ」っていってました。ま、そういう言葉でいったわけじゃないけど（笑）。セックスしないとアイデンティティが揺らぐっていうのはね、彼が自分自身のことをいってるのだとしたらわかる（笑）。男たちの多くは、セックスがうまくできないと女が自分を男として承認してくれない、だから、男としてのアイデンティティが危うくなると思っているから。

他者から承認されることをもってアイデンティティとするのか、自分で自分を承認することをもってアイデンティティとするのか。これはとても大きな問題だと思います。セックスがうまくいかなくったって、「ストレスがある時はこんなものサ」と自分が思えば、アイデンティティ・クライシスには陥らない。だいたい性欲なんて五〇を境にドンドンなくなる。セックスしたくなくなると、私たちは女としてのアイデンティティを失うわけ？

バイアグラのことを、新聞がいろいろとりあげてましたが、下手な男が長く続いた場合の女の迷惑を考えた記者がいたかというと（笑）、記者のほとんどは男ですから、そういう発想はゼンゼンない。もう「強い男だ」と女から承認されたいだけの立場から記事を書く。あきれちゃいますよね。未だに大多数の男は、他者からの承認によって、かろうじてアイデンティティを保っているようです。

でも女もつい最近まで、常に男の眼を気にして、求められると自信が持てて、無視されると自信がなくなったとか思ってましたからね。その頃の女と同じってことなんでしょうか。セックスに自信があり過ぎるアイデンティティがバッチリの男より、自信が持てない男が悩んで、「セックスってなんだろう」とか考えるほうがまだしも可能性があります、マンリブへの可能性が。

矛盾に満ちた、時に情けない、「ここにいる女」の私から出発しようと思った私としては、自分自身のそんなふうな考え方が、あ、こんなところにつながっている、というか、受け継がれているなと感じることがあります。もちろん、当の彼女たちは受け継いでるなんて思ってもいないでしょうが。ボディコン、スケスケ、ガングロの、あのお姉ちゃんたちの存在を知ったときに、そう感じました。

ボディコン、スケスケ、ガングロが登場するあたりから、世間の女たちは男が良しと思う女、「見られる女」じゃなくなってきている。男の承認よりか、女の目が気にかかる。女同士気にしあって、どんどんどんどん過激に、自分が装いたいように装うという自由へと進んでいる。

なんか、ウーマンリブの野蛮パワー、矛盾をものともしないそのパワーが、世の顰蹙《ひんしゅく》なんててんで気にかけないという、彼女たちの過激な生き方の中に受け継がれているような、そんな気がします。私なんかのリブは、彼女たちを経て、今は普通になりつつあるのかなと思ったりしています。

ま、そんなところです。聞いてくださって、どうもありがとう。（拍手）

（東京大学ジェンダー・コロキアムでの講演「田中美津が語る『リブ』」、二〇〇〇年一二月五日）

## ＊＊＊今の私からひとこと、ふたこと＊＊＊

東京大学は、本郷に生まれ赤門前に住んでいた私にとっては、いわばご近所の大学です。そこは東大病院にいく時の通り道、春の花見の場所、子どもを遊ばせによく行ったところ。ある時なんか度胸をつけようと、七、八人の友人と着物姿で、「カラダほぐしのいい女（ア・ホグ）、カラダほぐしのいい男（ア・ホグ）、ア・ホグ、ア・ホグ、ア・ホグ・ホグ・ホグ・ホグ」と歌い踊りながら、東大構内をぐるぐるまわったこともある。

つまり、昔からたいへんお世話になっているし、親しんでいる大学なのです。でも、この私が、東大で、なにか話す……って、これはまた別のハナシよ。信念の人なら、「東大がなんだっ！」って思えるんでしょうが、な、なんか緊張しちゃうなぁ。恐る恐る出かけたら、うん、わりと気楽に話すことができました。

上野さんが気遣《きづか》ってくれたからね。あぁ見えても（どう見えるんだ?・）、気持ちの細やかな人なのよ。細やかすぎて、そばに居るとちょっとリラックスできにくいけど。

御礼の代わりに、おいしいものを食べさせてくれるという。彼女と、ゼミの学生さんたちと一緒に、近くのお店のテーブルを囲んだ。なにを話したか覚えてないが、そこでなんと私は当時熱中していた奄美の島唄を勝手にご披露しちゃったのね。確か、情々たる哀歌の「徳之島節」を歌った。

まだ元《はじめ》ちとせがブレイクする前の話で、聴き慣れないメロディを耳にして座はシーンと異様に静まりかえった。誰も、なんのフォローもしてくれない。なにが気配りの上野だ！

あぁバカ、バカ、バカと己れを責めながら、トボ、トボ、トボと家路についた。

＊＊＊＊＊

# 自縛のフェミニズムから抜け出して

## 立派になるより幸せになりたい

始めまして、田中美津です。私は出不精だし面倒くさがりで、こういう難しい会にはなるべく出ないようにしてるのですけれど、「三朝温泉?」って、もう温泉に引き寄せられて、はるばる来てしまいました（会場笑い）。

最近のことですが、人質問題――イラクに行ったボランティアが捕えられてしまって、その親たちがテレビで、「自衛隊の人たちは撤退して下さい」とか激しく政府に迫って、私は「あ、日本でも、政府に対してこんなふうにフィフティー・フィフティーでものを言える人間が出てきたんだなあ」と、新鮮に思いました。でもそのあとに、あのものすごいバッシングが起きて……。

その後今度は北朝鮮に拉致された人たちの家族が、金正日に会いに行った小泉首相に向かって、「あなたはプライドがあるんですか」とか詰め寄って、「本当に、そうだそうだ」と私も思う一方で、驚きました。

議員である自分たちの年金の未完納とか、不払いの問題で七月の参議院選が自民不利になっている。それを何とかしようと、小泉首相は北朝鮮にパフォーマンスしに行ったわけです。拉致の問題が、政治の道具にされているということは、家族の方は百も承知。それでも、少しでも進展があるならいいじゃないか、と祈るような思いで小泉首相を送り出したら、ろくな進展もない上に、お米を送ったりのいろいろの援助まで約束してきてしまった。そういった、これから拉致された家族を取り戻すために使えるカードを全部、向こうに渡してきてしまった。もう本当に、はらわたが煮えくり返るような思いだったでしょう。

ところが政府に怒りをぶつけた家族に、またもやすごいバッシングが。

でも私は思いました。ああ、思いって伝わるんだなぁ……って。拉致された家族のあの強さ。この間まであの人たちは、もっぱら「国民の皆さん、よろしくお願いいたします」とか言ってたんですよ。誰にも頭を低くして、感じよくふるまって……。何年も何年も駅頭で訴えたり署名活動したりの日々。拉致の問題が国民的関心になったのって、つい最近のことでしょ？　それまで放置してきた政府や無関心だった世間に怒って当然なのに、「よろしくお願いします」と頭を下げ続けてきた拉致家族が、一転、「あなたにはプライドがないのか」と首相に詰め寄った。怒りを怒りとして出した。もちろん、そこには緊迫した情勢があります。でもそれだけかしら。私は、イラクでの人質問題が微妙に影響してると思うのね。

人質の家族を通じて、「自分にとって大事なことは大事なんだと叫んでいいんだ」と知った。人質家族の思い、その本気が、メッセージとして拉致家族に伝わったのではないか。自分個人の思いよりか国を優先させなきゃいけないと思わなくていい。「私にとって大事なものこそが大事なんだ」っていっていいんだ。そういうことが、人質家族から拉致家族に、本気のメッセージとして伝わったのではないか。そう私は思います。

あんなにバッシングされたにも拘わらず、伝わっている。と考えた時、私は自分たちの、七〇年代にやったリブの運動を思い出しました。私たちも、ものすごいバッシングにさらされて……。うちの母ですら、当時、「反戦はいいけど、リブはやめたほうがいいヨ、お前」って言ったぐらいで（会場笑い）。

今でこそ死語になったけど、「女だてらに」、「女のくせに」とかの言葉が何をやっても付いてくるような時代。女に対する抑圧が吸ったり吐いたりの空気にまで入り込んでいるような時代に始めたリブの運動。もうめちゃくちゃバッシングされました。マスコミはもちろん、「新左翼」からも嘲笑されて……。

にも拘わらず、リブのメッセージは女たちにチャンと届いた。そう言われています。人質家族の思いは拉致家族へと、リブのメッセージは当時の女たちへと、バッシングされながら伝わった。

なぜ伝わったんでしょう？　私が思うに、それは、ダブル・スタンダード、二重規範、裏と表、ホンネとタテマエ、そういったところに立たないメッセージだから伝わったのではないでしょうか。

私にとってダブル・スタンダードとは、「ここにいる私（本音）」が「どこにもいない私（タテマエ）」になってしまうという問題です。

若い頃は、何とかもてようと、私も創意工夫を重ねて、髪を長く伸ばしたりしてました。ある時、長い髪でうつむいてあんまりしゃべらないともてるということを発見して（会場笑い）。でも発見はしたけれど、ちっとも面白くなかった。何も喋らなくてうつむいてるって、いくらもてても（会場笑い）、ちっとも喜びがない。だって、「どこにもいない女」を私は演じていただけだから。もてても空しい。

リブを始めたのは二十七歳の時で、当時ニューレフトの運動は反戦運動も学園闘争も総崩れで、それに参加した者たちはそれぞれ相手を見つけて結婚していく。でもそういう結婚に希望があるとも思えない。どうしたらいいのか。わかっていたのは私以外の何者にもなりたくないということだけ。「ここにいる女」として私は私は生きたかった。

後ろには戻れないが、前が見えてる訳じゃない。そんな追いつめられた状況の中で、私はウーマンリブの運動へと、いわば見ないで飛んだわけです。確かなのは、私以外の何者にもなりたくないという思いだけで——。

以前私は四年間ほど沖縄にマンション借りていて、月に一回くらい沖縄に行ってたのですけれども、この間、上野千鶴子さんにお会いした時に、「もう沖縄には行ってない」という話をしたら、「あなた、治療院を開いてたんでしょ」っていうから、「エーッ、開いてませんよ、どこでそんな思い違いしたのよ」って言ったんですけど。多分私が、「沖縄には私、負い目があるのよね」って、以前彼女に言ったことがあって、それで「沖縄の人のために治療院を開いている」と思われたんだな、って。

実際、負い目はあるんです。日本の高度成長は、沖縄を犠牲にすることによって果たされたということは周知の事実。戦前、戦中、戦後一貫して沖縄に犠牲を強い続けてる本土。本土の人間である私には、沖縄に足を向けては寝られないような気持ちがずっとあって……。そういう気持ちで、上野さんに話したことがあったから、それで、「沖縄に治療院を開いている」と思い込んだのでしょう。あの時私、もうひとつのことを、話し忘れてて……。

ある時、詩人の伊藤比呂美さんにも「沖縄に負い目があるのよねぇ」っていう話をしたら、比呂美ちゃんがカンパツ入れずに突っ込んできて、「じゃあアイヌはどうするの」って。で、私もスグに「だって、向こうは寒いじゃない」って（会場笑い）。

私の沖縄は、「負い目」と「寒いじゃない」の間にある。

そんな私、その程度の私が沖縄に月に一度行ってやってたことは、沖縄を、沖縄の天地をひっくるめて、感じ続けることでした。私は鍼灸師ですから、自分の体を通じて、沖縄というものを感じ続けていました。ひとりでよく歩いて、よく見て、よく感じて、よく寝ました。

とてもよく寝て、行っては寝て、四年間よく寝た果てに、もうチョイ自分のいる場所で、「私の沖縄」を頑張ろうかな、という気になった。

仕事も私生活も特に悩むこともなく、気ままに鍼灸師として生きたいように生きている。そしたら段々、何か余生を生きてるような気持ちになってたんですね。でも沖縄の風や光を感じ続けて心ゆくまで心身がゆるんだら、気持がまた元気になって、去年から再度、「私の沖縄」をシッカリと生きようという気になって……。

私の沖縄って何かといったなら、この世にはいろんな差別がある。でもその中で一番つらい大変な思いをしているのは、からだの弱い人です。

気力といえども体力のうちです。資格をとるのも、キャリアを目ざすのも、共稼ぎで頑張るのも、みんな元気なからだあってのものです。「からだは心」で、「心はからだ」。からだが弱い、悪いために、気力が出ないで、自分の人生を選べない、チャンスの前髪を掴めない。前向きにものごとを考えることができない。そのために沖縄どころじゃない人々。そういう人々に私の治療で元気になってもらって、自分の問題だけでなく、沖縄の問題も考えられるという人になってもらう。それが私の「沖縄問題」。

でね、思うのね。〝負い目があるから〟それで私が沖縄に治療院を開く……というのは、とてもわかりやすい話です。わかりやすいし、その志良しと世間から褒められるかもしれない。でも、そこには私がいない。その私だけでは、「どこにもいない女」になってしまう。「あっちは寒い」という大したことのない「私」もひっくるめての、私ですから。

褒められなくてもいい、立派だと思われなくてもいい。私はダブル・スタンダードに立たない「ここにいる女」として、かけがえのない、大したことのない私を生きていきたいと思うのです。

話が前後しますが、リブをやり始めてすぐの頃、マスコミから取材されて年を聞かれ、私は思わず、二十七だなんていったならば、オールドミスの恨みつらみの運動じゃないかと思われるんじゃないかと思って……いやそれだけじゃない。少しでも若く見られたかったのも事実ね。それで、思わず「二十六です」って（会場笑い）。

でも、一歳でもウソはウソ。後から悩みましたよ。これから「年なんて何よ。結婚適齢期？ フン！」って、女を年齢で差別する社会に叛旗をひるがえそうとしてるのに、一つでも若く見られたいなんて、「私って情けない」って心底思いました。

でもね、二十七歳まで、「女は若い方がいい」「二十五歳はお肌の曲がり角」という価値観の中で育って、リブの旗をチョット掲げたぐらいで急に毅然とした女になれたら、そんなの、「どこにもいない女」です。

「若く見られたい」私と、「結婚適齢期なんてフン！」の私。その両方の私が大事。なぜならその両方で「ここにいる女」の私だから。

矛盾する二つの「私」を生きようとすれば、「取り乱し」は必然です。でもそれでいい。毅然としているだけでない私だから、時に情けない私だから、私のリブは女たちに、普通の女たちに伝わる……。とあの頃私は直感してリブの運動をやってました。

ダブル・スタンダードに立つということは、自分を二つの自分に分裂させて生きることです。

「分裂しちゃってる私」から、皆さん、真のパワーなんて出るでしょうか。そんな「私」が発するメッセージが、果たしてチャンと届くでしょうか。

さて、リブの運動と国際婦人年以降の運動の違いを、ダブル・スタンダードに立つ、立たないの問題として考えることもできます。

国際婦人年——国連のお墨付きを得て行政が後押し、それで国際婦人年以降、たくさんの女の人たちが、運動に参加するようになりました。「リブは一部の女たちの運動だった。でも国際婦人年以降はそうじゃない。運動が広範なものになった」というふうにも言われています。

でもね、その運動を担った方々、運動主体は、どのようなものだったのでしょうか。

私ごとですが、治療院の予約を変更してもらいたい時とかに、私は患者さんに電話をかけます。で、ある時気が付いた。夫婦で生活しているのに、妻が電話口に必ず出るのはナゼ？専業主婦だけでなく、共働きで、経済的には自立している人の多くもそう。彼女が在宅している限りは、たいてい必ず彼女が出る。なぜそれがわかるかというと、彼女がいない時だけ夫が出るから（会場笑い）。

国際婦人年以降の運動で最も気にかかる点は、家の中では、電話がかかってくると側に夫が居るのに、すぐに走って自分が取る、そういう自分を疑問に思わない方々が、外では男女共同参画社会の旗を振っている。そういう二重規範が、グループ内でもまったく疑問に思われていないのではないか。そう思えるからです。

夫との関係、家族のかたち、それらは旧態依然で、外に出ると男女共同参画社会の推進という、そんな本音とタテマエのダブル・スタンダードに立ったところに運動があるならば、国際婦人年以降の運動が年々パワーレスになっていったのは当たり前じゃないか、と私は思います。そしてダブル・スタンダードで行われている運動のその弱さにつけ込むように、今、「ジェンダーフリー」へのバッシングが起きているのでは、と。もちろんそれだけではない。でもそのことを問題にすることなしに私たちが強くなれないのも事実です。

さて何年か前から強くなった女の象徴として、松田聖子さんなんかが云々されています。握力が強い女、欲しいものは全部ゲットする、名声も男も。ってわけで、本音で生きる女の象徴のように言われてきたわけですが、表はぶりっ子、内側はしたたか、というのが松田聖子で（会場笑い）、もうリッパな二重規範です。

でも彼女は外も内も本音の二重規範で、結局本音の二重規範をそのまま当たり前のように生きることが、「ここにいる女」として生き抜く道なのかもしれない。「沖縄には負い目がある」も本音だし、「アイヌは寒い」も本音。と、私も実にそのように生きてきました。いくつもの本音を屈託なく生きる女たちは、現在普通になりつつあります。

　そういう女たちの状況に対して、フェミニズムはかなり前からすでに負けているのではないか。未だに「自立した女、かく生きるべし」の呪縛から、タテマエからフェミニストの多くは解かれていないのではないか。

　思えば、抑圧的に働く秩序は、常にダブル・スタンダードの固い地盤の上にある。これは子どもを学校に通わせれば、すぐにわかります。「自立心のある子に育てましょう」という標語が下がっているのに、一方で「忘れ物は親の責任です」と先生は言う。自立心のある子に育てたらいいのか、毎朝ランドセルをひっくり返して、忘れ物がないか点検したほうがいいのか。教育というのは人間を創る根本です。そこにおいて、ほとんどすべてのことが硬直したタテマエと本音のダブル・スタンダードに支配されている。

　現在子どもが人を殺したりする事件がいろいろ起きています。もし、「田中さん、何が一番核心的問題だと思いますか」と聞かれたなら、私は、親が本音とタテマエのダブル・スタンダードに立っていることじゃないのと答えたい。

　事件の多くは教育のある中流の、一見普通の家の子どもたちによって起こされています。「のびのびと自分らしく生きてほしい」、教育のある親ほどこういうことを言いたがる。でもテストで五十点なんかとったら、「何であなたこうなの！」とか言って、長崎佐世保の事件、あの同級生を殺した女の子の親のように、「バスケット部を辞めなさい」なんて言い出す。

自分を二極分解させるダブル・スタンダード、親がそうだと、子どもは自分の中に自分の居場所を見出すことができない。自分であり、自分でない空虚な自分。本音とタテマエのダブル・スタンダードで子どもに接している限り、親のその空虚を子どもも写しとってしまう。今、子どもたちは血で暴力で、空虚を満たそうとしている……。そんな気がします。

秩序の根底は本音とタテマエのダブル・スタンダードだと言いましたけれども、いつの時代でも、秩序の根底は女が担ってきました。

だからダブル・スタンダードの押し付けは、女に対して最も強い。その象徴が、「昼は貞女のように、夜は淫婦のように」。昼は吉永小百合のように、そして夜はマリリン・モンローのように……ってわけです。

でも実際問題、そんな女がいたら、男は怖い。それってすごい女ですから。

だから、女を二つに分けて、片方は非性的な母親のような存在。家の中をしっかりと守って、子どもを抱え、夫を抱え、その二人の子どもを抱えて生きている母親としての女。そしてもう一方において、いわば男の征服欲を満たしてくれる性的対象としての女。一方が昼間の女なら、もう一方は夜に登場する女。いわば聖と俗。タテマエと本音。母と便所。

そんなふうに、男の意識を通じて女を二分化することで、あって当然の性欲を自分に感じることもできないような存在へと女たちを作りあげた。いわば女にタテマエを押し付けることで、女を二極分解させて、支配層は女のパワーをうまく封じ込めて秩序の土台としてきたわけです。

ここに、一つの記事があります。イラクの補助収容所で働いていた米兵が脱走して、良心的兵役拒否を申し立てた、という。収容所でひどいことが行われていると知って、逃げたわけです。その人に対する裁判、それに、ラムゼー・クラーク元司法長官が弁護団に加わった。

皆さん、この間のアメリカはヘンです、酷《ひど》いです。でも、日本よりはましみたい。風通しがいいもの。司法長官っていったら、日本では法務大臣でしょ。元法務大臣が、政府に逆らった人間を弁護する。この日本で考えられますか。日本だったら、味方したい思いがあったとしても、政府の一員として和をもって尊しというタテマエが大事。たとえ兵士に共感しても、それを表には出すことはまずないでしょう、残念ながら。

多国籍軍に、日本の自衛隊がそのまま組み込まれていく方向で、小泉首相は動いています。日本人のほとんど、七十パーセントぐらいの人は、イラク戦争に反対している。でも、人道支援とかの美しいタテマエに抗して、「それでも私の息子が殺されるのは嫌なんです」と自分の本音で立ち上がれる親、自衛隊員の親が、一体この国には何人いるのでしょう。多くの人が美しいタテマエの中に安住したがるから、自民党は何をしても、大丈夫。タテマエからはみ出る者は、国民が率先してバッシングしてくれるし。

人質と拉致の家族に対するあのバッシングは、単に、政府に逆らったからじゃない。あれは、本音とタテマエの二重規範に立とうとしない人々によって、この秩序がゆらいでしまう、それへの恐れを感じるがゆえのバッシング……だったのではないでしょうか。ただ、ものは考えようで、あんなふうにバッシングされたけど、二重規範に立たなかったからこそ伝わったものがあるということ。そのことを私たちの力にすればいいのだ、と。

本気は、本音は伝わる。もし、リブがダブル・スタンダードに立っていたら、タテマエで、他からどう見られるかを気にしてものを言っていたら、リブの言葉は、女たちに届かなかった。そのことを今さらのように大事に考えよう、と思います。

私は、リブもフェミニズムのひとつだと思っています。リブとフェミニズムを敵対させるような考え方に、私は与《くみ》する者ではありません。だから少し心配。フェミニズムも、下手すると二重規範を、タテマエを強めるような方向で機能してしまう、いや、してしまっているように思えるから。

ものすごく疲れて、荷物を誰かに持ってもらいたいけど、ここで頑張らないと、フェミニストじゃなくなる、とか、自分の荷物は自分で持つべきだから、田中さんは旅行カバンが重そうだけど、手を貸すのはやめよう、とかね（会場笑い）。例が卑近で皆さん笑うけど、本当にそういった、硬い、こわばった、何か一つの規範であるかのようにフェミニズムを信奉しているフェミニストって多いんですよ。

人は外からの束縛は嫌いでも、自分で自分を束縛するのは好きなのかも。

女は川へ洗濯に、男は山へ柴刈りに行かねばならないという外側からの束縛は、やがてそれぞれの内側に、自ら川へ行ってしまう女、山へ行ってしまう男を作り出した。〈川へ行ってしまう女〉は、かかってくる電話に必ず自分が出る――無意識にそんな風にからだが動いてしまうことをヘンだとも思わない。自分のフェミニズムがタテマエになってることに気付かない。

自分のことは自分が一番良く知っているってよく言いますが、あれはウソね。「なぜ私はそれを選ぶの、何で私はこんなふうに行動してしまうの?」という疑問や気付きと一緒に、世の中を変えていくということをやらない限りは、人も世の中も本当には変わらないと私は思います。

遥洋子さんは、「リブは運動だったけれども、フェミニズムは学問だ」と。そうだったのか。でも私は、学問である、学問にすぎないということでフェミニズムが批判されることには、反対です。運動も学問も両方必要ですもの。

自分のため、女たちのためにフェミニズムを学問的に深めようとしてる方々も大変。未だに学問の世界は男たちのもので、男たちに自分の業績がわかってもらえないと、道が開けない。「我思う、故に我有り」だけではダメで、男たちの評価が常に必要な学問の世界。そのせいでしょうか。フェミニズムの本がドンドン難しくなっていく。

一体誰がこの本を読むの。学者が学者に向けて、自己アピールするために書いた本じゃないのと、思ってしまう。

出世をすること、願うことは決して非難されるようなことではない。でも自分のため、女たちのための学問が、他からの（男からの）評価を求めてのものになってしまってるのではないか、という自己点検は必要です。私たちは等しく、自ら〈川へ行ってしまう女〉でもあるのですから。

高いオリジナリティと高い評価の両方をゲットできるような、フェミニズムの深まりと発展を期待します。またそれが学者以外の人間にもわかる文章で書かれたものであることも、合わせて期待するものです。

全ては、「私」から、始まる。私たち、一人一人から始まる。私は、一人の人間が本気になった時の力や、それがまわりに与える影響を強く信じる者です。

聞いてくださってどうもありがとう。

［日本女性学会二〇〇四年度大会　シンポジウム「ウーマンリブが拓いた地平」基調講演。二〇〇四年六月一二日鳥取県倉吉市にて。初出『女性学』Vol 12、日本女性学会発行、新水社発売、二〇〇五年三月］

## ＊＊＊今の私からひとこと、ふたこと＊＊＊

心がやわらかいって、どんなことよりもステキだわ。

いいなぁ、本当にいいなぁ。と、私が羨望する心やわらかな男性は、鶴見俊輔さんと故田村隆一さん。前に鶴見さんに本を贈ったら、のたくってるから味わいがあるような、独特の字で書かれた礼状をいただいた。うれしい、キャーッ。鶴見さんは私のヨン様です。そのハガキは今でも治療所の壁に大切に貼ってある。

田村さんは詩人。詩は難しい。でもこんなエピソードがある人なのよ。

ある雑誌社が、「おジィちゃんもセックスが好き」という記事に登場してくれる人を探していた。「老人と性」とか「年配者における性の諸問題」といった、もっともらしいテーマなら取材に応じてくれる人もいる。しかし、「おジィちゃんもセックスが好き」っていうのはねぇ、生々しくてチョット困る。と、みんな思うのか、誰も引き受けてくれない。

困った編集者は田村さんのところに話を持っていった。そしたら彼はなんの躊躇もなく、「いいよ」と。

その話を知った時、私は急に目の前が明るくなった。ウソじゃない。将来の展望が開いたのだ。そうだ！　私もこういうおばぁちゃんになろう。「おばぁちゃんもセックスが好き」というテーマでも、ビビることなくイェーィと応じられるおばぁちゃんに。

年を重ねるごとに、セックスの相手は無限に広がる。一瞬の風の、そのあまりの気持ちよさに目を閉じて、陶然となる私は、ゆるやかに上り詰める時の私と同じ。海の波に身を任せてゆらりゆらりと揺れてる私も、光の中で放縦に、猫のように手足を伸ばす私も、あぁなんて色っぽい気分。

この身に感じるセクシュアルなときめきを、私は幾つになっても豊かに語ることができるわ。

そんなわけでねっ、いくつになっても「おばぁちゃんもセックスが好き」なんですっ。

と、私が言い終えた瞬間、司会の秋山洋子さんが、隣で淡々と宣言した。「これで日本女性学会二〇〇四年度大会を終了します」。

一瞬の間。それからみんなで、いっぺんに笑った。温泉に入る前なのに、いい気持。やぁ、秋山さんって、なんかいいね。

＊＊＊＊＊

●著者と語る

## 「何処にいようと、りぶりあん」の田中美津氏

一九七〇年代初頭、社会運動に携わる女性ばかりか男性にも影響を与えた名著『いのちの女たちへ』から十一年。この間に書いた人物論、リブ運動論、堕胎論、からだ論など二十編余りを集め一冊にまとめた。評論というには行間から生身の彼女があふれ過ぎている。そこで、副題は「表現集」——。

「こうして集めた文章を読み直してみると、七〇年代前半の運動の中で、自分がいかに女・男との出会いへのもの苦しい飢餓感にほんろうされていたかがわかる。それは私が未熟で自分の輪郭をまだ十分つかんでいなかったからなのね。この国では輪郭を持った個人として登場するのがとても難しいでしょ。この本は一人の女が内なる過剰なセンチメンタリズムを少しずつ身からはがし、愛する時、憎む時をはっきりさせて人とつき合えるようになった記録っていえるかもしれない」

田中さんが「ぐるうぷ闘う女」のリーダーとして登場したのは七〇年六月。ベトナム反戦運動をしてはいたが、女性解放の書物など読んだこともなかった彼女が一晩で書き上げたのが、本書にも資料的に収められているビラ「便所からの解放」だ。「我々は女の解放を性の解放として提起する」。激動の奔流のただ中に五年。身も心もズタズタになった。

「リブ運動って一人一人の女の自立が合言葉なのに、現実にはご飯つぶがくっつき合うように一致団結しなきゃ闘えないし、異質なものを排除するようなところがある。それを超えたいのにどうしても超えられなかった。からだも悪くしてしまって」

七五年、国際婦人年世界大会を機会に日本を離れ、メキシコへ。現地の男性と暮らしたが、四年前、息子を連れて帰国。現在は東京・新宿御苑近くで、しんきゅう治療院「れらはるせ」を開く。

海の向こうからの報告「メキシコ国堕胎事情」の前後から、彼女の文体は変化を見せる。下町育ち

らしい生活の知恵あふれるコミカルな話し言葉。それと抽象的な漢語をミックスして、その「あたし」文体は独特の過激な感性を実現していた。ところが帰国後、概念語は影をひそめ、テーマも「からだ」からの視点にしぼられる。

「運動って、無理ダと思いつつ、純粋な理念の生活を生きることでしょ。なのにメキシコでの生活は〝不純を生きる〟みたいなものだった。メキシコの男の悪さってオナラにたとえればあたりかまわずパーッとやる感じ。迫力が違うのね。ほかに女は作る、家へ帰らない、金は入れない……。私は子どもを抱えてヨロヨロ、女がいてもいい、せめて金だけは入れて、とずっと拒否し続けてきた女像そのもの。健康保険もコネもない異国でのひとりぼっち―。自分の力量の限界を知ったのね。今までどれだけ人に支えられ、生かされてきたか。草や木にも助けられてきたのだ、というところから東洋医学をやってみよう、からだから考えてみよう、と思い立ったのね」

全編を通して自己と他者の内面への鋭く暖かな洞察が光る。「阿部定」「娼婦」「子殺しの女たち」も田中さんにとって同時代人。そして今も「永田洋子はあたしだ」と語ってやまない。

「この社会では、女は男の二倍がんばらなければ認められない。連合赤軍事件で永田さんが男以上にすさまじくやってしまったのもそのためね。私たちがそれじゃダメと見えてしまったところで、彼女は無残な失敗をしてしまった。「当たり前でないことの大切さと当たり前であることの大切さと、両方を知った時に世の中が見えてくるような気がする」

思想家、知識人の男性たちが抽象的な論理の力技で切りひらいた思想の地平を彼女の感性的な表現は軽々と超えている。

「生きることがどうしても息苦しい、ほかの人が面白いということが面白く感じられない、変な女と言われる、そんな女にぜひ読んでほしい本なのね」

(『何処にいようと、りぶりあん』社会評論社刊。ただし、この本は現在絶版になっています。)

(「山陰中央新報」、一九八三年一〇月二三日、共同通信配信)

# 2章 身心快楽《しんじんけらく》の道を行く

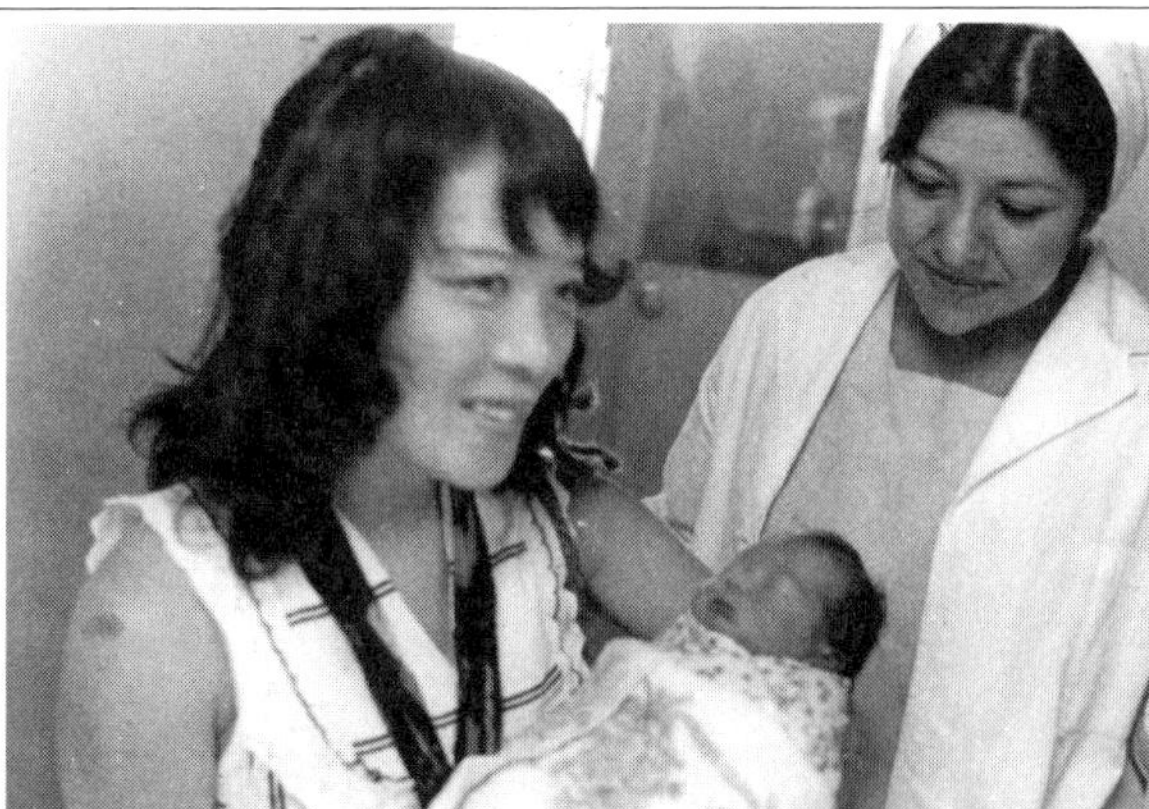

メキシコで。生まれた息子を初めて見て、「わっ、猿の惑星！」と思った。
全身麻酔で産んで、出産四日目で退院した。
写真は喜びにあふれているが、このあとまもなく産後ウツに。（33歳）

# 人間ひとりのいのちの重さ

## 淋しさを味わい、せつなさを感じて

こんばんわ。田中です。私のようなタイプが鍼《はり》を持つと考えただけでも怖いと思われる方もいらっしゃるかと思いますが、私は長年鍼灸師をしております。

実は私、昨夜はあんまり眠れなかったんですね。というのは、患者さんの中に二七歳のお嬢さんがいて、彼女はもう五年ぐらいうつ病で入退院を繰り返している。私には精神病の患者をハリで治す自信はありません。でも心とからだは二つでひとつのものだし、体調が良くなって性格が暗くなった人っていないから、試してみる価値はあると思って引き受けたのです。彼女の両親にも治療に来てもらっています。一緒の日じゃなくて別の日に、ね。

彼女を三年治療して、今年四年目に入って、ようやく少しよくなってきたかなあって。ハリの効果なのか、薬の効果なのかわかりませんが。でもうつ病は回復期が危ない。自殺するのはたいてい回復期です。回復期以前のうつ病患者って、もう人間ばなれしてるかんじで、何か毛布をかぶった得体の知れないものが、うずくまっているような……。どっか他の惑星からドローンと来たような感じで、おしゃべりな私もさすがに何も話しかけることができない時がありました。無理して話しかけても、読まれてしまいますから。余計なことはいわずにひたすら片わらを歩く人をやっていました。

そういう時期を通過して、ああ、よくなったという喜びも束の間、このあいだ彼女は手首を切った。その後もご家族に「死にたい」「殺してくれ」といい続けています。

そういう危ない患者さんを、定点観測するように月に二回ずつ、四年間診てるわけです。そうすると、青春期のうつ病は家族との関係に深くつながってあるらしいということが、おぼろげながらわかってきます。

## うれしい贈り物

仕事柄、よく患者さんから私はいろいろのものをもらいます。贈り物というのは、物に託して実は、気持を届けようとする行為です。

先日、手づくりのピクルスと一緒におまんじゅうを二つもらいました。私は甘いものが苦手で、それを知ってるハズなのに、何でまんじゅうなんかくれたのかなと思いながら食べてみると、中がさつまいもの餡《あん》で余り甘くない。くれた人も甘いものが好きじゃない人で、食べながらこの素朴な味は先生好みかもしれないと思って、最後の二つを私にくれたのです。

こういう贈り物はなんだかうれしい。まんじゅう二つ、それに手作りピクルスというのもいいですよね。「甘いものと辛いもので喜んでもらえる」って思った、その人のワクワクが伝わってくるようです。贈り物はもらう人以上に、贈る人の喜びなのです。

私は紫色が好きで、今日も着てますが、紫やピンクって、からだを癒す色だといわれています。ですから今日みたいに体調がイマイチの時に、私はよく紫の服を着ています。

そんな私の好みを知っている人が、すみれの花束を一つ持って来てくれたり。また治療一周年記念だからと、若い患者からキラキラ光るきれいな貝をもらった時とかも、とてもうれしかった。「先生、感謝しているよ」っていう気持がスーッと感じとれて……。

## 淋しい贈り物

一方淋しい贈り物もあるんです。薬物中毒の問題に関わっている友だちがいうには、薬物中毒ってすごくお金がかかる。すぐ一千万ぐらい薬に使ってしまう。だから薬物中毒になるのは、金持ちの息子や娘が多いのだそうで。

ある時その人は「息子がお世話になってます」って、金持ちの親からお菓子の大きな箱をもらいました。でも一〇日位食べなくても味が変わらないような、コンビニで売ってるようなお菓子で、結局捨ててしまった、と。こういう贈り物はなんだか悲しいですよね。贈り物はコミュニケーションの手段だから、なんでも贈ればいいっていうのはダメですよね。

コミュニケーションの基本ってなんだと思われますか。それは自分自身とのコミュニケーションです。

つまり相手と心を交わせたかったら、普段から、自分をよく感じるということが大切です。自分はどんな時にうれしくて、どんな時にせつなくて、どんな時に悲しいのか、それがわかれば、おのずと他人の気持もわかってきます。

さて、うつ病の彼女のお母さんが私にくださるものも、いつも何かヘンで。先日も箱にギッシリ詰まった栗まんじゅうと、赤いカーネーションをくれました。私、さっきもいいましたが甘いものは嫌いで、中でも栗まんじゅうは前世で仇同士だったんじゃないかと思うほど嫌いで(笑)、カーネーションもうらぶれたレストランのテーブルによく置いてある花で、見ると淋しくなるのです。

で、「なんでカーネーション？」って聞いたら、ひとこと「持ちがいいから」って(笑)。栗まんじゅうもタブン日持ちがいいからくれたのでしょう。

お母さんはそんなふう。一方お父さんはどういう人かというと、これが何をいっても「そうなんですよねえ、ハイ、そうなんです」と判で押したように答える人なんです。その、「ハイ、そうなんです」を聞くたびに、私はなんだか心がスースーしてきて、それ以上何もいえなくなります。

## 患者さんの席

そんなふうに親は生きものとして、妙に鈍いかんじで。でも彼らの娘はというと、これがヒリヒリするほど敏感な子なのです。私の患者の中で、もう一番敏感かもしれない。

私の仕事は単に鍼が打てるというだけじゃダメで、自分の心とからだをいつもいいコンディションに保っておく必要があります。自分の悩みや自分の体調の悪さでいっぱいだと、人を感じることができないですから。

人間、他人を理解してあげることはできなくても、感じることはできます。そのためには、「ここに座んなよ」っていえる場所を心の中に持っていることが大事です。

でも、朝の一〇時から夜の八時ぐらいまで、お昼ごはん抜きでぶっ通しで働いていると、もう疲れてしまって。「ここに座んなよ」なんていえなくなる。で、仕方なくカラ元気出して「この頃どう？」なんて聞いてみる。でも、うつ症の彼女はカラ元気の私にすぐに気がついてしまうのね。猫のように敏感な人なのです。

## うつ病は家族関係の病理

彼女の両親はクリスチャンです。親が見たくないと思っている、自分の中の邪悪さや、わい雑とかが全部娘に行ってしまったんじゃないか。そう邪推したくなるほど、娘の化粧や着る物が派手で、すごい。もう「夜のお勤めですか」ってかんじ。

見たくないものは見なければ平気、心がかき乱されることはないと思う一面が人間にはあるでしょ。そうやって夫婦が切り捨ててきた心の暗闇が、もう全部娘に出てるってかんじで。でも、うつ病がよくなっていったら、段々と着るものも落ちついてきて、普通のいい感じのお嬢さんになっていきました。

さきほどもいいましたが、そのご夫婦は自分自身を感じることを長年怠ってきた。それだから人を感じることもできないという、ある種の鈍さを両親は持っているのではないかと思うのです。お互いに相手を感じることのない寒々とした家族の関係。しかも、感じてないということにゼンゼン気づいていない。

そのような親のもとで、娘が自分を守ろうとしたら狂うしかなかったのかもしれない。おかしいのは、実はお父さん、お母さんであって、彼女は一番まともなのかもしれない。そんな気がします。

さっきの薬物中毒の親ごさんたちも、相手を感じることのない人たちで、ただあげればいいというような贈り物を平気でする。もしかしたら心の病いって、誰にも〝感じてもらえない〟淋しさから生じてくるのかもしれませんね。

## 子を愛するどころでは

私も親になって思うんですけど、若い時って自分自身が何者なのかわからないし、自分をなかなか好きになれない。それなのに子どもを持ってしまったりするわけで、だから子育てって大変なんですよね。自分のことが好きでない人は、たとえ子どもであれ、他人《ひと》のことなんか好きになれない、やさしくなれない。もちろん、子どもはかわいいから、世話をするし、子どもかわいさに、自分の中のやさしさも目覚めていくということはありますが……。

自分が好きじゃないと、人はとかく、自己懲罰《ちょうばつ》的になっていきます。こんなダメな、無価値な私は、私自身が蹴とばしてやる……。そんな自虐的な気持から、自分にひどいことをしてしまう。たとえば、ステキな恋人が欲しいと思っている。でも、いざ恋人ができると、こんな私が愛されるはずがない、と思って関係が壊れるような言動を進んでしてしまう。で、恋人が去ってしまうと、「あぁやっぱり」って思う。すごく悲しいんだけど、心のどこかではホッとしたりしてね。キレイなのに、あんなにモテるのに、なぜか縁遠いという人の中には、こういう人もいるのです。

またジェーン・フォンダかマリリン・モンローの映画だったと思うけど、男の人から「君はすてきだ、君が欲しい」といわれると、「こんな私を」と喜んで誰とでも寝てしまう。自分を価値の低いものと感じているから、安売りしてしまう。高学歴の人でもそうよ。きれい、人ブス、関係なく、ね。

ただ遊ぶとか、ただぼーっとしているとかの無意味なことができない……というのも、自己懲罰的な生き方の特徴です。逆に勉強や仕事といった意味のあることには一心に取り組んでよい結果を残すことで、自分はダメだ、無価値だという思いを一掃しようとする。そして自分が課したハードルがクリアーできないと、自分を責めるあまりに罰としての病気や、アルコール、麻薬といったものを引き寄せてしまう。

四〇代、五〇代で癌や難しい病気で倒れる人の多くが、ぼーっとするのがニガ手で、スケジュール帳がいつも埋まってるような状態が好きといった心の傾向を持っています。

みなさんも、「私ってなんてバカなの」とか「一生懸命努力したのにうまくいかない、私って可哀想」という気分の時には、やたらに甘いものを食べたくなるでしょう。だからダイエットって難しいのね。

## 親子が自立を

先日、知り合いの産婦人科医と会った時、うつ病の彼女のことを話したら、「二七歳までに親離れができなければ、その娘さん、自殺するかもね」といわれてしまって……。その人は、身近な人に二人も自殺されている人に、そんなことをいわれると考えちゃって。

彼女が夜眠れなくって、ある朝、食器戸棚のガラスを全部壊して、あげくに母親をぶちたたいたという話を当のお母さんから聞いた翌日に、私はうつ症の彼女に話しました。「実はあなただけが病気なんじゃなくて、あなた以上にお父さん、お母さんが病気なのかも」と。

そしたら、次にお父さんが治療に来た時、げっそりしてるの。それまでとゼンゼン違う。なにをいっても「そうなんです、ハイ、そうなんです」としかいわなかったガードの固い彼が、弱々しい声で、「娘が、うちは家族中がおかしいんだといってます」というのね。

「あなたの肉声を始めて聞いたような気がするわ。今の、今日の悲しいお父さんをそのまま見せたらいいよ。彼女は、あなたを許さないかもしれないけど、お父さんも弱味を持った一人の人間なんだということに気づくかもしれないもの」って私がいったら、「それを希望だと思ってやってみます」といってお帰りになりましたが……。

サビついてた家族の歯車が少しだけ動いたってかんじ。でも、そのことが丁とでるか半とでるか。私は余計なことをしてしまったのではないか……と考えていたら、それで昨夜は眠れなくなってしまって……。

こういう時、ヒト一人の生命《いのち》って、ほんとに地球より重いって感じます。他の人がいうと嘘っぽいと思うのですが、私自身そう思う時もあるのです。

なにか私の悩みを聞いていただいたようで恐縮です。どうもありがとうございました。

**参加者A**　私は、昨日還暦だったんです。先生のお話が身にしみました。実は私、今年になって外へ出られない状態で、死ぬしかないじゃないかって思ってたくらいなんです。
三三年間、姑に仕えてやっと終ったばかりで、これからは自分の人生と思った矢先に、先生のおっしゃったような性格なもんですから、どんどん自分を追い込む状態になったわけです。心療内科にかかっているんですが、先生の治療をぜひ受けたいと思ってお話ししました。

**田中**◎そういっていただくのはうれしいのですが、私のところへ来るより、もっと大事なことがあります。それは日常的な養生です。

あなたの場合身心共に無理をし過ぎて、燃えつき症候群になっているのかも。気持が落ち込む時には、からだのほうも必ずバランスが狂っています。そういう時には夜ご飯を抜くか少しだけにして、夜の一〇時前に寝ることをまず一ヵ月続けてみましょう。

腎臓は夜の午後一一時から午前一時の間に疲れを回復するといわれています。腎臓が疲れると不安や厭世観が強くなりますから、早く寝るという養生はとても大切なことなのです。

また、今は冬より夏の過剰な冷房でからだが冷えてしまう時代ですから、下半身だけは夏でも絹のスパッツをはいて守ってください。腎臓は冷えに最も弱い臓器ですから。からだが冷えてくると、気持まで落ち込んできますからね。

そして「よく頑張ったね」と自分に伝えるために、できる限りいい顔でいましょう。他人によく思われようとしての「いい顔」ではなく、自分の人生に自分が微笑《ほほえ》む、そういう「いい顔」です。

脳というものは本当のことと、そうでないことの区別がつきません。だからあなたが微笑んでいると、いい状態だなと錯覚して、身心を活性化させてくれます。ぜひ自分の人生に微笑みながら、街を歩き、料理を作るようにしてくださいね。きっと人生の新しい窓がひらきますよ。

**参加者B**　私の身近な人に強迫神経症の人がいて、七年ぐらい治療を受けていて、心の方は大変よくなったとお医者さんはいうらしいんですね。ところが体が右側の方に背骨が曲ったように傾いてきて、とても不自由そうなんです。骨そのものには異常はないと医者はいう。心からきてるらしいんです。

その人の奥さんは、先生が先ほどおっしゃった何もかも自分で背負い、全てを完璧にやるというタイプの人なんです。

**田中**◎その奥さん、良妻賢母の方なんでしょうね。でも愛情深い奥さんとか母親って、たいていの場合愛情を通じて家族をコントロールしています。私はこんなふうにチャンとやっているんですから、あなたもチャンとしてくださいよと、無言のプレッシャーをかけている。逸脱を許されない人生を生きるって大変なことです。それで夫が強迫神経症になり、背骨が曲がってしまっているのかもしれませんね。

ウチの患者に、とてもイヤな性格の先輩社員が居る方の側だけに、湿疹ができるという人がいます。心がビョーキなのは奥さんや先輩社員なのに、プレッシャーを受けてる方が湿疹を作ったり背骨が曲がったりしている。でもそんなふうに、からだに出るほうがましです。

さきほど話したうつ症のお嬢さんも、気持の鈍い親を持った淋しさが、心ではなく、からだの病気として出ればよかったんですけど……。病気はなんでもイヤなものですが、まだしもからだに出るほうが治しやすい。

背骨の曲がりはハリや整体でも治せます。からだを良くすることで、その方が自分をとり戻していけるといいですね。

［『トーク・ライブ記録集2』板橋区生活文化部文化振興課、婦人問題調整担当、一九九〇年三月］

# からだに聴いて、心を癒す

## 1、心とからだは二つでひとつ

こんにちわ、田中美津です。

私は、鍼灸師を二〇年以上やっています。ふだん皆さんはからだのことなんか、病気にでもならないかぎり考えることがないと思うんですけど、でも、実際には人生の中でからだは大きな意味を持っています。

つい最近、オリンピックがありましたが、日本の水泳陣は大活躍。コーチの教え方が良くなったとか、若い世代はお国のためにとか思って緊張しなくなって、それがいい結果につながったといわれていますが、それだけかしら。アテネは屋外プールでした。国際大会で屋外プールは珍しい。しかもアテネはその時恐ろしいぐらい暑くて、プールの水の温度が、屋内のコントロールされている水の温度よりずっと高かったんだそうです。

日本人の平均体温は三六度前後です。でもそれはむかしから穀物を食べてきた者たちの体温で、肉をよく食べてきた国の人だと、たとえばフランス人は、平均体温が三七度を超える。日本人の微熱くらいの温度が普通体温なんですね。

水泳の世界は零点零何秒を争うわけですから、水の温度はものすごく大切。アテネの屋外の日ざしに温められたプールは、欧米の人にとって水が重たかったんじゃないでしょうか。いわばからだに合わなかった。そういったことで、金メダルになるのか銅メダルになるのかが決まり、もしかしたらその後の一生も決まってしまう。

つい最近、私は新宿の高島屋にある紀伊國屋書店に行きました。普段静かな店なのに、なぜか騒がしい。「アラ、なにか店内放送をしているのかしら」と思ったが、内容がプライベートな話だから、「ラジオのドラマかな」と。そうしたら、三〇代前後のちょっとケバい感じのからだの大きな女性が、すっごく大きな声で携帯をかけていたんですね。

私は恐れを知らないというか、オッチョコチョイですから、トットットと近寄って、「ちょっとあなた、もう少し小さい声で喋《しゃべ》ってくれない」って。そしたら小さい声になったから、「できるじゃん」、と思って（笑）　私は自分の好きな本を探していたら、一〇分くらいして「あんたね」って。見あげたらその大きい女の人が、「人が大事な話をしているのに、なによ」って怖い顔でいうのです。

「大事な話かどうかわからないけれども、あなた一人の場所じゃないから、もうちょっと小さい声でもよかったんじゃないの」っていうと、ガガガガとまた大きい声でいう。私は、日頃、呼吸法をちゃんとしてますから、そういうことで動転したり、私もつられて大きな声を出すとかいうことはなくて、「でも、あなた、私が注意したら、小さい声になったじゃない」っていったら、またちょっと向こうは引いたりして。でもすぐにまた、ガガガガになる。

私がぜんぜん恐れることなく普通に対応してたら、アタマにきたのか、遂に「警察に行こう」って。このバカと思いながら、「じゃあまず店員さんを呼びましょう」っていったら、その女性は、少し私を睨みつけてから去っていったんですが、その際サッと私の足の甲の所を踏んずけたんです。

私、こうみえてもからだの反応はいい方ですから、気がついたらそいつのお尻を蹴飛ばそうと足がバーンと上がってて……（笑）。よかったですよ、足が短くて。ホントよかった。足が長くてお尻にもし届いてたら、そいつと紀伊國屋の店内で組んずほぐれつの大ゲンカになってましたもん（笑）。もう二人とも警察に補導され、交番でどちらが正しいかなんてまたやりあわなきゃならなかった。からだの動きがいいというのも考えものです、ホントに。

プールの温度にからだが適していたために金メダルに手が届いたとか、足が短かかったためにハードボイルドしなくてすんだとか、考えると人生ってずいぶんからだで左右されているわけです。病気で一生が狂ってしまうこともあるし。

からだは、心とは別のものと普通考えられていますが、東洋医学では心とからだは全く一緒。〈心はからだで、からだは心〉です。

昔、デカルトが、「我思う故に我有り」といいました。思うから、考えるから私が存在しているのだ、と。でも、そうかしら。なんにも考えなくても私はいるわ。窓から入ってくる風を頬に受けて、「あぁ気持ちいいなぁ」と目を細める時、私は何も考えていないけれど、確かに存在しています。もう身体感覚的にそう。

東洋医学は、「病は気から」の世界です。「病は気から」ってもう耳タコですから、みなさんはなんとも思わないかもしれませんが、でも、これって凄いことばよ。どんなふうにからだと気持はつながっているのか。五臓六腑の例えば腎臓ですが（東洋医学では腎臓といわないで「腎」といいます）、西洋医学の腎臓だと泌尿器科系の臓器です。でも東洋医学で「腎」といったときには、泌尿器系とホルモン系の働きをするところという意味です。

腎はいわばいのちの源で、親から受け継いだエネルギーも、食べることと空気を吸うことによって得られるエネルギーも全部腎に貯えられると考えられています。そしてホルモン系ですから、女は七年ごと、男は八年ごとの腎の変化によって女盛りや男盛りを迎え、老年を迎えるのです。

〝男女七歳にして席を同じゅうせず〟っていうでしょ。女の人は七年ごとの倍数で変化しますから、その始まりの七歳位から女性ホルモンが働き出す。つまり女の子らしくなっていくわけですね。だから七歳になったら男女は一緒にしちゃいけない、と昔の人は考えたわけです。

七×二の倍数は一四ですが、この頃から初潮が始まるといってますが、これは今と比べると大分遅い。なんせ二〇〇〇年前に書かれた本に出ている話ですから。今は栄養もいいしメディアを通じて刺激もたくさん受けるから初潮が早い。

でも七×七＝四九で閉経とも記されていて、なんとこれは今でも同じです。二〇〇〇年前も今も、女性は五〇歳前後で閉経している。だいたい一説に、縄文時代からほとんど私たちのからだは変わってないんじゃないかともいわれています。睡眠を研究している人がそのようにいってます。

さて、生物にとって一番大きな問題は次の子孫を残していくということです。学校も行ってないくせに、メス孔雀はオスが羽を広げたときに、飾りのような玉がいくつあるか、パッと見てわかる。で、玉の多い孔雀が、いわば孔雀のイケメンで、なるたけそういうのと寄り添いたいと（笑）。玉の多い方が種として優秀って、面白いですよね。

話が横にそれましたが、生殖、子孫を残すということは生物にとって最も大事なことです。個人的には子どもを持ちたい人も、持ちたくない人もいるでしょうが、種としての人間が生き残っていくためには、まずもって生殖の問題があるわけです。東洋医学でいう「腎」というのは生命力の根幹に関わる臓器であり、それゆえセックスや生殖に関係しています。

落語に腎虚の殿様というのが出てきます。側室がたくさんいてセックスをやりすぎて虚脱、無気力状態になってしまった人が腎虚の殿様。でも、それってセックスをし過ぎなくても、起きることで。過労で、もうなんにもやりたくない日曜日とかあるでしょ。疲れて何もできない、考えられない。ああいう状態は多分に腎虚の状態です。

からだってものすごく賢いから、もうここで休ませなければ危ないってなると、私たちを無気力にして、外に関心がいかないような状態にさせるんですね。私なんかも、何日かすごく頑張った後は、見たい映画があっても映画館に行く気力も起きなくって、ただゴロゴロしています。

しかし「具合が悪い、ゴロゴロしてよう」と思っている時に、実は元気が準備されていて、「元気だ元気だ」とハリきって飛び廻っている時に、実は病気が準備されているのです。そういうパラドックスを、私たちは一生の間、生きていく。そしてそういったくり返しの根幹にあるのが腎臓、「腎」の働きというわけです。なにせ腎はエネルギーの中心、つまり生き死の中心ですから。

人間の生き死にの最後を決めるのも「腎」。それって西洋医学でも実際には同じかも。よく心臓がダメになって死ぬとかいいますが、実際に親とか看取られた方はおわかりになると思うんですけど、人間、腹水が溜まったらもうダメだ……なんですね。腹水が溜まるのはオシッコが出なくなるからです。オシッコが一日出ないと人は死んでしまうのです。

そんなふうにとても大事な腎臓が、悪くなる、弱くなる、疲れてくると、不安、恐れが強くなっていきます。昔、連合赤軍という、武力で革命を起こそうとした人たちがいました。長野県の山中に隠れて、一冬を越すうちに、革命戦士としての心構えができていないとかいって、仲間を次々とリンチしてしまったという、恐ろしい事件を引き起こしました。

その事件をからだから視れば、それは革命論の間違いとか、永田洋子がどうとかという前に、長野の寒い山の中で暖房もまったくなく暮らしていれば、腎の働きが悪くなる。腎は子宮・卵巣と共に、冷えにはもっとも弱い臓器ですから。

腎が悪くなる、ということは、つまり不安や恐れがとても強くなっていくということです。恐れや不安という感情は、革命を志す人にとっては持ってはならない感情です。国内に問題が山積すると、政府は国民の目を外国の問題に向けさせようとしますね。あれと同じで、自分の中の恐れを見たくないときには、あいつが寝そべって「チリ紙取って」といった、あれは革命戦士としてなってない。という具合に、ダメなのはアイツで、自分ではないという問題の立て方をするわけです。イヤリングをつけてる女がいるが、それも革命戦士としてなってない。というふうに生贄《いけにえ》の羊を探して、みんなで攻撃することによって、自分たちが感じてる不安とか恐れを忘れようとするんですね。その揚げ句にみんなでリンチして殺してしまった。

そのようにからだを無視したがゆえに、からだによって復讐された話として、連合赤軍事件を読み解くこともできるわけです。

さて、胃腸とか膵臓が悪いと、人はクヨクヨ愚痴っぽくなります。愚痴っぽい人がいたら、性格というより消化器が弱いと思ったほうがいいですよ。みた目は太ってて、よく食べる人でもそう。よく食べるからといって消化器の状態がいいとはいえないのです。

老人は五臓六腑全部弱くなりますが、中でも消化器は弱くなりますから、どうしても愚痴っぽくなる。そういうことも考えて親と付き合うことが必要かもしれませんね。

腎が悪くなると不安や恐れが強くなるだけじゃなくて、根気もなくなります。そして肝臓、肝が悪くなると怒りっぽくなる。みなさんも、疲れて帰ってきて、あっと思う間もなくガミガミとやってしまうことがあるでしょ。あれは肝臓が疲れているからなのよ。腎臓が悪くなると肝臓も悪くなるようにからだはできていて、だから「肝腎要《かんじんかなめ》」というわけです。昔の人は、ほんとに短い言葉で大事なことをいいますね。

肝臓はまた「やる気」の出所ですから、肝・腎が悪くなると、やる気も根気もなくなって、不安が募り、とどのつまりは打ちのめされたような無気力、無関心、厭世観的な気分に陥っていく。

この関係は、逆もまた真で、しょっちゅうイライラ、イライラしていると、肝臓が悪くなるし、またしょっちゅう不安だったり、嫌われることを恐れたりしていると、腎が悪くなっていく。心とからだはそういう関係にあるのです。

東洋医学では気持と内臓のこの関係を「七情の乱れ」といいます。喜、怒、憂、思、悲、恐、驚の七つ。喜び過ぎるというのも心臓に悪い。何かとっても喜んで興奮して、バッタリ倒れるってことがあるでしょ。だいたい太りぎみで、よく笑う、ほっぺたに赤味のあるような人がそんなふうになりやすい。

憂鬱、これは呼吸器系、肺と関係しています。竹久夢二が描くような、首がほっそりしていて色白で、いかにも肺病を病みそうな、憂鬱そうなタイプがそう。こういう人はたいてい、ライスカレーとかの辛いものが好きです。

また悲しみというのはあらゆる臓器に悪影響を与えます。そして驚くのも程度問題。身内が交通事故にあったっていうので驚いてバッタリ、宝くじに当ったというのでバッタリ（笑）ってことがあるから気をつけて下さい。

例のオレオレ詐欺。「俺だよ、母さん、交通事故を起こしちゃった」とか電話がかかってくると、頭がパニクって思わずお金を出してしまうのも、年輩者は歳で内臓が弱っているところに驚きの感情が加わるから、もう、心臓バクバクになって、考えることができない状態になってしまうからです。みなさんだってそうでしょ、何か大事なものを電車の中へ置き忘れてパニクった時なんて、身体までワナワナしてきて、もう何も考えられなくなってしまう。

こんなふうに、気持が乱れると内臓がおかしくなり、内臓がおかしくなると気持がおかしくなるわけですが、中でも気持です。

気持の問題が実は病気になる一番大きな問題なんだよと鍼灸の古典には書かれています。気持の乱れは必ずからだの乱れを引き起こす。だから気持の問題をからだから治していくこともできます。またそうしたほうが早く良くなる場合が多いのです。

## 2、「気」について

東洋医学は「気」の医学といわれています。日本語には「気」の付く言葉がたくさんありますね。空気、やる気、気配、雰囲気、気配り、気のせい、気の迷いetc。この「気」というものを、ちょっと味わってみましょう。

一番いいのは正座。でも、正座がきつい人は胡座《あぐら》でもいい。膝が痛い人は片方だけ立て膝でもいいし、横になってもいいです。まず、背骨をふわっと伸ばして……。頭のツムジのところに百会というツボがあります。そのツボに紐《ひも》が付いていると思って下さい。その紐は、天空にまでずーっと伸びていて、あなたが頭を起こしているのではなくて、すうっと紐に引っ張られて、それで頭が立っている、と思うと、一緒に背骨がふわっと伸びていきます。

次に手を合掌して、よく擦《さす》ってください。擦ったら、それをゆっくり近づけたり、離したりしてみる。でも、その前に眉間《みけん》で緊張している人は、目の端でものを見るような気持になってください。矛盾するようなことをいうようですが、目の端でものを見るような感じで、目を軽く閉じて、口元からも力を抜く。うまくできない人は、舌を上の歯と歯茎のあいだにちょっとつけてみて。そう、それがあなたの、ゆるんだ顔です。

顔がゆるめば、からだもゆるむように、うまく人間はできています。そしてからだがゆるめば、息をふかーく吐くことができます。吐くというより実際は漏らすってかんじね。窓から自然に部屋の空気が出ていくように、少しずつ、少しずつふわぁ～っと漏らしていく……。ポケットを裏返すように、からだから余さず息を漏らしてしまえば、漏らして空いた分だけ自然に空気は吸い込まれていきます。だからいい呼吸とは、吐くこと、漏らすことなのです。

そんなふうに呼吸しながら、手と手を離したり付けたりしていくと……手のひらに何か感じませんか。温かいような、ちょっとピリピリするようなフシギな感じ。これが「気」とよばれるエネルギーです。これがからだの中をめぐって五臓六腑を作り、動かしているのです。そして「健康」とは、気が過不足なくからだの中をめぐっている状態をいうのです。

今の世の中、気持が乱れるようなことばかりです。リストラされたり、過労死するほど残業が続いたり、隣近所も安心できない、凶悪犯罪もすごく増えている。子育ても難しくなる一方で、人間関係のストレスもひどい。毎日もう、気の流れを悪くするような、つまりは「七情の乱れ」をもたらすような事柄が溢れています。

でも、「不安でしょうがないんです」とか、「ノーがいえないんです」「嫌な奴にもニコニコしてしまう自分がイヤなんです」とかいってる人って、状態はそんなに悪くないと思うのね。ほんとに病いが重いのは、陸のシーラカンスみたいな人。こういう人は、自分が嫌な奴だっていうことにも気が付かないで生きている。私が今、「アイツだっ!」て思ったのは、テレビによく出ている占いをする顔の怖いヒト(笑)。人のことはなんでもわかるっていってますが、自分がどんなに嫌な女かっていうことはわかっていない。すっごく鈍い。あの人を怖がる人はいても、愛する人なんているのかしらね。

さてある時、名古屋から、冬なのに素足でワイシャツ着ただけの人が、自分が育てた大きなシンビジウムの鉢を三つも抱えて、私の治療所に突然訪ねてきました。妄想に生きてる人で、そういう人って、完全に現実から遊離しているから、冬の寒さも感じない。女性だと生理が止まってしまうことも。

そのような人が風邪をひいたり、止まってた生理が始まったりすると、お医者さんは「だいぶ良くなってきたな」と考えるそうです。

こういうことって、東洋医学でも同じね。ヘンに寒さに強かったり、ヘンに疲れを感じてないというからだは、生きものとしてヤバイ、異常な状態です。

からだに合わないものを食べるとスグに下痢してしまう、油っこい食事が続くと湿疹がでる、冷房が効きすぎてる電車に乗ってると足首が痛くなる……とかいう具合に、小さい異常がすぐにからだに出てくる、そういう敏感なからだがいいからだなのです。下痢なら一食抜けばいいし、湿疹を治すために油ものを控えたり、足首を守るためにソックスを愛用したりすることで、病気を芽のうちに摘みとることができるからです。そういう意味では、からだというものは少し弱いくらいのほうがいい。

心も同じじゃないかしら。愛されてない淋しさもわからないようなシーラカンスより、うまく人間関係が持てないと悩んでいる人のほうがずっと心が健康です。

このあいだ、長崎の佐世保のほうで、女の子が同級生を殺すという、すごく痛ましい事件が起きて……。その子がそんな事件を起こした裏には、「対人関係や社会性、共感性が未熟なまま成長、怒りや淋しさ悲しさなどの不快感情が抑圧された」って新聞に出ていました。

それを読んだとき私は、これはこの子だけの問題じゃないよって思った。そしたら何日かして〝天声人語〟に、「居場所というのは大人にとっても子どもにとっても同じような意味を持つ。自分の家には居場所がないと感じている親がいるとしたら、間違いなくその子どもも自分の家に居場所がないと感じている」と。全くその通りです。

学校の中に自分の居場所がない。家の中にも会社の中にも居場所がない。でも一番問題なのは自分の中に自分の居場所がないという問題です。心が病んでしまう、身体が病んでしまう、対人関係がうまくいかない。といったことの根っこのところに等しく、自分の中に自分の居場所を持っていないという問題が関係しているのです。

いつも他人のまなざしを気にして生きている。学校や会社に行けば先生や同級生、上役、同僚に好かれることで自分の居場所を作ろうとするし、好きな人ができると、その人が好ましく思うタイプを懸命に演じて、彼や彼女の中に自分の居場所を作ろうとする。

つまり他者から承認されることで生きのびよう、癒されようとしているわけです。そしてそれがうまくいかないと、自分を責める。お前みたいな者はダメだ、無価値なんだ。だからもっと頑張らなくちゃ、もっと人に優しくしなくちゃ。珍しくノーといってしまった後にも自分を責める。ああ嫌われてしまった……と。

立派なキャリアウーマンになることで他者から認められたいと願っている人は、良き妻、良き母になることで世間から認められたいと願っている女性と根は同じです。経済的に自立したところで、精神的自立が得られるわけではないのです。

学歴の問題もそう。学歴なんてたいしたことない、学歴差別に自分は反対なんだと思ったところで、自分を良しと思えない、自分を咎《とが》めるもう一人の自分を心に抱えている限りは、子どもをいい学校に入れることで、私は優秀な子どもを育てた優秀な母親なんだというアイデンティティを手に入れようとする。

他の人よりいい学校に子どもを通わせたり、いい車を買う、いい男をゲットするetcで、自分を肯定できないことであいてしまう心の穴を埋めたい、埋めようとする限り、この世から

と、必ず自分より可哀相な人間を必要とするからです。自分を肯定できない空虚な人は、どんな世の中になろうと差別はなくならないのではないか。

## 3、小さな生き物に自分を巻き戻す

立派な妻や母、キャリアウーマンになることで自分を肯定しようとする人の多くは、意味のないことをするのがニガ手。そのせいでぼーっとできない人が多いようです。一途でマジメな人ほどその傾向が強い。旅行に行ってもキチンとスケジュールを立てて、せわしなく全部廻ろうとする。子どもが行きたいといえばお祭りにも行くけど、自分一人では行かない。そして誰かが頼ってくれてる状態が大好き。

マジメ＝○、ボンヤリ＝×みたいな価値観で長年生きていると、からだで感じる楽しさ、気持のよさがわからなくなっていきます。この、からだで感じる気持の良さ、細胞がフワーッとゆるんで、呼吸がおのずとふかーくなっていくような気持の良さがわからなくなっていることと、自分の中に居場所がないという問題は、二つでひとつの事柄ではないかしら。常に緊張しているからだは、自分をも弾《はじ》き出してしまうのね。

「私ってノーがいえないでいい人やってしまうんです」とか、「うまくいかないと相手が悪くてもやっぱり自分を責めてしまうんです」という人でも、一方で気持よくぼーっとしてることも好きならば、ウン、大丈夫よ。マジメもボンヤリも○の人生なら、自殺したり大病になったりするほどには、追いつめられずにすむんじゃないかしら。

私はイヤなことにはハッキリと、「ノー」がいえちゃう人間です。でもね、そのために新宿の紀伊國屋で足を踏まれたりするわけね。もう、出る杭は打たれるという体験をイヤというほどしています。それでも私にとっては、ノーをいうほうがラク。だから、ノーをいって厭な目に遭っても、あまり愚痴をいわない。それは私が確信犯として生きてるからです。

時にひどい目に遭うこともあると知ってて、でも「ノー」という私を選んでいる。だってそれが私なんだし、私にとってはそういうふうに生きるほうが人生まだしもラクだからです。ノーがいえない人も、時にそれで損をすることがあっても、ノーをいわないほうがラクだから、そうしてるんじゃないの。だいたい日本で生きようとしたら、ノーをいわずにニコニコしてたほうがゼッタイに得よ。

うまくいった時はノーのいえない自分を嘆かない。でも、努力してノーをいわない自分をやっているのに、何か人生が面白くない。いい人をやってたら残業を押し付けられちゃったとか、誰かに利用されたとか、そういうマイナスが生じると、「私ってノーがいえなくて……」って愚痴る。うまくいってるときには何にもいわずに、うまくいかないと愚痴る。つまり、「ノーをいわないことで気に入られたい」し、その結果として「いい人と思われ、いい目をみたい」と実は思っているわけよ。それだと人生がラクになると思って。

それならノーがいえないは×で、ノーがいえるは○だなんて思わないで、ノーをいわないほうがラクだから、私はそうしてるんだという確信犯になればいい。そう私は思います。

自分の体験から学ぶことができるのは確信犯だけです。確信犯になれば、「この人にはおとなしく従っててもいいけれど、あの人にはやめよう」とか、「ゼンゼン、私のありがたみがわからなくて、ただ私のいい性格を利用するだけなんだから、コイツから離れよう」とかできるハズです。

なにごとも選択して行うことが大事。私だって時にノーをいわない時があるんですよ。でもまあ、なにごとも癖・習慣ですから、気がつくと「出る杭は打たれる」の方を選んでしまってるだけで。

「ノーがいえずに、いい人をやってしまう」ということより、そのせいで「私って可哀相」と思ってしまうことのほうが、実は問題です。「私って可哀相」がいけないのは、可哀相な自分を癒そうとして甘いものやお酒に頼ったり、また心にあいてる穴を埋めようと、より一層いい人をやって他人からよい評価をもらおうと頑張るからです。

これが自分の性格だと思ってることのほとんどは、実は体調からきています。「七情の乱れ」で暗くなったり悲しくなったり。二〇年以上鍼灸師をやってますが、からだの状態が良くなって性格が暗くなった、という人を私は未だ見たことがありません。もう人間って九〇％は体調ですよ。「私ったらまた失敗しちゃって、バカ、バカ、バカ」と妙に自分を責めたくなる時は、「あっ、私ってからだの調子が悪いんだ」と考える癖をつけましょう。

　思うに、マジメな人は悩み過ぎなのよ。つまり人間のし過ぎであることが多いようです。人間し過ぎるということは、大きな生き物として生きているということです。引き受けた仕事は時に徹夜してでも仕上げなければなりません。人間しすぎないとお金を稼げないというのも事実です。だからこそ休みの日は小さな生き物に自分を巻き戻すことが、とっても大事。

　小さな生き物に自分を巻き戻すとはどういうことか。みなさん、公園を歩いていていい風が吹いてきたら一〇秒くらい目を閉じてみてください。五感というものは何か一つが欠けるととても鋭敏になります。わずかに口をあけ、目元から力を抜いた、例の顔で風を感じる。そうすると自然に呼吸がゆっくりしてきます。なんか日溜まりの猫のような、ノンビリとした気分になっていきます。

　公園を歩くヒマがない時だって家の周りくらいは歩くでしょ。家の周りのどこにどういう花があるか木があるか、知ってますか。私の家の近くの街路樹の横に芙蓉《ふよう》の木が植わっています。私はその木と仲がいい。そこを通る時にはいつでも心の中で「おはよ～」とかいってます。だから、すごく疲れたり嫌なことがあった時にそこを通って、「あ、また芙蓉が咲く季節が来たんだ」って気づくと、大切な友だちにまた会えるからとっても嬉しい気持ちになり、疲れも少しラクになります。

　どこを歩くと虫の音が聴えるかということもわかっていますし、どこら辺りにヒマな猫がいるかもわかっています。そんなふうに、人間界以外の世界と繋がっていると、この人間界で疲れたときにとても励まされるのです。この人間界だけが世界ではない。日蔭の細々とした樹を見たときに、あんな樹でも一生懸命生きようとしてるんだと思うと、なんか胸が切なくなると共に、ヨシ、私も頑張ろうという気持ちになるのです。

いい風が吹いてきたときに目を細めて、「ああ気持ちいい」って私が思う時、うちの猫も、やっぱり目を細めて「ああ気持ちいい」って。また近所の街路樹も、もちろん「気持ちいい」。その樹々の下にいる虫も、「ああ気持ちいい」。人間以外の生きものはみんなちゃんと、風や光や雨などを味わって生きているのです。

そういった世界に気づくことで、私たちは小さな生き物に自分を巻き戻すことができる。他の生き物たちと肩を並べて、ああ気持ちいい、生きてるっていいなっていう思いを分かち合う、そんな時間が疲れた私たちには必要なのです。

私は風が一番好きだから、死んだら、魂というのは何か気体のような気がするから、魂になって、風になって、生きてる間は行けなかったいろんな国に行きたいと思います。いざ風になって「お前はどこに行きたいのかい」と聞かれた時に、あせって「軽井沢」とかいいたくないので、アフリカの国々や砂漠の名前を覚えるようにしています。

またうちの息子にいつか、「お母さん、死んだら風になるから、いい風が吹いてきたら、あ、お母さんが、来たって思ってね」って、いおうと思っているんです（笑）。

からだも心も緩《ゆる》むことが大事。緩まないと、夕焼けにも気づかない。気づかなければ、どんなにきれいな夕焼けだってないのと同じよ。気付くには緩むことです。緩むことの基本は、さっきやった、あの顔です。さあ、もう一回あの顔をしてみましょう。

目を閉じて、顔をゆるめる。口を緩めて、目尻のところでものを見てるような顔で……そう、その顔でふわーっと顔がゆるむと、からだも一緒に緩みます。ホラ、呼吸がふかーくなっていく。

顔が緩んで、深い呼吸ができればイメージトレーニングはとても簡単にできます。深い呼吸で意識が緩むと、意識より奥の下意識、無意識とよばれるところに、「大丈夫だよ」とか「私はとても大事な存在です」といったメッセージを届けることができるのね。

「過去ああだったから、こうだったから」と思い苦しんでいる人に、「自分なりのやり方でいいから、イメージトレーニングを三年くらいやってみなさい」って、私はよくいいます。心が過去にさ迷ってしまって、今がカラッポになってしまってる人には、イメージ・トレーニングは非常に有効な方法なのです。

人生は理不尽です。理不尽なのが人生です。ただ地下鉄に乗っていただけで電車が事故って死んじゃった高校生がいました。バスに乗ってただけでトンネルが崩れて死んだ人もいる。道歩いてただけで刺されちゃった人もいる。事故や病気で死ななくても、親がリストラにあって自殺したりとか、もう果てしなく理不尽なことが起きる。起きるのが人生、理不尽なのが人生です。

にもかかわらず、私たちはちゃんと幸せになれる。なぜなら、幸せというのは状態に過ぎないからです。幸せはカード蒐めじゃないから、こういう大学を出て、こういう会社に入って、こういう男と結婚して、こういう子どもを持って、こんなふうに生活できれば幸せ、といったものではありません。

風を感じたときに、あぁ気持ちいい、というこの状態。おなかが空いてる時に、好きなものを食べた時の、あぁ。寒いときに温かいうどんを食べて、あぁ。たまに値段の高い寿司を食べて、あぁ。好きな男とからまって、あぁ。こういう状態を幸せというんです。

むかし京都に明恵上人という人がいて、月に向かって、こんな歌を作っています。

あかあかや　あかあかあかや　あかあかや　あかあかあかや　あかあかや月

あかあかや　あかあかあかや　あかあかや　あかあかあかや　あかあかや月

あぁ、なんて素敵な歌でしょう。

こんなふうな歌は、深い呼吸でからだが緩んでなければ、ゼッタイに作れない。

いやぁ想像力を刺激されるなぁ。こんな句を作れるなんて、彼はどんな人だったのでしょう。どんなからだを持っていたのでしょうか。

最後にジョークをひとつ。〝半日幸せになりたければ美容院に行きなさい。一ヵ月幸せになりたければ車を買いなさい。半年幸せになりたければ結婚しなさい。一年幸せになりたければ家を建てなさい。もし一生幸せになりたければ、この開運印鑑を買いなさい〟（笑）。

ハハ、おかしいよね。でもこのジョークは私たちに大切なことを教えてくれます。つまり、幸せって状態だということです。

この世の中は理不尽、人生は理不尽だけれど、幸せは状態だ、状態にすぎないと気がつけば、「幸せになるのはとっても簡単」。このことばを、最後にみなさんに贈りたいと思います。聞いてくださって、ありがとう。

（二〇〇四年九月一八日、名古屋ＹＷＣＡにて）

## 津田梅子もオニババなの？
### トンデモ本『オニババ化する女たち』を批判する

昔の宗教は「地獄に堕ちるぞ」と脅かした。でもこの頃じゃ「オニババになるぞ」と脅すみたいよ。女性には、女性にしか味わえないセックスや出産の喜びがある。それゆえ結婚は出来る限り早い方がいいし、子どもは必ず産みなさい。そうしないと女性としてのエネルギーが行き場を失って、体調が悪くなったり、イライラしたり、嫉妬深くなったり、他人を怨んだり……。偏狭で醜いヒステリー女、つまりオニババになってしまうんだぞっ！

って脅す本が出た。『オニババ化する女たち――女性の身体性を取り戻す』（三砂《みさご》ちづる著、光文社新書）である。でもこの脅しに、なにやらノスタルジアを感じない？　説教は一日にして成らず。これ、うまく昇華されない性欲が体調不良やヒステリーをもたらすというフロイトのリビドー説、それに昔話に登場するオニババをドッキングさせたって感じよね。つまり、クラシックバレエに安来節《やすきぶし》を加えたような話です。

あんまり奇妙奇天烈だから、そうだ、名付けて「三砂ハチャメチャ教」と。そう呼ぶのがいいだろう。

ブッ飛んじゃってる新興宗教だと思えば、結構これは楽しめる。

三砂ちづる　一九五八年山口県生まれ。京都薬科大学卒。薬剤師として青年海外協力隊に参加後、ロンドン大学で疫学を学ぶ。ブラジルに渡って十年間国際協力活動に携《たずさ》わる。二〇〇一年より国立公衆衛生院で応用疫学室長、昨年より津田塾大学国際関係学科教授。

という経歴・肩書のこの方が、ハチャメチャ教の教祖です。専門はリプロダクティブ・ヘルス（女性の保健）で、教典となる著書がこの『オニババ化する女たち』だ。

「Amazon」の評価では、五十五件中三十四件がこの本に一つ星を付けている。総合でもただの三つ星印（二〇〇四年一二月二〇日現在。最高は五つ星）にもかかわらず、売れている。

## 卵子は悲しみ、悔しがっている？

一種の奇書である。平たくいえばトンデモ本だ。教祖曰く、「大人になると何が楽しいかといえば、昔は『セックスができる』ということにつきたわけでしょう」「今話題になっている、仕事はするけれど結婚していない自称『負け犬』女性は、『ろくでもない女性』としての人生を選んだらいいのではないか、と思います」「自分で相手を見つけられる人は本当は強い人間で、自分で見つけられない人も多いから、でもそういう人でもきちんと身体的接触ができるように結婚という制度ができてきたのだろう、と思っています」。

もう珍説に次ぐ珍説のオンパレード。この人、ホントに津田塾大の教授なの？　でも、この程度の三砂語録で驚いてはいけない。

月経前に起こる「月経前緊張症」、あれは「『卵子の悲しみ』が伝わってくるのではないかと思っています。せっかく排卵したのに、全然精子に出会えなくて、むなしく死んでいく卵子が毎月毎月いるわけです。トイレに落ちてしまって、あれ～という感じで流されてしまう」「ですから、排卵して一週間ぐらいすると、卵子のくやしさ、悲しみというのが女性の感情に移ってくる。だから月経前一週間ぐらいは、ものすごく暗い気分になったりするのではないかと思うのです」。

レレレのレとしかいいようがない話で。これってもうオカルトの世界よ。科学者じゃまずいが、宗教家なら許されるという世界です。宗教にはドグマ（教義）が必要。ドグマには「独断的な説」という意味合いもある。つまり独断的でなければ宗教じゃないわけで。それゆえ宗教はよく周囲と激しい葛藤を引き起こす。三砂ハチャメチャ教も、まさしくそう。インターネット上では、あちこちのサイトで、批判・激怒の声が相次いでいる。

「オニババですか、フーン。そういう意味づけをされること／することの鬱陶《うっとう》しさからの逃走の手段として『負け犬』という表現が開発されたのに、また引き戻しちゃうんですね。（略）私は正々堂々とオニババになるつもりです。ひがみたくなろうと、性的エネルギーが昇華《しょうか》されまいと、自分でしりぬぐいをする覚悟はありますので」

「私は十年間治療して今三十五ですが一度も妊娠していません。（略）こんな私は、間違いなく『オニババ』なんでしょうか？　無計画に妊娠して子供を虐待したり、育てるのを放棄したりする人たちはなんなんでしょう」

「とりあえず、読んで、怒れ。これは学者が書いた本だ！　そう思って買った私が馬鹿だった、と」活気があるところには人が集まる。金も集まる。連日のようにメディアが取り上げ、それもあってすでに十二万部も売り上げたという。

『オニババ化する女たち』は女性たちのために書かれた本だ。しかし、本当にそうだろうか。読めばすぐに気づくことだが、同性に対してこれほどリスペクト（敬意）を欠いている本も珍しい。

キャリア志向でない若い女性は「大した才能もない」のだから、誰とでもいいから早く結婚・出産しなさいと貶《おとし》められ、キャリア志向の「負け犬」は「ろくでもない女性」として扱われ、四十代、五十代は、いいセックスしてないと「品のない怖い顔」になるよと脅かされ、年配者は「欲が旺盛」で「いくつになっても自分のことばっかりいっている」「やさしくない」「オニババになりかけている」とまあボロクソだ。

意識の表層はリプロダクティブ・ヘルスでも、潜在意識は女性嫌いの人なのかもね。なぁーんだ、この教祖、自分自身もオニババじゃないか！　人を呪わば穴二つ、です。

しかし、三砂さんがオニババでも驚かない。私たちは誰でも「我が内なるオニババ（オニジジ）」を抱えて生きているのです。

「子供を産んで次の世代を育てていくということは、女性性の本質」。だから、「誰とでもいいから早く結婚しなさい」と教祖は説く。「女性はやっぱり相手を持って、性生活があって、子供を産んで、ということをしていけば、ある程度女性としていい暮らしができる」というわけだ。

そりゃ誰だって、女性として幸せに生きていきたい。でもその実現は、リプロダクティブのヘルスだけでは難しい。ライツ（権利）の視点が必要なのよ。三砂さんにはそこが決定的に欠けている。ライツの視点がないということは、社会性に欠けるということです。だから、若いうちに結婚し、出産し、細々と働きながら子育てして、四十五歳ぐらいに社会復帰すればいい、そうすれば「近代産業社会にとっても、非常に貢献できることです」なんていえる。夫ひとりの稼ぎでは生活できない現実や、四十五歳で再就職する困難が、彼女にはわからない。

「（次の世代に命を渡すということだけが、女性がこの世の中でやることで）そういったことを、仕事だなんだという低レベルなことで、ごまかしていたらいけないと真面目に思います」っていい切る津田塾大教授。あぁなんだかメマイがしそう。津田梅子さん、あなた、死んでる場合じゃないよ。

## 女性器崇拝の「宗教」？

「脅し」と「救い」。宗教は、これがワンセットになっている。救いとは、つまり地獄に行かずにすむ方法だ。ハチャメチャ教におかれましては、それはいかなるものなのか。

ある時、「オニババにならないようにするためにはどうすればいいのでしょう」と、教祖に教えを乞うた人がいる。教祖答えて曰く、「私はまず骨盤低筋に意識を向けることを勧めたいと思っています。骨盤低筋に意識を向けるということは、会陰に意識を向けるということです」。

会陰とは、会陰切開の、あの会陰。つまり女性器・膣である。アステカ族は太陽を崇め、三砂ハチャメチャ教は女性器を崇める。「股は命の根源で私たちの生まれてきたところなのに、股に布を当てて蓋をして、感覚を遮断しています」（『なまえのない新聞』No.127）。というわけで、教祖は一年二カ月前からもっぱら着物を愛用。パンツを断固排斥する。

女性器（膣）崇拝の宗教だと知れば、次のようなトンデモ発言も納得できる。「性体験の深さということでいえば、たとえばお乳にこだわって吸ったりするというのは、性行為としてすごく稚拙なことといえないでしょうか。（略）胸というものはもともと、それほどセクシュアルアピールのある重要な場所ではなかったのではないでしょうか」

何にセクシュアルアピールを感じるかは、人それぞれです。と普通の人は思うけど、普通じゃ教祖は務まらない。教祖曰く、セックスは「魂の行き交う場」であり、宇宙と一体化するための「霊的な体験」。だから、膣以外のものは必要ない？

「アメリカのクリトリス主義というのも、何かおかしくないでしょうか。（略）先ほどのルドルフ・アーバンの本（筆者注『愛のヨガ』）にもありますが、絶対にクリトリスに触らせない、という文化もあるのです。未熟な女の子の時期に、クリトリスを用いたセックスばかりしていると、膣の感覚が開発されなくなるので、触るな、ということだそうです」

しかし、触るなといっているのは誰だろう。アフリカでは、触らせないどころか、クリトリスを強制的に切り取ってしまう部族もある。その理由は、なまじ女が性の喜びに目覚めると、男の手に負えなくなるから、ということらしい。大事なのは男の快楽、すなわちワギナ……って、よしてよ。

人の性感帯は皮膚上のあちこちにある。だからスキンシップを欠いたクリトリス中心主義も困ったものだが、ワギナ中心主義はもっと困るわ。ペニスの刺激だけを重視する夫とのセックスが嫌で、無意識に膣が閉じてしまう「ワギニスムス」という症状に悩んでいる女性も多いのに。

## 月経血はコントロールできる？

さて、これら有象無象のご託宣には、「馬鹿いってんじゃないの」と一蹴した女性たちも、「昔の女は月経血をコントロールしていた」と聞くと、思わずへへーッとひれ伏してしまうらしい。オウム真理教は「空中浮揚」で、三砂ハチャメチャ教は「月経血のコントロール」で信者を集める。

三砂教祖によると、なんでもいま九十歳以上の女性たちは、かつて膣口を締めて月経血が漏れないようにして、血をためてはトイレで出していたそうな。絶えず膣を意識していればそれができる……と聞けば、「エーッ」と驚き、「凄い！」と誰もが感心する。私も最初はそうだった。でもすぐに疑問が。昔のトイレは汲み取り式です。もし家の女性たちがみなそんなふうにしてたら、彼女たちのすぐ後にトイレに入った男どもは仰天しないか？　便器をのぞきこんだら血だらけで。当然、そのことを誰かが書き残しているハズだ。

昔の本にそんな記述があっただろうか。しかし記述がない、証拠がないからそんなのは嘘だ、とまでは思わなかった。二十二年間鍼灸師をやってると、つくづく「からだって凄いなあ」と思います。だから術の習得に励めば、驚異の月経コントロールもできるのかも、できたら面白いと思っていた。

現代の女性たちがナプキンに月経血を垂れ流しているのは、昔の女性たちに比べ膣口の働きが衰えたるんでいるからだそうな。それを三砂ハチャメチャ教とはツーカーの、高岡英夫氏（運動科学総合研究所所長）考案の「ゆる体操」で治す。そのために作られた「大和撫子のからだづくり教室」。

ゆる体操で月経コントロールができるようになったという方々の手記を読んでみた。通常女性たちは、月経時には二〜三時間ごとにトイレに行く。ところがお教室に通っている方々は、なんと昼間一時間〜一時間半ごとにトイレへ行くのだ。夜は夜で三、四回も起きてトイレに。これじゃ月経をコントロールしているのか、されているのかわからない。

昔の人は、本当にできていたのか。三砂さんの本を目を皿にして読んでも、「月経の量が少なかったので、初潮から三十代初めまではもっぱらトイレで出してました」という、九十一歳・Kさんの証言しか出てこない。結局普通にナプキンをしてて、トイレに行った時に「ちょっといきんで」出すという程度のことらしい。それ、女性たちはみんな普通にやってますよ。

疫学とは「調査を通じて、研究者の伝えたい本質をなんとか量的データで示そうとするツール」だそうだ。一度ゼヒ、「昔の女はできていた」ことを証明する量的データを見せて欲しいわ。たいした根拠も示さずに、「昔はよかった」「昔の女はえらかった」という人がいたら、いつだつて眉にツバが必要。

教祖は嘆く。月経コントロールの方法が、今にまったく伝承されていない、と。へぇー、からだに関する有益な情報は、有益である限り必ず伝承されていくものよ。フィールドワークしてごらん。母親や祖母から、「腰を冷やしちゃいけないよ」と教えられた女性はゴマンといるから。

## 基本は「気持ちいいからだ」を取り戻すこと

股がいのちの根源なのは、「腎」とつながっているからだ。西洋医学でも尿が出なくなって腹水がたまったらご臨終は間近とみる。東洋医学では、親からもらった生命力は腎に貯えられているといわれている。いわば腎とは、ホルモン機能だ。腎虚《じんきょ》といったらインポテンツのことだし、不感症や不妊症、腰痛や前立腺肥大をもたらすからだの状態のことです。

腎（臓）と子宮・卵巣は最も冷えに弱い。代々野菜と穀物で生きてきた日本人のからだは特にそう。だから女性は腰を冷やしちゃいけないよ、といわれ続けてきたのです。夏の過剰冷房や、冬でも平気でアイスクリームやビールを口に入れる生活で、今や一億総腎虚の状態だ。セックスレスとは、腎虚のカップルが無意識に選択している緊急避難的生き方なのかも。腎虚なのにセックスに励めば、若死にするもの。

冷えは陰《いん》のエネルギー。陰は広がっていく力です。だから冷えれば腰はゆるむし、尿漏れも起きる。「ゆる体操」で膣を引き締め、尿漏れを防止するのもいいけれど、夏のナマ足、サンダルもどうにかしないと。

「身体性を取り戻すにはいいセックス、いい出産を。そのためには常に会陰（膣）に意識を向けましょう」。そう三砂ハチャメチャ教は説く。が、しかし「身体性を取り戻す」って、そんな特殊なことなのだろうか。

ウチの治療院では、パンツを排斥するどころか、その上に五分丈と足首までの二枚の絹のスパッツをはくように、と勧めている。夏でもよ。

この養生法を実践すると、それまで冷えを感じたことがなかった人々が、必ず「この頃冷えるとスグにわかります」といい出す。「快」がわかると、「不快」がわかる。ということは、体感センサーが機能し始める、つまり冷えたら、冷えがすぐにわかるということです。

体感センサーのいいからだになって、気持ちいいからだを取り戻していく。それが身体性を取り戻すということの基本だと私は思う。日常のからだが不快なのに、セックス、出産の時だけ快になれるハズがないもの。

最後に——。三砂教祖は笑える、楽しめる。笑えないのはメディア、マスコミよ。彼女の本のマシな部分、自然出産のすすめや、若い女性に増えている婦人科系の病気への警告などをもっぱら取り上げて、「卵子の悲しみ」や「妾のすすめ」には一切触れないマスコミってなに？

「不倫女性も妾になれば若いうちに子どもが産める。そのためにはお金持ちの男を選びなさい」といった意味の二ページにわたる記述。これは大人の援助交際、売春のすすめです。なんというトンデモ本だろう。こんなことをいわせておいていいのか。著作の一部しか伝えないことは、情報操作にならないのか。

ところでこの本の編集担当者は若い女性だそうだ。私はぜひ、彼女に聞いてみたい。「ねえ、あなた、本当にこんな本を作りたかったの？」

読後の気分の悪さを解消するために、近頃「オニババ本解毒サイト」もできたそうだ。

［『論座』二〇〇五年二月号］

## ＊＊＊今の私からひとこと、ふたこと＊＊＊

先日夜の一〇時ごろに地下鉄に乗ってたら、二〇代の男女七、八人がドドッと乗ってきて、同じシートの反対側に座った。ふと見たら、一人だけ座らないでつり革につかまっている若者がいる。Tシャツ姿の普通の若者で、座ってる仲間とにこやかに談笑していた。

ところが次に見た時には、なんと彼、立ったままカップラーメンを食べていて……。電車の中でカップラーメン!?ちょっとそれはないんじゃないの。

自分の席から声を掛けるには、遠過ぎる。で、私は立って彼のすぐ横に行って、話しかけた。「ねぇ、ここで食べるのって美しくないんじゃない?」

すると　ニコッと笑って青年はすぐにカップラーメンを袋にしまった。座っていた仲間のお嬢さんたちは、驚いた顔で私をまじまじと見ている。だから挨拶代わりに彼女らにもチラッと笑顔を向けてから、私は席に戻った。

他の乗客はなにも気づいてない感じ。ふふっ、やったね!と、密かに自分とハイタッチ。

似たようなことをしょっちゅうやっている。私は大人だから、そのように行動しょうと思うから。でも、ゼッタイに私は正しい的な態度はしない。したくない。

以前うっかりシルバーシートに座って居眠りしてたら、突然頭をコツコツ叩かれちゃつて。叩いたのは怖い顔した年配の男性で、「若いくせに、シルバーシートに座っててっ!」と、大きな声で叱られた。

自分は正しいって思ってる人って、なんでいつも強張《こわば》っているのだろう。私が強張るとしたら、それはいつだって体調のせい。だからなにか人に注意するするときは、必ず事前に体調チェックを行うのね。

私の足を踏んどいて何もいわない若者に、「足踏んだらゴメンナサイって言わなくちゃ」と囁くように言う時も、まず体調チェック。悪くないと思えたら、注意する。そうでなければ、何もいわない。そんな時にいったって、言葉が届かないから。

できるだけ軽やかに人と付き合いたい。私の場合、それはいつだって頭や気持の問題というより、からだの問題です。体調がいいと、顔つきも雰囲気も自然にやわらかになる。

だから三砂さん批判を書くときも、まず体調を整えた。「不倫してる女は妾になって子どもを産めばいい」と勧めるような本は、体調が悪い時に読んだら、ただただ、壁に叩きつけたくなるだけだから。

心からリラックスして書いた。でも、三砂さんには届いたかしら。届く……わけないか。

＊＊＊＊＊＊

●からだから見える日本の行方

## 〝抱く女〟は、地球の果てまで駆けていく

「魚屋のおかみさんだった私の母は、〝日本は戦争に負けてほんとうによかった。そうでなかったら女はいまだに惨めだったよ〟とよく言っていました」

　そう語るのは七〇年代初頭のウーマン・リブ運動で活躍、現在は鍼灸師として忙しく過ごしている田中美津さん。

「日本国憲法は戦勝国アメリカが勝手に作ったものだ、という人がいるけど、誰が作ったっていいものはいい。大切なのは戦争で亡くなったたくさんの人たちの、その命と引き換えに、私たちは自由や平等を手に入れたという事実です。ですから、〝慰霊〟とは、なによりもその事実を絶対に忘れないということであり、また手に入れた自由や平等を絶対に手放さない——ということに尽きると思うのね」

　しかし、女への弾圧は少しずつ強まってきているように見える。憲法九条改変と一緒に二四条の「男女平等」規定をなくそうとする自民党内部の動きや、学校での男女混合名簿採用に対する反対の動きなど、ジェンダー・フリーバッシングが各地で起きている。

「古来〝女を治める者が国を治める〟といわれてきた。保守の方々は今の女の変わりようについていけなくて、少々、パニくってるんじゃないかしら？

日本の秩序は、女は男に従順に〝抱かれ〟、男は会社や社会に〝抱かれ〟て成立してきたと思うのね。でも今や女にとって、生きることは欲望すること。〝抱かれる〟のもいいけれど、〝抱く〟のもいいわ、の時代です。〝抱かれる女〟は夢見るだけだが、〝抱きたい女〟は地球の果てまで駆けていく。〝ヨンさまーっ〟に世間が瞠目《どうもく》したのも、〝抱きたい女〟の欲望全開を目のあたりにしたからよ。彼女たちの夫は、いまだに会社から温かーく〝抱かれる〟ことを無二の夢としているのにね」

　今の日本は、政府も銀行も会社もあてにならない。確かなものは

自分自身の欲望だけだ。だからそれに先に気づいた女たちは、もっと健康に、もっとスリムに、もっとゴージャスに、もっとスキルを磨いて、といった欲望を追求し、それが日本経済を活性化させていく。ヨン様ブームでは飛行機も満席になった。

「退屈な日常に〝抱かれる〟より、大事な自分を〝抱きしめて〟あれにも、これにもトライしたい。そう欲望する女たちは、必然的に子どもを産みたがらない」

とうぜん少子化には歯止めがかからない。それにまた、こういう問題もある。

「リストラと人件費の削減で一人あたりの仕事量が増えたために、残業ナシの職場はいまはほとんどない。男女雇用均等法のおかげで女性も夜一〇時、一一時まで働くのが普通。弱いはずの女がそんなふうに頑張れば、強いはずの男はさらに頑張らざるをえない。それもあって、中高年男性に自殺が多い。

一方、女たちは子どもなんか持ったら、会社で疲れ、子育てで疲れ、夫の世話で疲れ、果ては親の介護で疲れと三重苦、四重苦を生きることになる、と分かっているから産まないわけね。いわば少子化は〝こんな国はいやだっ!〟という女たちの気持ちの表れよ」

男も女も疲れ果てている。それが今の日本人なのだ。そんな現代人のからだから、どんなことが見えてくるのだろうか?

「からだと心は二つでひとつ。東洋医学でいう〝七情の乱れ〟、これは五臓六腑がペケになると気持ちも一緒にペケになるというとらえ方。例えば腎臓が疲れると不安が強くなり、肝臓だとイライラしたり、やる気がまったく起きなくなる。

内臓はみなつながっているから強い冷房や過労で腎臓がやられると、だんだん肝臓も胃腸もおかしくなって、気力が萎えたりクヨクヨしてくる。もちろんストレスからそうなることもあります。でも、それだって体調次第よ。元気なときと、そうでないときとでは同じいやなことでも感じ方が違うもの。

養老孟司さんが〝人はからだだ〟と。そう、疲労がたまると、人は無気力、無関心になるんです。イラクで市民が殺されていると聞いても〝へぇー〟、首相の靖国神社参拝も、憲法も原発も地球温暖化も、みんな〝へぇー〟ですませて、気にしない、考えない。しかもそんなふうに自分の中がスカスカの人ほど、断言口調の強いリーダーを欲しがる」

何だか、某都知事や某首相の顔が浮かんできた。

「マッチョな堅いからだが命令を下し、無気力、無関心のスカスカのからだがそれに従う、というような悪夢はね、お国に〝抱かれ〟たがる良妻賢母あっての話です。

家庭内に収まるつつましい欲望に再び女を閉じこめるなんて、もう誰にもできない。この先、女たちは、ますます男の手に負えない存在になっていくでしょうね。生きることは、欲望することだと、私たちは知ってしまったから」

(『ダカーポ』二〇〇五年九月七日、初出タイトル「女は活火山だから男たちよ、あきらめなさい！」)

# 3章
# 花も嵐も踏み越えて……

町内会の旅行に参加した母。我が母ながら、着物の着方が粋です。
ちょっとしたことで、すぐに楽しくなれる人だった。（推定63歳）
今頃は父と一緒にハスの花の上に寝っころがっているでしょう。

# 自由は一日にしてならずぢゃ！

ある雑誌の編集者のハナシです。インタビューした時に「……だもん」って喋ったから、その通り原稿にすると、ほとんどの人は「……です」とか「……でしょう」というふうに朱筆を入れてくるのだそうだ。

へぇー、私の場合とまったく逆だわ。「……だよ」と喋ったハズなのに、原稿をみると「……だと思います」になっていて、それをまた「……だよ」に直す。語尾って大切。話しことばは語尾がいのちじゃないかしら。

いつかある人と対談した時も、その人が編集者に「『……だもん』なんて、そのまま載せるんですか」とひとこと口をはさんだために、私の分まで「です・ます」調に直されてしまって。もちろんまた直し返した。対談者は私より若い人だったから、この時もフーンと思った。

語尾を全部話しことばに直すと、時に文章がうるさくなるから、その辺りは臨機応変。でも基本はあくまで口からでた通りにして欲しい。そう思ってる私のようなのはどうやら少数派。これって単なる好みの問題なんだろうか。

時たま会う伊藤比呂美ちゃんは、私のことを「ヤクザ」だ、と。もちろん冗談。でも言われた時はギョッとした。どこがヤクザなのよォ！　という口調がすでにヤクザみたいで、思わず首をすくませた。

確かに一見私は度胸がある。それに口だけはいつだって元気です。「相手がさ、ウンコ投げつけてるのに、雪を捜してるバカがどこにいるのよ！」なんてタンカのひとつやふたつはすぐ出る。が、そのくせイザとなったら自分もまた雪を捜してるくちだから、情けない。

詩人の鋭さで、そんな私の実態とうに見越した上で、それでも「ヤクザ」と呼ぶからには、なにかあるに違いない。ウン、思い当たるフシがなくはないぞ。「ヤクザ」と云われてギョッとしたのも、実は心あたりがあったからだ。

六歳の時に家の従業員から性的虐待を受けた。そして二十二歳の時、自分の血液が汚れているのを知った。人生の盛りに一人落ちていく、落ちていく。

自分は汚れた人間なんだ、という想い。江戸時代の川原乞食は乞食であるが故に、目も綾な、この世のものと思えぬような華麗な舞台を現出させた。私も一般ピープルから落ちこぼれた身であったから、世間の嘲笑どこ吹く風と、ウーマンリブの運動に邁進《まいしん》できたんじゃないかしら。そう、他は知らず、私に限ってはまったくもって、「ヤクザ」なところがあったからできた運動よ。ヤクザは覚悟ひとつで退路が断てる。

それに「ヤクザ」だと、ある意味ラクよ。仁侠の世界は一本スジが通れば、あとはいい加減でも許される。私だと、鍼灸師としてスジが通っていれば、なんとか自己は肯定できる。

でもスジを通すって、なかなか大変。朝、家でトイレに一回行くでしょ。そうすると次に行くのは治療が全部終わってからになりがちで。その間の八、九時間は尿意も感じられない程の集中力で仕事にいそしむ。私には慢性ジン炎の持病がある。だから、これってマズいのよ。だけど、尿意を感じないいんだからしょうがない。この、「今しかない！」という集中力、そこが私の最もヤクザらしい部分かもね。

時々微妙に世の中とズレる。このあいだ息子のクラスのお母さん方と集まりを持った。いま高校一年なんだけど、中学卒業の際に写したビデオをまとめてみるということで、会場になったお宅にお邪魔した。云い忘れたが息子は飯能（埼玉県）にある、自由の森学園という中・高一緒の私立校に行っている。

クラスメートの家は木立ちの中の、木の香りも清々しい新居。立派な音楽室まであって、聞けばそこの家は夫婦揃って音楽教師だそうな。そういう訳で、持ち寄った料理で食事して、ビデオ観賞したあとは、ナマ音楽の鑑賞へと誘《いざな》われた。エーッ、初めからそういうハナシだったの？

カンツオーネにバイオリンとピアノの二重奏、加えてチェロとピアノの二重奏。昨夜から練習に励んだというそれら、まことに結構ではありますが……。

時は春。それも珍らしく晴れた日の午後である。座ブトンに座って、いつ終わるともわからぬ洋楽を聞くにはもったいない日だ。付近の野山を歩きたい。あぁ、私の日曜日が手のひらからこぼれて行くよ、ポロポロと。

もしこのまま続くんなら、いっそ歌いたい人がみんな歌う、日曜のお昼のノド自慢大会っていうのはどうだろう。笑えるだけラクだ。腹ごなしにもなるし。というような不謹慎な考えを抱いたのはムロン私ひとり。一応それとなく提案してみたが、簡単に無視された。

音楽好きの当家の方々が、実は日頃の成果を聴かせたくって、我家をビデオ観賞に供したという事情ぐらい、私だって推察できる。できるけれども、つらいものはつらい。ガマンはつらい。

これ以上ガマンしていると居眠りがでて、かえって失礼だと思ったから遂に、「私、ちょっと外歩いてくるわ」と。一人、二人は同調するかと思ったら、一同ドロンとした目つきで私を見つめるばかり。あら、この人たち、アタマが休業しちゃってるわ。

一人で外へ出た。香わしい光と風に身をゆだねて、思わず大きく深呼吸。ただちに気分が晴れて、あやっぱり外はいいなぁ。近辺をそぞろ歩いていたら、もう一人、私のあとから抜けてきた人がいた。帰りのバスの中で聞くに、なんだ、他の人たちだって半ばウンザリしながら付き合っていたというではないか。聴きたい人は聴き、歩きたい人は歩くのがいいって、今さらいったって遅いわよ。

似たようなことは、今までもあった。でも今回は、ちょっとこだわる私です。

親がそんなで、少しも自由に生きてないのに、こどもは自由の森学園？　ホントはそう聞きたかったのに、聞けなかった。あまりにも核心をついているようで、怖くていえなかった。

突出する者に淋しさはつきものだ。自由の森学園の遠藤豊学園長の背中にも、なんだか淋しさが漂っている。そりゃそうだろう。逸脱と自由の違いもわからないこどもたちを集め、敢えて名づけた「自由の森」。ムリを承知で漕ぎ出した船の舵取り。目ざす島の地図と望遠鏡は、チャンと持っているのだろうか。

ある時父母が主催する五、六〇人の集りが開かれた。この学校では、どんな集会も最後は常に学園長が挨拶に立つ。かねてそのことを疑問に思ってたところへ挨拶に立った彼が、「私のハナシは決してまとめではありません」と二度もくり返した。ヤヤッ、これはいい機会！　彼のハナシが終わったところで、私はサッと手を上げた。

「先生がいくらこれはまとめではないといっても、学園長が一番最後にでてきて話せば、どうしたってそれはまとめになってしまうのではありませんか。集会ってカタチが大事だと思うのです。上座から社会的地位のある人が座っているのに、さあ民主的にやりましょうというのがヘンなのと同じで、どんな時でも必ず最後に学園長が出てきて話すという、このカタチってなんだかおかしい。新しい試みには、新しいお皿が必要です。もし無意識でこういうカタチを作っているとしたら、無意識だから根が深い問題なんだと認識する必要があるのでは。学園長もこういうカタチを望んでいらっしゃるのではないと思うのですが」。

と私がいったら学園長、憤然とした口調で「私はやりたくてやってるんですっ！」と答えた。

ナ、ナヌ！　映画俳優の菅原文太理事長が就任する前のハナシで、学園騒動風に学校が混乱してた時期だからね。学園長に敵対する勢力の発言だと誤解されたのかも。それはまぁいい。問題はそのあとだ。

「先生はこんなカタチを本当に望んでいらっしゃるのですか」と重ねて尋ねたら、突然無言のままツツ……と部屋から出て行ってしまった。ア然ボー然。父母と話していて、話が咬み合わなくなると、突然相手の前から消えてしまう癖が学園長にあるとは聞いていたけれど。まさかこのような多数の面前でそれをやるなんて……。

ビックリしたけど、父母の前では取り繕ろいに汲汲《きゅうきゅう》とする校長を、公立学校で見てきたからね。学園長の不埒《ふらち》な行動を悪びれることなく伝える、私のような親の正直さに見合った正直さだと、いえなくもない。

それにただの文字の羅列、絵に書いたような理想をありがたがるような親も多い「自由の森」だから、ペタッ、ペタッと鳴るスリッパの音と共に理想の難しさを示した学園長って、案外貴重かも。こういう世で私たちが理想を貫ぬこうとしたら、小さい幻滅に出合うたびに鍛えられていくという〝打たれ強い理想主義〟、それでもってやっていくしかないみたいだし。

とにもかくにも私のような「ヤクザ」が、ノーテンキにいいたいことがいえる。これだけでも「自由の森」はいいい。風通しのいいのが一番よ。コミックのヒロイン、猪熊柔《いのくまやわら》のオジィちゃんなら云うだろう。「自由は一日にしてならずぢゃ！」って。

そう、まだ幕は上がったばかり。ねっ！

〔『思想の科学』一九九二年七月号〕

## ＊＊＊今の私からひとこと、ふたこと＊＊＊

息子が小学五、六年生の時、担任からときどき体罰を受けた。宿題をやってこなかったり、忘れ物をした際に、頭を強く打たれたり、「電気椅子」の罰をうけた。

彼の小学校入学と同時に、私は鍼灸院をひらいた。帰りがたいてい遅かった。夜の九時頃にあわてて、「悪いけどラーメン食べに行って」とよく電話した。帰るともう疲れきってて、宿題をみてあげるどころか、「明日、卵の殻を持ってくんだよ」といわれても、一〇分後には忘れた。

「頭をぶつのはやめてください」と担任にいいに行った。中でも許せなかったのは「電気椅子」。これは壁に背中を密着させて、架空の椅子に座っているかのような姿勢にさせ、疲れで体が震えだすのを待つというもの。その様子を他の子に見せることで、本人には屈辱を、みんなには「お前もやるか」という恫喝を与えるという、もう拷問のような罰なのです。

勉強ができない、忘れ物が多いというだけのことで、息子の人格まで壊されるようなことをされてはたまらない。ところが中学ではそういったことが、もっとひどくなっていきそうということが、地域の中学校の入学説明会に行ってわかった。

朝一緒にゴハンを食べていたら、息子がポツリと、「ボクだってどうすれば先生が喜ぶか、そんなことわかってるんだよ。でもそんなふうにしたら、ボクが「いい子」になっちゃうじゃないか」と。こういう子だ。ど、どうしょう。悩んでいたら友人が「自由の森がある」と教えてくれた。

自由の森学園に入って、息子は寮生活を始めた。学校は期待通りのところが四で、はずれが六くらいの感じだった。「自由」についてよく考えた。きっかけは学校ニュース。一〇〇人に近い教師がいるというのに、紙面に登場するのはいつも遠藤豊校長だけ。一回読んだだけでお腹にガスがたまってしまうような、抽象的な教育論。それを毎回これでもか、これでもかと展開する。漢字の多い、かたーい文章。どこが自由なんだとブツくさ言いながら、スグにくずかごに捨てた。

私の、「自由は一日にしてならずぢゃ！」の文章はクラスの母親たちに不評だった。それは覚悟の上だったからいいんだけれど、気に入らない点を聞いて驚いた。「あんなふうに書いたら、あれが誰の家かわかってしまう」。あ、そう。悪かったね。他にはどう？「私たちはらもん君のおかぁさんと付き合っているんであって、物書きの田中さんとじゃない」。ふーん、そう。

内容にはまったく触れてこない人たち。日本のリベラルってこの程度なの？わかってはいても、やっぱり少し悲しい。でも、ここから逃げても仕方がないんだよね。と、自分の肩を自分でたたいた。元気だせよ、な。

「おかぁさんはあの学校、好きじゃなかったみたいだけど、僕はよかったよ」。卒業後しばらくたって息子がいった。そう、よかったね。

中高六年間の入学金、学費、寮費、その他で、およそ一千万円はかかった。せめて息子くらいは喜んでくれないとね。でもそういえば……。体罰をしたあの小学校の担任のことも、「あのセンセイ、僕は嫌いじゃなかったよ」と、コイツ、前にいってたなぁ。ムムッ……。

＊＊＊＊＊

# きまりすぎた悲しさ
## 郡山吉江さんを悼む

郡山さんの柩《ひつぎ》を見送ったその夜、見知らぬ人から電話をもらった。「郡山さんの晩年で一番楽しかったことがアレだったのよ、本当にありがとう。」

アレというのは、今年の七月十八日にあたしが言い出しっぺになって開いた、「郡山さんとお昼ごはんを食べる会」のことだ。そうアレ、本当にメチャクチャ楽しい集まりだったね。あんまり笑ったんで酔いも手伝って、最後にはいったいナンで集まったのか、判然としなくなる程で、そこがよかった――。

だってあたしたちは、エライ女、スゴイ女の郡山さんに会いたかったのではなく、一人の魅力的な先輩である郡山さんと楽しくやりたかっただけなのだから。そう郡山さんの横でアッハハハと笑いたかった。ウソでもいいから楽しくね。ウソでもいいから……。

郡山さんは〝目にモノ見せてやらん〟の気概で生きたヒトだった。弱音を吐かない、屈しない。とりわけ権力の不正義に対しては容赦なかった。三里塚野戦病院における彼女の奮戦ぶりは、今だに語り草になっている。一途な、意地のあるヒトだった。あたしはそういう彼女が好きだった。

人間なんて、意地のある、なしで決まってしまうもの。自分にどれくらい高い値札を付けられるか、でさ。意地のある女、ちょっとムリしてる女、ウソでもいいから、いい女ぶりで生きようとしている女――ああ、郡山さんもあたしもズイブンと「可愛いい女」だわ。いわばその可愛いさで、あたしたちつながっていたんだなぁと今おもう。

むろん、違いはあった。ある時あることから、あたしは最小限必要な意地だけ残して、その他のなくてもすむと思える意地は捨ててしまった。目にモノなんて見せなくていい、時にアホでいい、ミーハーでいいと心に決めた。

難破船が積荷を捨てるように、あたしは過剰な自尊心や、ひたむきさを捨てたのね。美徳も過ぎれば悪徳なんだと知った時から少しずつ……。

以来、なるべく他人《ひと》から期待されないように、気をつけて生きている。なまじファンなんて持つと、ファンの分まで生きなきゃならないハメに陥りそうで、それが怖い。律気な人ほどそうなりがちで、熱演につぐ熱演の果てにみんなが賞めてくれる「立派さ」は、しかし当人にとっての「不幸」だわ。

人間のエネルギーには限りがあるもの。いい男と、闘いの、その両方が欲しいのに、とかく大義の前には「私」を殺しがちで、気がついたら〝清く正しく美しく〟反権力バッカリ印で生きていた、ナァーンであたしはイヤだ。

そんな風に警戒するのは、実はひと一倍いい女ぶりたい気持ちがあるからで、その弱点に気づいた時から、当たり前の女になろうと心に決めた。

郡山さん、あなたやあたしみたいな女は、あたり前の女になろうとしたって、なり切れるハズのない、そういう〝生れつき〟だったんだから、ダリアみたいな明るさで、安心して当たり前の女を目指してもよかったんだよ。

郡山さんは反権力のヒトだった、と人はいう。それに異存はないけれど、彼女みたいに美しい人が、浮いた噂ひとつなく、身も心も「清く正しく美しく」最後まで生き抜いたという、その立派さがせつなくて……


人生、なにごとにも「その時」がある。生き時があって、死に時がある。

もう死んでもいい人間の鼻にクダをさし込んで、ムリヤリ生かしてしまう。そんな非人間的な世の中に尻をまくって決然と、あなたは自らに死を選びとった――。

郡山さん、「死に時」に見事に死んで、最後まであなたは〝キマッテ〟いたね。だけどあたしはそれが悲しい。キメなくていい、ただ生きてるんでいいから、もう少し生きていて欲しかった。

今はただ、ホロホロと悲しいだけだ。

［「婦人民主新聞」一九八三年一〇月七日号］

# この星は私の星じゃない

家族のことを思う時、まず浮かぶのは母のことです。なかでも弟の結婚式の時のことね、あの時の母は、なんかスゴカッタなぁ。

その日は朝起きたらひどい気分で。結婚式に出席するための用意はできていたけれど、なんだか行きたくないなぁ。たぶん無理だとは思うが相談するだけはしてみようと、母に電話をかけてみた。

「もしもし、お母さん？　私、なんか起きたら気分が悪くって……」。と、そこまでいったらたったひとこと、「もっと早くわかれば、料理が一人前ムダにならなかったのに！」。そういって、ガチャンと彼女は電話を切った。

アレいや、ちよっと待ってよ。私はあせった。弟の結婚式だよ、いいのか。自分がいい出したくせに、なんだか心配になっちゃって……。

一事が万事、そんな感じの母だった。

私の家は、私がこどもの頃は魚屋で、中学生の頃には町の小さな料理屋へと変身。私は二七歳になるまでお茶などを習いながらぼーっと家事手伝いをしていた。絣《かすり》の着物を着て、もうノンベンダラリと、ね。

「早くお嫁に行け」とか一度として、いわれたことがなかった。だいたい「結婚なんて、しなければしないでもいい」というのが母の口癖で。といって、「手に職をもちなさい」ともいわれなかった。父は母以上にナァーンにもいわない男で、そもそも子どもに関心をもっていたのかしらねぇ。四、五〇代は女剣劇のファンで、それ以降は釣が生きがいの人だった。

親からなにもいわれなかったのは他の兄弟もおんなじ。そのせいかしら、四人の子どもは誰一人として大学に行かなかった。もう、勉学心も向上心も希薄な家族で。

自分の結婚式を身内からドタキャンされたら、普通は誰でもアタマに来るよね。でも弟は不機嫌になることもなく、私たちはそのあとも何事もない感じで付き合っていた。我が家のあの、なにがあっても何事もない感じで流れていった時間。あれはいったい何だったのか。

私の受けた性的虐待。家族はそれを全員知っていた。しかしその後の長い年月誰ひとりとして、私にそのことを思い出させるような振る舞いをしなかった。ただの一度も。もしかしたら私の家族にはいつも、今という時間しか流れていなかったのかもしれない。

二三歳の時、メキシコでこどもを産んだ。混血のこどもだった。

「ぜったいにそれいじょううんではだめだよ」と一行だけ書かれた手紙が来た。まるで就学前のこどもが書いたような字で。それは母が書いた、生涯でただ一通の手紙となった。

未婚で産んだその子が三歳になった時、私は日本に戻った。

空港で天然パーマの息子を一目見て、「この子は私が誰かわかったんだよ、目が会ったらニコッと笑ったもの」。そう母は手放しで喜んだ。そしてその二週間後には町内会主催の旅行に、その孫を連れてイソイソと出かけた。

毛色の変わった、日本語のまったく喋れない孫の出現。町内の人々はさぞかし驚いたことだろう。未婚の娘と混血の孫。興味シンシンで聞いてくる人達に、いったい母はどんなふうに答えたのだろうか。

母からも誰からも、こどものことでなにか嫌なことをいわれたことなんて、一度としてなかった。それどころか、みんな争うように息子を可愛がってくれた。、その様子は気遣《きづか》いでも配慮でもなかった。

でも考えたら私のほうも、家族が自分になにかいうのではないかと心配したことなんて、一度もなかったわ。ただの一度も。

「田中サンがうらやましい」と、よくいわれる。まあァね。精神科医の斉藤学さんにもいわれたもの。「あなたは親から安心をたくさんもらって、大きくなった人ですね」と。

そうかもしれない。でも、そっけない家族だったのよ。家族の誰かと電話で長話したことなんて一度もないわ。私が母に電話をかけるんだって、年に五、六回。それも用件のみ話してガチャンの電話だった。

先日も患者と話していて、へーっと思った。四〇代前半のその人は、久しぶりに母や姉と食事をしたのね。そしたらみんな食べるのが早くって、それに無理に合せたために、壊さないでもいい胃腸を壊してしまったんだそうな。

家族に対して、いまだにそんな気遣いをするなんて、雀百までだね。どんなふうに躾《しつけ》られたか、想像がつく。大変だなぁ、普通の家に生まれると。とはいっても、私が苦労しなかったわけじゃないのよ。

私の大変は、世間に出てから始まった。なんせ思ったままを口にしても、ほとんどお咎《とが》めなしの家に育ったでしょ。それだから自分に都合の悪いことは黙ってやり過ごすとか、まわりの風向きを見て口をひらくとかの才覚が、まったく身に付いてない。いまだにそうよ。

鳴かない雉《きじ》は撃たれない。出ない杭なら打たれない。それなのに……。まわりの色にうまく溶け込むという才覚に欠けていると、あなた、この国ではどんなに生き難いか……。

「この星は、私の星じゃない」と、若い頃はしょっちゅう、しょっちゅう思っていた。同世代の人たちが欲しがったりキヤァキヤァいうようなことには、ほとんど興味が持てなかったし。もう、違和感イッパイの青春だった。

自分がいったいなにを求めているのか、それが自分でもよくわからない。周りは、「女」をやってる女ばかりで、あんなふうになりたいという手本はどこにもなかった。女性誌がいうように、王子様を見つければ幸せになれるのかとも思った。しかし男のつまらない話にかわいらしく相槌を打って手にした幸せは、握った途端に色褪《あ》せた。

あんな魅惑的な肢体なら、男はよりどりみどりであるはずのブリジット・バルドー（当時人気のあったフランスの女優です）。彼女がある時自殺を図った。ふーん、彼女でも死にたくなる時があるんだ。少し心が軽くなった。

確か一九六九年末の新左翼の集会だったと思うが、リブとして初めてのビラをまいた。革命家きどりの男たちが使うような難しい言葉を、ところどころにはさんでのビラだったが、いいたかったことは「生き難い女、この指とーまれ」ってこと。ビラを求めて、どどーっと女たちが駆け寄ってきた。大当たりよ。やっぱり、ほかの女たちも息苦しかったんだ……。

それからは女同士手をつないで、徐々に点から面になれて、「この星は、私の星じゃない」と思うことも少なくなっていったけれど……。今でもふと、そんなふうに感じる私がいる。

最近もこんなことが。むかし頑張った人たちが集まって、楽しく語って踊るリブの同窓会のような集まり、それをビデオで見たのね。……なぜかしら、違和感で、よるべなく立ちすくむ私がいるのです。そんなふうにしたがる気持が、私にはわからない。

差別に苦しんだ。〝女は純潔〟の神話に呪縛され、〈他の女たちはまだ正札さえ付けてないのに、自分だけディスカウント台に載っている〉という物語を作ってしまった私。しかし、それも今は昔の物語。呪縛から解かれたら少しずつ、少しずつ自分が好きになっていって……やがて他と違う自分、すなわち〝区別〟に苦しんでいる〈私〉に気がついた。

格別用事もないのに、一日に何度も家族に電話する人たちが、私にはわからない。しかも自分が本当に思っていることは決して口にしないで、妻をやり母をやり娘をやり友人をやり恋人をやっている人たちが、私にはわからない。その映画に行きたかったけど、旅行に行きたかったけどと、いつもケド、ケドいってる人が、私にはわからない。生きるというのは今だけのことで、明日どころか、次の一瞬だってわからないのに、他人にどう思われるかということばかり気にしてる人が、私にはわからない。街路樹だって雑草だってその人よりは遥かに自然なのに、そういうものには目もくれずに、「東京には自然がない」とつぶやいてる人が、私にはわからない。会うと、「あら、お話したかったのよ」と毎回ニコやかにいう人が、私にはわからない。

わからないことだらけの世界で、いまだって途方に暮れているのに、そんな様子を見せることなく、笑ってる私がわからない。

（書き下ろし）

# トラウマのせいだと思ってしまって……

昔のことです。私はバスを待って、本郷赤門前の停留所にたたずんでいた。うぅー、さむっ。侘《わび》しくなるような、寒い冬の午後で……。

と、見知らぬ女が突然話しかけてきた。見れば、毛糸の帽子をかぶった中年女性で、「なにかご心配なことでもおありですか」って。む、む……、ヘンなやつ。出来るかぎりそっけなく、「いいえ」と答えたところで、バスが来た。女はあわてて手提げ袋から一枚紙を取り出して、「お困りの時は、ここに電話を……」と。それを無視して、私はバスに乗り込んだ。

あれは明らかに宗教の勧誘だった。私を見てすぐに、「あぁ、この女は悩みを抱えているな」と感じたのね。暗い青春だったからなぁ。若い頃の私は、ほんとに半端じゃなく暗かったのよ。

トイレに新聞を持って入っても、「女の癖に！」と叱られることはなかった。「読んだらチャンと持って出てきなさい」といわれた。そういう家で育つと、世の中に出てからが大変なのよ。という話をしたが、大変と暗いは同じではない。私の青春が暗かったのは、今から思えばからだね、からだのせいだった。

とにかくからだが悪かった。中学生の時にはすでに駅の階段がきつかったし、高校を卒業する頃には、いつも腰から下が異様にだるかった。

その頃からたぶん私は慢性腎炎だったのだろう。

「お前って娘《こ》は、今日こそ具合がいいっていう日がないんだね」と母によくいわれた。だるい、疲れやすい、心が暗い。この三点セットに、一〇代から三〇代くらいまで、いや、時々は四〇代になってからも、私は苦しめられ続けた。

今だって疲れると、途端にパタッとやる気も意欲もなくなって、死んだ玉虫のようになる。厭世観に打ちのめされ、暗闇の一点を見つめて……。ああすればよかった、あんなバカなことをしてしまって……と心が悔やみ始めるのです。

疲れてくるときまってそうなる。でも大丈夫、心が暗いのからだのせいだと今はわかっているから。クヨクヨ悩む代わりに仕事を減らす、半身浴をする、早く寝る。それでもダメな時は「ミッチャン、明日は生きてないかもしれないんだよ」と。これは私特製の呪文です。

毎日の新聞を見ればわかる。地震に津波に台風に交通事故と、死ぬ理由にはこと欠かない。若かろうと元気だろうと、人間、死ぬ時には死ぬ。誰にとってもいのちは今だけ、生きているとは今だけのことです。

そうであるなら、過ぎ去った過去や、まだ来ない未来に悩むより、いまのこの一瞬の風を味わう。少しの間目を閉じて、猫のヤマちゃんと一緒に極楽から吹いてきたこの風に、身をゆだねよう。あぁ気持いい。（ウチはリバーサイドのマンションで海も近いからいい風が入ってくるのです。）

そんなふうに呼吸が深くなるような時間を持つ。そうすると不思議なことに、気分が良くなってくる。

「ああなるのでは、こうなるのでは……」の不安が収まってくるのです。

私たちの脳は、本当のことと嘘の区別がつかない。ピンクの風に吹かれて〝この今が幸せ〟と思えば、脳は「そうか」と思って身心に効く快楽ホルモンを出してくれる。自律神経も整う。そこで再び眠る、半身浴をすると、今度はしっかりと効いて、からだが私を支えてくれる。

体調がいい時には思わないことを、悪くなると思い始めるということがわかったのは、だいたいいつも体調がいいという状態になってからです。トイレに長くいると、匂いがわからなくなるでしょ。あれと同じで、いつも悪い体調だと、そのために暗いんだということが、金輪際わからない。

体調は最悪、しかも心とからだはまったく別のものだと思っていた若い頃の私。それゆえ、気持ちが暗いのはひとえに心に問題がある、すなわちトラウマのせいだと、ひたすら思い込んでしまって……。

小さい時に性的虐待をうけたせいだ。そして母がそういう私をちゃんと受け止めてくれなかったせいだ。そう思い込んだ。すべては成育歴のなせるワザだ、と。

あの時母は、男を呼んで激しく怒った。それでも気持ちが収まらず、男の父親も呼んで怒った。性的虐待を受けたという事が、娘の恥になるなんて、思ってもみない。悪いやつは十分に懲らしめたから、さぁまた外で元気に遊んでおいで。そういう気持ちでいたから、私がどんなに鬱々《うつうつ》としてる時でも、余計な気遣いはまったくしなかった。それっていわばベストの対応だったと思うのね。にもかかわらずそれが私のトラウマとなった。

私は男との「遊び」が、楽しかった。だから母にも教えてあげようと、耳元でコチョコチョと囁《ささや》いたら……。実はそれはとってもいけないことで、母があんなに怒るほどいけないことで、それが楽しかったなんて、私はなんて悪い子どもなんだろう。そう思ったのが、「私」という物語の始まり。

人はみな自分の物語を生きている。それは自分で作ったストーリーなんだということも知らないで。

私たちは過去の出来事を全て覚えているわけではない。記憶は嘘をつくのです。

自分を過剰に責める者は、同時に他人をも過剰に責める。だから「親がああだったから、こうだったから、私はこうなってしまって……」というトラウマの多くは、自分を過剰に責めることをやめれば、自然にいい塩梅に収まっていく。幸せな現在は、幸せな過去を捏造《ねつぞう》するのよ。

——店のカーテンのうしろで、配膳婦会のお姐さん（宴会の料理を運ぶ女性）とお客が抱き合っている。そこへツツーと近づいて、「ウチは、クライマックスはやりませんからっ！」と、パーッとカーテンをあけてしまった母。いま思い出すのは、彼女のそんな姿ばかりです。

母も父も貧乏人の出で、二人揃って幼いときには食べるものにも事欠くような生活だったとか。「四百四病の病より貧ほどつらいものはない」というのが母の口癖で。とにかく貧乏にはなりたくない、だからみんなで一生懸命働く。単純明快、唯一絶対の、それが我が家の処世術だった。

私は二七歳で実家の手伝いからトンズラした。しかし私以外の子どもは全員、親が亡くなるまでずーっと家業を手伝っていた。そのご褒美に、彼らは店があった本郷通り沿いに、小さな家を一軒ずつ建ててもらった。そして人はいいけれど、自立心の弱い人間に育った。

母が亡くなった後で、「おかぁさんが離婚したほうがいいといったから、私は離婚したのよ」と、姉が恨みがましい口調で言った。えぇーっ、あなただって離婚したがってたじゃないの。弟は弟で、「勉強してると、いつもおかぁさんがお使いを頼むので、それで僕は勉強のできない子になってしまった」と。これまたえぇーっ。あなた、いつ勉強してたの。

当時二人は五六と五〇ちょうど。そんな歳の人間が二人して、「おかぁさんのせいで……」と言い出すなんて。

人間関係はデコとボコです。思うにデコがデコで、ボコがボコだったから、相手もデコだったりボコだったりしたんじゃないの。私は一人で思うままに生きたかった。そういうふうに生きるほうが、人生まだしもラクだと思った。一方他の兄弟たちは母の羽の下で、世の風に当たらずに生きるほうがラクだと思った。だからそのような道を選んだんじゃないのだろうか、それなのに……。

時間までに法事の料理をお寺に届けるんで、もう戦争みたいになってるところに私が現れても、「少しは手伝いなさい」と母は一度もいわなかった。この子はもう鍼灸の道に進んでるんだから……という気持ちだったんだろう。そして私の治療をうければ、母も父も必ず正規の治療代を払ってくれた。

ある時、母が遺産相続から私をはずしていると知って、驚いた姉が訳を尋ねた。「あの娘《こ》は家の仕事にはなんの貢献もしてないから」、彼女はそうキッパリ答えたそうだ。あぁ、なんてクールで素敵な母だろう。私は心の底からそう思った。

いいものを両手に握ろうと思ってはいけない。私の兄弟たちはヌクヌクも欲しかったし、自由も欲しかったのだろう。だから、虻蜂取らずになってしまった。こっちのお菓子も、あっちのお菓子も両方握っていいのは、子どもだけです。大人がそれをやれば、一生が子どものままで終わってしまう。

いい年をして、「おかぁさんのせいで……」と嘆きたくなければ、ヌクヌクがいい人は、ヌクヌクがもたらす良きものも悪しきものも、しっかり自分に引き受けて生きていくしかないようです。それができれば、ヌクヌク人生を生きてたって、自分の足で立つこともできる。

去年の秋、都心にあるホテルのランチに姉を誘った。お手頃値段のマツタケご飯。マツタケの風味なんてまったくないソレをいただいた後、お庭を散策。アラまっ、道に敷きつめたように椎の実が。上からもパラパラ、パラパラ落ちてくる。

こどもの頃、近くのお寺で三〇分捜してやっと一粒見つけた椎の実が、こんなにたくさん！　姉と私はスグに拾い始めた。拾って拾って拾って、一時間以上も拾って、あぁ腰が痛いわねぇ。知らない人が見たら、まったくもって女二人のホームレスよ。いくつになっても椎の実に夢中になれるって、私たち、やっぱりあのウチの子だわねぇ。

この何年かしっくりいかなくなっていた姉との関係。その心のこだわりが椎の実で解けた。

姉が死んだら……。この「椎の実拾い」を思い出して、私はしみじみと泣くだろう。そして気がすむまで泣いたら、姉の箪笥を開ける。そこには姉が一人占めしてしまった母の着物がゴッソリと入っている。そこから一枚だけ母の形見を頂戴して帰ろう。そう今から思っている。

……でも「椎の実拾い」を思い出して泣くのは、姉なのか、私なのか、今はまだわからない。

（書き下ろし）

# 天からのご褒美

いまさら江戸っ子云々はどうかと思うのよ。でも、「江戸っ子のせいか、私って結構見栄《みえ》っぱりなのよ」と言うと、他人《ひと》はスグに頷《うなづ》いてくれる。知らない人にも、気っぷがいいと思われたい。外国に行っても、いいかんじのレストランだと余計にチップを置きたくて、そうしたくない友達と低い声で言い争ったりする。

ケチだと思われたくないという、ケチな心根は相変わらず。なのにこの頃はなにか食べに行くと、残さずに食べられるだけのものを頼もうと思うのね。先日も女友達七人と食べに行って、多すぎず少なすぎずの量を頼んだら、一人三〇〇〇円ですんだ。銀座四丁目のお店でよ。梅酒を入れてその値段だった。おいしかったし、おなかも適当にイッパイになって、もう大満足。

飽食したくない。飢えで死んでいく子どもが世界中に何百万人もいるのに、食べ散らかして席をたつのは美しくない。いったいどうしたらそういう子どもたちを救えるのだろう。アフガンで井戸を掘ってるグループに送るお金をためている。その程度のことしかできない私だからせめて、彼らを決して忘れないという自分でありたい。そうでないと、だんだん自分で自分が信じられなくなっていくもの。

人間、目が死んだら終わりよ。エリートだろうとセレブだろうと。たぶん、目はいろいろな理由で死ぬのだろう。自分で自分が信じられなくなったら、目も死ぬのかしら。いや、信じられない自分なのに、そのことに気づかない。気づいても開き直っていくうちに、だんだんと死んでいくのだろう。

目が死ぬのは人間だけとは限らない。差別にうるさい新聞社。でもいったいそこには何人の女性部長がいるのだろうか。それを考えるとどの新聞社の目も、すでに半分くらい死んでるような気がするわ。

私が入っているフェミニストたちのMLに、よく学者や研究者が情報を送ってくる。中には長い長い文章なのに一切行変えがないものもあって、もう読んでると目が痛くなってしまう。学者同士だと、あいう文章は気にならないのだろうか。読む人のつらさに鈍感な人たちは、いったいどんな目をしているのだろう。

さて、私の母は色白、たれ目で、ふっくらした顔。しょっちゅう「色の白いは七難隠す」といっていた。色が黒くてニキビがよくできた娘の前でも、平気でそういっていた。

笑うといたずらっぽく目が輝いた。八四歳で死んだ。お通夜に三〇〇人くらいの人が来てくれた。小さな料理屋の女将《おかみ》に三〇〇人は多いと町の人は噂した。

その夜ひと通りのことが終わって、家族は居間に集まった。父がつぶやいた。「俺の時には、こんなには来ないだろう」。みな笑いをこらえた。

四十九日の席で兄が立って、「また一周忌にはよろしくお願いいたします」と頭を下げたら、間髪いれずに「お後も控えております」と、父がいった。この時はこらえきれずに、みな笑った。

若い時の母は、父の悪口をいい続けた。それを聞かされるのが、イヤだったなぁ。口でかなわない父は、時たま暴力をふるった。当然だが、母にはそれが許しがたいことだった。「外面《そとづら》ばかりよくて……」とはき捨てるようにいっていたっけ。

亀吉という名前から、「仏の亀さん」といわれることもあった父は、外ではおとなしい男だった。おとなしくて気が弱い。人前でものをいうのが苦手で、町内での役職は町会の副会長、防犯協会の副会長と副の付くものばかりだった。

五〇代くらいまでは、よく休みの日に上野の鈴本に落語を聞きにいったり、浅草の女剣戟に行っていた。「大江美智子」という人のファンで、母からよく「低俗なんだから！」とののしられていた。

六〇くらいからは、釣堀の行くのが趣味に。たまに遠出もしたが、釣ってくるのはたいてい鮒《ふな》だった。「川魚なんて気持ち悪い！」と、これまた母にいわれていた。

横暴で腑《ふ》がいない男。そして、何年も前に蹴飛ばされてできた目の上の傷跡を、夫の悪事の決定的な証拠として、繰り返し他人《ひと》にみせる女。この二人はもうゼッタイに、死ぬまで修復困難な間柄だ、それ以上でも以下でもないと長い間思っていた。

突然大量に下血して母が倒れたのは八〇歳の時で、大腸癌だった。しかも肝硬変も患っていて、医者いわく、「生還の可能性は一五％くらいですが、その可能性に賭けて手術をやりましょう」。私たちは「そ、そうですか」と、半ば仕方なく手術に同意した。

もうこれで、母もいよいよ終わりか……。と、みんな思った。ところがどっこい、口から、鼻から、気管からクダをぶら下げて、意識混濁のまま四ヶ月間集中治療室で過ごした果てに、母は無事生還した。

意識を取り戻したと思ったら、一日中手鏡を覗いては「あぁーあ、ブスになっちゃつた」と。もう、それればっかりよ。前からだいたいそんな顔だったわよ。そういくらいっても、「うぅん、うぅん」と首を振る。

そんなある日、姉がびっくりした顔で「あなた、おかぁさんって再婚だったのよ」と教えてくれた。再婚?! 母は二四歳で父と結婚した。昔にしては晩婚だと思っていたが。そうか、再婚だったのかぁ……。それを今の今まで、隠していたなんて。

なんでも夫婦はSEXするという事を知らなくて、驚いて逃げ帰ってきてしまったのだそうな。ホンマかいな。実の母親とは早くに死に別れていたから、誰にも教えられることなくお嫁に行ったってことかしら。「相手はどんな人だったの?」って聞いたら、ひとこと、「やさしい人だったよ」と母は答えた。

最大のサプライズはしかしこのことではない。確か意識が半分戻って、鼻や気管からクダが取り去られた頃よ。朝の七時でまだ早いのに、「お父さん、お父さん」と、母がしきりに呼ぶのね。急いで父に連絡、なにごとかと彼は大慌てて駆けつけた。

病室に父がたどり着くや否や、目を半眼にして、母は叫んだ。抱いてぇえ！、抱いてぇえ！　喉に長らくクダが入っていたから、普通の声じゃない。映画「スターウォーズ」に登場する、あの暗黒の帝王のようなくぐもった奇妙な声で、抱いてぇえ！、抱いてぇえ！　そうひたすら母は叫ぶのです。

ただでさえ気の弱い父は、「お前な、ここはそういうことは……、ちょつと……、いや、それは……」と、しどろもどろであっちにヨロヨロ、こっちにヨロヨロ。私は私で驚ろいたらいいのか、笑ったらいいのか。あれほどの動転は、もう生涯二度と起こるまい。そう今から断言できちゃうほどの体験だった。

そのことがあってからよ、父が別人のようになったのは。縦のものを横にもしない明治男が、母の汚れ物をホイホイ洗って干して畳んで病院まで持っていく。数ヵ月後に母が退院してからは、部屋やトイレの掃除も彼が引き受けた。

「お父さんはね、私が死んだら、俺も死ぬって言うんだよ」嬉しそうにいう母は、まるで小娘のようだった。

その二年半後に、母は亡くなった。亡くなる二ヶ月前に、私は二人を連れて花見に行った。歩かないですむように、両国から船で隅田川沿いの桜を見るという計画。船に乗るまでの道に、少し段差が。先に歩いてた父は、段差のあるところで必ず待っていて、「気をつけろよ」と低い声で母に囁やいた。わぁ小津安二郎してる、と私は思った。

その父も、母が死んでから一年後に亡くなった。つまり母は、父に看取られて亡くなり、その父は、母に呼ばれるように亡くなったわけね。戒名の代わりに、〈大きな自分も、小さな自分も余さず生きて、最後に天からご褒美をもらった人〉と、書いてあげたいと思った。私の心の中ではそうよ。そんなふうに書かれた墓碑の下で、母は静かに眠っている。

それからまた月日が経って、母がもっとも可愛がっていた末の弟が突然亡くなった。病んだ妻のひどくなっていくばかりの妄想に、耐え切れなくなっての自殺だった。

彼が営んでいた小さな飲食店の醤油さしをあけたら、虫が二匹浮いていた。それを見た時、死を選んだ弟の気持ちが、私の中にストンと落ちた。かっちゃん、よくいままで頑張ったね……。

もう遅いけど、弟のそばに居ようと、居たいと思って、彼の隣に墓地を買った。

ウチみたいなノンキな家族からも、あんたみたいに死ぬ人が出るんだね。明日は誰にもわからない。だから私はあなたの分まで、この今を生きてやる。もうカラ元気も動員して、イェーィ！　ってね。

（書き下ろし）

## ●ゲストの日記

### 仕事して『マツケンサンバ』！仕事して『PTU』！──の日々

◎二月十四日（月）

金・土・日と働いて、今日から木曜日まではお休み。つまりウチは週休四日制の治療院です。それというのも、たいした人数やるわけじゃないのに、一人の患者にかける時間が長いために、スタッフは八時間労働、でもオーナーで鍼灸師の私はしばしば一二時間労働になってしまう。もう、週休四日じゃないと身が持たない。案の上今朝は起きたらヨレヨレで。愛用している「健祥桑梅品《けんしょうそうばいほん》」をお茶に溶いて飲み、WOWOW見ながら、自分の体にハリを打つ。三時にやまかけ蕎麦を作って食べる。終日ぼーっ。誰とも会わず話さず。一〇時に就寝。

◎二月十五日（火）

ほっ、一晩寝たら元気に。もともと慢性腎炎だから、頑強なほうじゃない。でも回復力はいいみたい。風邪をひいても大抵数時間で治ってしまう。若い時は温泉好きだったのに、なんだか年々体育会系になっていくような。

七時PMから、友人五人と『マツケンサンバ』の練習だ。三月八日に東京ドームで「マツケンサンバで盆踊り」ふうの催しがある。神田すずらん通りの古書店「キントキ文庫」の若きオーナーYが一番熱心。彼女の指導で二時間踊る。足でサンバのリズムが掴めれば、こっちのもんね。帰りにTさんからコミック『笑う大天使』を借りる。

◎二月十六日（水）

朝から治療着やタオル・シーツの洗濯、アイロン掛けに励む。そういった仕事をやるスタッフが一二月で辞めた。困ったな。でも、困った時にはまず落ち着こう。で、自分でやることにしたら、アイロン掛けが好きになった。同じ動作を無心に繰り返すせいか、あれってケッコー瞑想的。

さて午後はパンドラ配給の『PTU』の試写会に。『エルミタージュ幻想』や『美しい夏キリシマ』といった名作の配給元パンドラ。

なんと今回は香港ネオ・ノワールの旗手、ジョニー・トーの作品で、第五四回ベルリン国際映画祭に正式出品されたものだ。バナナの皮にすってんころりんして拳銃を紛失した警官に、機動隊隊長や黒社会の面々が絡んで話が進む。ジワジワと高まっていく緊張、それが最後に一挙に弾けて――。もう男の匂いむんむん。主役のマッチョな警官なんて絶対好きになれないタイプ。でも「人間らしいって猥《わい》雑なことなのね」と妙に納得。夜は友人と待ち合わせて銀座のお蕎麦屋さんに。鴨南蛮が美味。

◎二月十七日（木）

月に一回治療所で開く講座の日。一一時過ぎに詩人で写真家の野寺夕子さんが京都からみえる。実はいま、治療所の廊下や壁には、彼女の作った花のポストカード一二五〇枚が飾られている。「それだけのカードを使って自由に作品を創り展示する」という催しに私らも参加。先週の土曜日、総勢一二名が延べ二〇時間かけて貼って、貼って、貼りまくって、「微熱花暦――いのちの花園」を仕上げた。大変だった。でもいま治療所はお伽の国の入り口みたい。

昼間は「東洋医学」を、夜は「イメージトレーニング」を教える。食べるヒマがなくて、半断食状態で一日が終わる。

◎二月十八日（金）

朝九時から治療所の掃除、九時四五分にスタッフが来て、一〇時から治療を始める。スタッフの宮下さんは気功の係。といっても、治療台を整え、光線器を操作し、お茶を作って魔法瓶に入れ、電話に出て、洗濯物を干したり取り込んだりと、まるでくの一か、千手観音かといった働きぶり。スタッフに何の不満もないって、なんてシアワセなことだろう。せめておいしい昼食を食べてもらおう。ご飯作りは私の仕事。生家が仕出し料理屋だったので、料理だけは手早いのよ。治療の合間にキャベツとエリンギ、豚ひき肉のトマトスープ、肉じゃがを作り、いわしの丸干しを焼く。

◎二月十九日（土）

きょうは山梨、静岡、石川県は能登から患者が。岐阜、名古屋、大阪、和歌山、それに沖縄の粟国島から来る人もいる。

考えれば、いや、考えるまでもなく本当にありがたい。五年一〇年と来てくれてる人も多く、中には二〇年近く通って来てくれてる人もいて、もう家族同然だ。こんなやりがいのある仕事は他にない、「これぞ天職」と信ずる一方で、時にやりがいが有りすぎるのも困ったもんだ、と。頼って来てくれる人のために、自分の羽（生命エネルギー）の最後の一枚まで、私は使い果たしてしまうのではないか。鍼灸師は、とかく早死になのよ。「お通」じゃないが、抜いても抜いても生えてくる羽が、欲しい。

今日の昼食――ぶりと大根の煮物、ヒヨコ豆と牛蒡のサラダ、昨日のトマトスープの残り。

◎二月二十日（日）

今日のスタッフの鏡さんも、千手観音タイプ。実によく働いてくれる。計一二人のスタッフは、実は何年も来てる患者で、いわば患者のプロがスタッフに。それゆえ痒いところに手が届くような対応をしてくれる。で、私は安心して、ただ一心にハリを打つ。

人の身体は小宇宙。ものすごーく奥が深いし、面白い。昨日も今日もその面白さに引きずり込まれて、一二時間を超える労働だ。遊びをせんとや、生まれけむ。よく働くためには、よく遊ばなくちゃ。サンバを踊ったり、年間五〇本以上の映画を見る気力、体力がある限り、なんとか頑張れるかと。昼食は菜の花、にんじん、鳥のひき肉、ユズを使った散らし寿司、魚のアラの澄まし汁。

（『ダカーポ』二〇〇五年四月六日）

# 4章 馬にニンジン、人には慰め

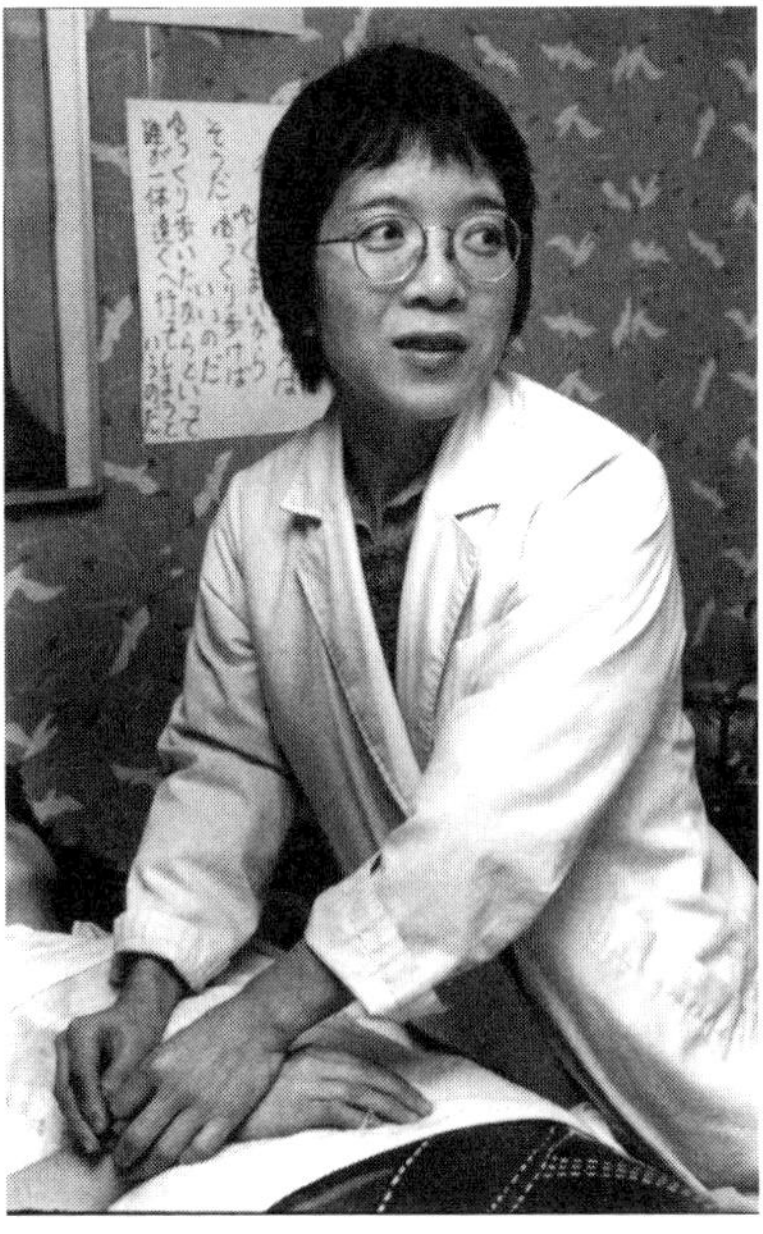

鍼灸師になってまもなくの私。

へェ、あの頃は白衣を着てたんだ。

ずーっと今みたいにエプロンだと思っていたが。

壁に貼ってある紙に沢木耕太郎さんの言葉が。

だいたいこんな意味の言葉だった。

「疲れたら休め、休んだからといって、一体誰が遠くに行ってしまうというのだ。」（40歳）

# デモにも温泉にも行ってもらいたい

## 映画「ナヌムの家Ⅰ」をめぐって

## ビョン・ヨンジュ・田中美津

**ビョン** わたしは、表面上はすぐに友だちになれそうにみえるようなのですが、実は誰かと親しくなるのにエネルギーを使うんです。ハルモニたちの方も最初はわたしを拒否してました。

だから部屋のスミに座って、ただじーっと見ているだけでした。そんな中で、自分への視線が変化したんじゃないかと思っています。

韓国語のタイトルは〈低いつぶやき〉という意味なのですが、つぶやくというよりも、この作品の中でわたしは声を出さないようにしました。何も語れない、その中で変わっていったと思います。

取材する時に彼女たちに徹底的に依存してしまう自分があって、彼女たちは過去の偉い人じゃないし、独立運動で有名な柳寛順《ユガンスン》でもない。博物館にかかっている被害者の写真であってもいけないと思いながら映画を撮りました。

**田中** 人々がどんな顔をし、どんなものを食べ、どこもとどんなふうに歩いているかを知るのが私は好き。だから、〈従軍慰安婦〉という抽象的な、いわば記号化されている存在に対して、生きてそこにいる人間としてとらえ、その全体像をちゃんと見せてくれたという点で、この映画はすごくよかった。

そう思わせてくれた一番の原因は、見え隠れする笑いや、ハルモニたちの欲望の健やかさです。ほら、死にたいからって洋服もいらないし、いい生活もいらないっていいながら、最後にはいい生活も洋服も欲しいといい出すおばあさんとか、ボケてる他人をダシにして、「この人がおカネが欲しいといってる」といったりね。歌を歌っていると「インポテンツがどうの」とかいう歌になっちゃうし。

「やもめを連れてこい」っていうところなんておかしいよね。またそれを止める人、「撮られてるよ」っていう人がいたり。見え隠れする笑い、もう隣にいる、いまここで生きてる人っていう感じがしたわ。

　聖なる存在にならずに、〝生身の人間としての欲望の健やかさ〟が、そのまま出てて、ヘンな話だけど「これってホントのドキュメントなんだ」って思った。だって監督の主義主張のために現実を貼り合わせたりしてないもの。ハルモニたちの、淡々とした中におかしみの漂う日常。それがチャンと出ていて、そこがすごくいい。

**ビョン**　〈忘年会〉の場面でカン・ドッキョン・ハルモニがパク・トゥリ・ハルモニの歌をとめてしまう。その歌い切れなかった後半の部分を実は撮りたかった。それは誰々には水一杯とか歌うんだけど、「わたしには男やもめをワントラック積んでこい」っていう歌。でも、それを歌うとみんながキッとなるんです。

　慰安婦だった人々、一日に二、三十人から性暴力を受けたその人たちがカミング・アウトしたら、その人たちは自分たちにとって、聖なる存在であって欲しいと人々は思うわけです。でも、この人たちは聖母マリアじゃない、この人たちはおカネも欲しいし、寂しくてたまらない。もし生まれ変わるとしたら、男に尽くして良妻賢母として生きたい人かもしれない。だとしたら、わたしたちはそれをありのままにすべて見て、心を痛めなければならないと思いました。

**田中**　最初、恥ずかしいといっていた人が、デモに出ていく場面があるでしょ。「あっ、目ざめてデモに行くんだ、ステキだな」って思う人も多いだろうけど、私ね、デモに出ることもステキだけど、あの人たちにデモにばっかり行く生活ではなくて、デモに行ったり温泉に行ったりする生活をしてもらいたいな。「ハルモニ、寒い時にはデモに出なくていいよ。温泉に行ってよ」ってね。

健やかな欲望を持って、〝いま〟を生きてる人たちなんだから、もっとその欲望が満たされるような生活をしてもらいたい。〝過去〟も大事だけど、〝いま〟はもっと大事だもの。

**ビョン**　わたしは自分の中の〝できれば隠して生きたいこと〟について、カミングアウトする人を尊敬しています。ハルモニも五〇年間もその体験を隠してきたわけです。

カミングアウトしたいま、わたしもああいうふうになったかもしれないという人がいますが、わたしはそういう立場には立てませんでした。

五〇年間、胸に痛みと秘密をひとりで抱え込んだ人に安易に自己同化してはいけない、という気持ちが距離感となってあったから、とにかくハルモニたちをひたすら見続けようと思いました。

**田中**　でも、自分が悪いんじゃないのに自分を恥ずかしいと思って、ジッと黙ってた人の気持ち、私はよくわかるわ。私も「なんで私の頭の上にだけ石が落ちてきたんだろう」と二〇年間近くひとりで苦しんできたから。チャイルド・セクシュアル・アビューズのために。

どこにぶつけたらいいかわからない苦しみをため込んで、ため込んで、苦しみがドン底までいったら、ひらき直りというか、「恥ずかしいのは私じゃない、あの男だ」と気がついた。で、「私はチャイルド・セクシュアル・アビューズを受けたことがあります」ってカミングアウトできたの。

そしてウーマンリブ運動をやる中で、チャイルド・セクシュアル・アビューズがあろうとなかろうと、「わたしはわたしよ」って。女に対する世の中の価値観がどうであれ、私は私が一番大切だと気がついていった。

　二七歳でウーマンリブ運動を始めたんだけど、その時まで「友だち」といえるような人がほとんどいなかったのね。クラスメートとか先生の名前なんてほとんど覚えていない。長い間ひたすら暗い世界を彷徨《さまよ》っていたから。

　過去のことをあまり思い出せない人って結構多いみたいだけど、私みたいに小さい時になにか傷ついたことがあるのかも。チャイルド・セクシュアル・アビューズ以外にも、こどもが傷つく理由は山ほどあるから。

　従軍慰安婦問題は第一に日韓の政治問題として解決されるべき問題だと思うけど、「なんで私の頭にだけ石が落ちてきたんだろう」という想いは、政治的決着では癒し切れないものです。

　自分が悪いんじゃないのに、いまだに自分を恥ずかしい存在として感じ続け、肉親やふるさとから遠く離れて生きる女たち。日本の過去の過ちは、そういう大変な人生をたくさんの女たちに与えてしまったのね。

**ビョン**　この映画をどういうふうに見て欲しいと思ったかっていうと、性暴力の被害者の人たちが自分を悲惨だと思いながら、それを話すことができないでいる、そういう人たちがハルモニたちを見て、特別ですごい人々だからカミングアウトしたのではないんだ、ということに気づいてくれたらと。

　傷ついた心は相変わらず苦しいけど、でもああいうふうに生きているんだとわかって、映画を見たら元気になったといってもらえるようなものをつくっていこうと思うようになっていきました。こう思うようになっていったことが、彼女たちから学んだ一番大きなことです。そして、わたし自身をもっと大事にしようと思うようにもなりました。

　でも、また一方では、正直な気持ちですが、道を歩いていて、何の屈託もなくブランドものを着て楽しそうに歩いている女性を見ると、「クソーッ」って思い、彼女たちを引っかき回したいなあと思っています。

この映画についてのレポートを課題にした大学の先生がいて、梨花女子大学って典型的なお嬢さん大学の学生が「もぉぉ、レポート書かなきゃなんないのよぉ」なんていいながら、着飾って入ってきて、終わるとげっそりした表情で帰って行くのを見て、思わずイーと笑っちゃった（笑）。

彼女たちが変わったら、世の中はひっくり返るだろうと思います。だから見て不安になったり自分の人生に疑問を持つような映画をつくりたいと思っています。

**田中**　私は、この映画は人を取り乱させる映画だと思った。〈従軍慰安婦〉と聞くと、日本の心ある人って、もう反射的に、「ああ、悪いことをした」「すみません」とか、すぐ思う（笑）。

同情したり、謝ることで「一件落着」にしようとしたり、また過剰な負い目を持つことで、「私はこの問題をチャンと考えてる」と思いたがったり。

いつの世の中でも、人間っていうのはかわいそうな人を必要としている。でも大勢の男を相手にせねばならない惨めさは、ひとりの男に囲い込まれる惨めさの裏返しにすぎないのだから。

この映画のハルモニたちは、彼女たちを「かわいそうに」と思う人たちを取り乱させるパワーを持っているよね。ハルモニたちと同じ年代の女の人たちの中には、今はもうボケちゃってる人もいる。いい人とかしっかり者とかやってた人ほどボケるという説があるのよ。いい人とかしっかり者っていうのは、いわば世間の価値観を生きてるわけですよね。自分の欲望に気づかず仕舞いで、ボケてしまう人生って悲しい。

ハルモニたちは、すでに充分悲しみを背負ってるけど、お嫁さんに遠慮して「ＮＯ」を「ＹＥＳ」といってしまうような偽りとは無縁です。

あの年で、「ああしたい、こうしたい」と、自分の欲望の在り処を知ってるってすごいことだよ。いわば聖なる存在にならないことで、彼女らは安易な同情を拒絶している。「かわいそうに」を宙に浮かせちゃう。

この映画を見て、私自身はふたつのことで取り乱したわ。ひとつはおカネの問題です。

この映画で、彼女らに対して「何かしなきゃ」って思う人が多いと思うの。私だってそう思ったもの。日本には〝終わりよければすべてよし〟って言葉があるんです。くり返しになるけど、彼女たちに悲しい過去だけではなく、行きたければ温泉にも行ける楽しい現在を生きてもらいたい、という気持ちが私には強烈にあるの。

その場合、カネで解決できる問題って結構多いでしょ。カネがないために寒い部屋ひとつ解決できない。悲しい過去も、暖かい部屋にいるのと寒い部屋にいるのでは、感じ方が違ってくるのよ。

現実とは誰にとっても〝いま〟だけです。でも温泉にも行ける現実を実現するのに、どんなカネでもいいわけじゃない。例の「国民基金[注]」じゃ彼女たちが嫌がるし。でも一方で一日も早く温泉に行ってもらいたくって、どんなカネでもカネはカネとも思うわけです。

残り少ない人生なんだから、生きてて良かったの生活を、できろ限り早く送ってほしいと思うから、カネ問題で勝手にチヂに乱れる私がいるのね。

(注)九五年発足の「女性のためのアジア平和国民基金」は、民間基金を元にして元「慰安婦」に「見舞金」を贈ったため、国家の犯罪を隠蔽するものとして批判された。

**ビョン**　実捺、おカネに関することではもどかしいことが多いです。韓国政府も彼女たちに、支援金を出しているんですね。ちょっと姑息《こそく》と思えるのは、慰安婦だった女性たちには出すことは出すんですけど、表向きには生活保護対象者ということになってる。公的な文書に慰安婦だったって書きたくないんですよ。また、病院では彼女たちを無料で診療している。

クソくらえの政府と思ってますけど、わずかなおカネや援助でもないよりはあった方がいい。ハルモニたちにおカネがあったら、もっと堂々としていられるでしょうね。でも今わたしが心をいためているのは、ハルモニたちを利用しておカネを集められないかと画策している韓国人がいることです。

**田中**　私が取り乱したことの二つ目は、人生の理不尽さに対する問題です。「何で私のアタマにだけ石が落っこちてきたのか」っていう問題ね。あの人にも、隣の娘さんにも落っこちてこなかったのに、なんで、私だけが……って気持ちは、「いま痛い」人間の共通の本音だと思う。

私はもともと人生は理不尽なものだって思っている。この理不尽さを癒すのはカネや謝罪だけでもだめで、彼女らを卑しめないたくさんのまなざしが必要っていうか……。

こういっても、ビョンさんのあの作品を損なうことにならないと思うけど、韓国人がどんなまなざしで彼女らを見ているかという視点が、この映画にもうちょっとあったらって思うんだけど。そうしたら日韓の政治問題を超えた、もっと大きな問題なんだってことが、さらにわかりやすく提示されたと思うんだけど。

言葉として「日本人が悪い、日本人が」っていっぱい出てくるでしょう。確かにそうよ。でも現在、韓国でもタイやインドネシアなどへ男たちが買春しに行くことが問題になってる。ベトナム戦争の時には相当な数の韓国系孤児が生まれてるし。

「日本人が、日本人が」だけだと、どうしても「スミマセン、悪いことをしました」という風になっちゃって、それ以上考えない人が多いと思うのね。でも日韓の政治問題と男女の問題は別に考えなきゃいけない。男女の問題に関しては、韓国人も日本人も横一列で問われていくんだということが、この映画ではイマイチわかりづらいんじゃないか。これはもう世界中が横一列で問われていく問題です。

ハルモニたちが残りの日々を幸せに暮らすためには、韓国人にだってそれなりの責任があるんだよ、と思うけど日本人の〃分際《ぶんざい》〃でそれを言っていいかどうか……と取り乱す私がいます。

**ビョン**　実はそういうインタビューも撮影しました。その中ですごいと思ったのをちょっと紹介しますと、ひとりの韓国女性がこの問題について、韓国の軍人だったらいいけど、日本の軍人だからハラが立つっていうので、「あなたは韓国の男にレイプされたらハラが立たないのか」って聞いたら、「それが女の人生でしょ」といわれました。

　そういうのだけを集めたロールもあるのですが、今回はすべて外しました。次回作に使おうと思っています。そういう人たちとハルモニたちをどう関係づけるかを、探っていきたいと思っています。

　ところで、記者会見の時、大阪でも福岡でも「日本政府がハルモニたちに、きちっと謝罪なり賠償なりするようになるにはどうしたらいいでしょうか」っていうような質問を受けたんですが、それはあなたたちが考えてくださいって答えました。

　つまり、慰安婦だったハルモニたちに何かするっていうよりも、ぜひ、日本政府が変わるような要求なり働きかけを、日本人自身にしていただきたいって思って。

　わたし自身も同じく韓国政府がハルモニたちの存在について語ってこなかったこと、彼女たちがカミングアウトした後も、韓国政府として日本政府にきちっと働きかけて、謝罪を要求することができなかったことを、情けなく思いますし、それを韓国人自身の問題として追求していきたい。

**田中**　従軍慰安婦に対する日本人の考え方で、一番イヤだなと思うのは、「五〇年も経って、今さら名乗りでるなんて、カネが欲しいんだな」というくらいにしか考えられない人がいるってことね。五〇年間もそのことを、ひとり胸に秘めていえずに来た重さが、なんにもわかっていない。

「五〇年後に賠償するなんて、世界に例がない」というのなら、世界に模範を示せばいいじゃないですか。HIV患者に謝った厚生大臣のように、心を込めて謝り、「おカネで償えることではありませんが」といってキチンと賠償する。というこんな当たり前のことが、なんでできないのか。

　私、ちょっと心配なのよ。この手の映画を見にくる人って、いわば、すでにわかってる人、日本政府が責任をとるべきだと、思っている人たちがほとんどだと思うのね。でも本当は、マジョリティの無関心層にこそ、見てもらいたいの。じゃないと日本政府は変わらないもの。

　それにしても私は鍼灸師だから、一日も早くハルモニたちが暖かい部屋に住んで、温泉に行けるような生活ができるようにしてあげたいなぁ。腎臓は冷えるのが一番よくないのよ。映画の中でハルモニたちは「寒い、寒い」って連発しているでしょ。あれは腎臓がすでに悪い証拠。

　やりたくないセックスを無理やり、たくさんやり続けると、腎臓がダメになるんです。

　従軍慰安婦であるということ〟はどういうことなのか、この映画はそれをあますことなく私たちに伝えてくれている。

（一九九六年三月一七日　東京都中央区にて）

［映画「ナヌムの家」パンフレットより。パンドラ、一九九六年発行］

# 窓を開けたらハルモニが見える

## 映画「ナヌムの家Ⅱ」をめぐって

ビョン・ヨンジュ・田中美津

田中　『ナヌムの家Ⅰ』では、ハルモニたちが、今生きているにも関わらず、まだ過去の時間の中にいるという感じがしたのね。慟哭《どうこく》とか、頭をかきむしりたいような思い、そういうハルモニたちを前の映画ではすごく感じた。今回の新しい映画『ナヌムの家Ⅱ』を観て、「ああ、ハルモニたちは今の時間を生き始めたんだ」って思えてうれしかった。

ビョン　私もそう思います。一本目が韓国で二週間上映されたとき、ハルモニたちが毎日のように映画館にきて、観客の反応を見ながら、自分達なりに次の映画についていろいろと考えたような気がするんです。

　そして映画を観《み》終わって出てくる観客が、出口にいるハルモニたちに、「すごく良かったです」「好きだわ」という感じを直接ぶつけてくる。彼女達は慰安所に行ってから、自分自身を自ら好きになることが一度もできなかった人たちなのに、みんなが自分を好いてくれるんだということをどんどん感じていく中で、人が好きになってくれている今ということに関して、魅力や執着のようなものを感じたのではないかと思います。

　映画が終わって五カ月の間、ハルモニたちは次の映画はこうしたい、ああしたいねということを話し合ったようなんです。でも製作費がすごく負担になっているということを知っているので、私に対してはいい出せずに、自分たちだけで、次はこうしようよといろいろ話したらしいんです。今という時の中で、自らが自分自身を好きになれると感じ始めたのでしょう。

**田中**　おばあさんたち、身ぎれいになったような気がするんだけど……。

**ビョン**　その通りです。それについて一つ面白い話があるんです。

実は前作を撮り終えてから、私は他の映画のことを考えていました。セクシュアル・ポリティクスということにより関心を持っていました。ところが、そのように過ごしている時に、ハルモニが私に話しかけてきて、映画を撮りはじめることになったんです。カン・ドッキョンさんのお話を聞いてから、これは断れないという気持ちになってきたし、九六年、いよいよ撮影しようということでナヌムの家に行きました。

明け方にハルモニたちが仕事を始めるところを撮りたくて、すごく早い時間に行ったんです。ところがハルモニたちは悩んだらしい。彼女達は自分たちをお金持ちに見せたい。なぜなら、国民基金側は私達が貧しいからお金を渡そうとしているのではないか、私達は貧乏じゃない、物乞いじゃない、という脈絡の中で一本目の映画をハルモニたちが観たら、貧乏くさく出ちゃったのかしら、これはまずいんじゃないか、と思ったらしいんです。

私が本当に驚いたのは、明け方にカメラを向けて、布団をめくったら、ハルモニが外出用の服を着ていたんです。（笑）出かけるときの民族衣裳を。急に優雅優雅、という感じで。私は撮れずにぽかんと眺めていました。そうしたら、今度は朝食を食べるのを撮りなさいという。分かった、どうぞ食べてってことになって、そしたらパーティー用と思われるほどの御馳走《ごちそう》になっていたんです。何なのこれって聞きますと、ふだんこういう食事をしているように撮るべきだというんですね。

これはもう撮影にならないと思って中断しました。ハルモニたちの気持ちは分かるけれども、これはちょっといけないと。それで撮影はせず一緒に遊んだんです。そういう感じで一週間ほど過ぎました。そのうちハルモニたちもくたびれたというか、いやになってしまって、もとの状態に戻ったんです。こぎれいに見えたのは、まわりの自然環境が豊かだからだと思います。

**田中**　前作は冬の季節をすごく感じました。だけど今度の映画は違う。季節を選んで撮ったわけじゃないんでしょ？

**ビョン**　初夏秋冬全部出ていますよね。ただ、最終的に色のトーンを決めるときに、一作目は家の空間自体が暗くてじめじめてしていたのをそのまま表現したのですが、今回は緑や黄色といった色が基調になるように考えました。

**田中**　今度の映画はみてすごくほっとするというか、ハルモニたちが自分たちを癒しつつあるという感じを画面から非常に受けたし、映画としても完成度が高くなっていると思った。でも前作の方が見る者にとっては強烈だった。例えば、前はすごく寒がっているハルモニたちのからだを通じて、ハルモニたちが生きてきた道が感じとれたけど……。

**ビョン**　前作は苦しみが中心に出てくるハルモニ、という点があったといえるかもしれません。苦しみの中にあって、私たちは助けてあげるべきだ、一緒に支えていかなくちゃいけない、そういう存在としてのハルモニがより強かった。でも、今回描きたかったのは、力を与えてくれるハルモニです。ふつうに道を歩いているふつうの人に何らかの力を与えてくれる、そういう強い存在としてのハルモニをイメージして撮っています。

**田中**　前の時に監督が、自分は部屋の片隅でただ見続ける存在としてカメラを廻したんだといっていたけれど、今回の映画ではどんな風だったの。

**ビョン**　今回も、眺める、見つめるという点では変わりませんでしたが、以前の作品が「ハルモニたちに会いに出かけている私」だといえるなら、今回は「ハルモニたちが私に向かって自分を見せにやってきた」といえるかと思います。

**田中**　撮られることを前作より意識しているという感じを、画面から受けたんだけど。例えば「ナヌムの家」を管理しているお坊さんを交えて会議をしている所があるでしょう。あれ、奥歯にものが挟まったよう。

　私達のためにお金が集まったり人が集まったりするんだから、そのお金をもっと私たちに廻しなさいとか、私たちをいちばん大事にしなさいとか、そういうことをハルモニたちは会議で本当はいいたいんじゃないかなあ、と思いながら観ていたの。

　前の映画ではわりと、おばあさんたちの露骨なところ、あぁこういうしたたかでワイ雑なところもある人たちだから、この年でカミングアウトできたんだなあ、って思えるところがもっと出ていたような気がするのね。やっぱりそれをひっくるめて、ああ、ハルモニなんだなあという感じが画面イッパイに漂っていて、私はそこが好きだった。

　でもこの映画ではいい感じで生き始めているハルモニ、いろいろあったけれど、こんな風に立ち直って生きてますよ、っていう分かりやすい存在になっていて、そこがもの足りないというかんじも……。

**ビョン**　ハルモニたちはカメラを意識していたと思います。ただ、意識するといったとき、ハルモニが、前作のときとは別人になったということではないんです。すごくいい意味で、ハルモニたちが自分を人に見てほしいと思えるようになったことから、自分の見せ方を意識するようになったというのもあるでしょう。でも、一方では、カメラを意識しないで忘れているというときもありました。

　ああいう会議の場面は以前だったら全く撮らせなかったんですね。その会議の休憩時間のとき、ハルモニたち同士で、「カメラが回っているのに、こんなことまでいっていいの」とか、「もう全部いっちまえ」とかいい合うんですね。そういう感じで、がんがんいいながら撮られるということもたくさんありました。

例えば今回の作品で歌を歌いまくっていた人が、前作にも出ていますよね。あのパク・トゥリさんの歌には性的な表現が絡んでいる、下ネタ系の歌詞がすごく多いんです。前作の撮影のとき、そういった歌をみんなの後ろに立って小声で歌っていたら、それはやめなさい、そんな歌うたうなと、他のハルモニたちから止められたりしたんですよ。それが今回はまったくなくて、すごく自然に、歌い放題という感じになっていました。

**田中**　まだやもめの歌をうたっている所を見ると、あそこは女しか来ないのかしら。

**ビョン**　おかしいのは、ハルモニたちは実はおじいさんたちが大嫌いなんです。パクさんなんか特にそうです。韓国語の言葉の表現で「口だけ色気づいている」というのがあります。口にすることで解消しているんです。実際男の人と会う場面でのエピソードとして、政治的良心囚としてずっと長いこと投獄されていて、釈放された人がいて、そういう人をある人がハルモニたちに紹介して引き合わせたんです。そうしたらすごく嫌がって、臭いんじゃないのかといって、逃げちゃったんですね。つまり、男に対してうんざりという状態になっている。

先ほど田中さんがからだのことをちょっとおっしゃっていたので、少しからだの話をします。一作目はより直接的な語りかけをした作品とするなら、今回もう少し比喩的な語り方をしています。例えば食事をしながら、耳がよく聞こえないんだといいながら冗談をいい合っているシーンがありますよね。あれは実は悲惨な話じゃないですか。意思疎通ができないという話ですよね。でも、それについてけらけら笑いながら話し合える。

カン・ドッキョンさんが亡くなられたお通夜の場所

に来て泣いていますよね。ところが泣いているハルモニたちを見ると、彼女たち自身こそ先は長くないんじゃないの、というような姿なんですよ。だからカンさんの死を通して、絶えず自分の死を感じているんですね。入れ歯を外して入れたり、あの場面を見ているとすごく悲しいですよね。泣いている人だってもうすぐ死ぬ人というか。だけど泣いたり冗談をいったり……。

この二作目で私がいちばん好きな場面は、実はいちばん悲しい場面でもあるんですが、お見舞いに来た二人のハルモニたちがカン・ドッキョンさんに飲み物を勧めるところです。カンさんが一口も飲めずにいる気まずい雰囲気の中で、一人がもう一人に「姉さんおならがでますよ」といいますね。死が近い姿を見ながらすごく苦々しい気持ちになっている。ところが、一方では忘れたくてしょうがない。死んでいきつつある自分の友達に、私が悲しんでいるということを見せたくない。そこで何とか考えだした冗談として「おならがでますよ」という。でも、いってみたものの、二人とも別におかしくもない。非常に苦々しい表情で、その場面は終わるんですね。そういう場面が今回の映画の中心といったところでしょうか。

一作目は、私が質問をするところからその場その場のすべてが始まるんですよ。私が質問をするとハルモニたちがリアクションするんです。でも今回は私が先に話し始めたというのが一度もないんです。

ハルモニが昔のことについて語っているようなシーンを撮影した時は、私も隣で畑仕事を一緒にしていたわけです。で、畑仕事を一緒にしながら、いろいろな話を世間話も含めてあれこれしている。その話の中でハルモニたちが「そういえば昔は」という話になると、それを聞く。その時にカメラが入って撮るわけですね。

私が質問をした場合、ハルモニたちはそれまで数多くのテレビを経験しているので、そこでいろいろ話したことの範囲を越えられなかった。特に慰安所時代のことについて語るときなど、ほとんど同じ話です。今私が訊ねたとしても同じ返事が返ってくると思います。でも私が全然聞かないでいると、ハルモニ自身が感じたり思ったことの中でいちばん印象的だったことが、順序なしで出て来るんですね。つまり、私が質問した場合、自分は何歳の時に何年にどういうところにいったというしゃべり方をしていたはずの人が、今回は、母や姉さえ自分の体験を信じなかったという話を真っ先にしたんです。

ですからそのハルモニにとっては、慰安所で過ごしたその時の状況よりも、母親や姉に話したら人間としてそんなの有り得ないじゃないか、嘘つくなといわれた、そのことの方がよっぽど衝撃的でひどい体験だった。その瞬間に彼女は、自分は人間じゃなかったんだ、人間がするような暮らしではなかったんだということを、うわっと感じてしまったわけです。

そういうことは、私がどうにかして出てくるような話ではない。今回本当にしょっちゅう、とても強く感じたのが、世の中のあらゆる弱者の中で、自らの話を自らが先に表現し始めた人がいただろうかということです。多くの場合、誰かによって見せられる。この作品でのハルモニも、私を通して見せられたハルモニではあるでしょうけど、最大限ハルモニたち自身が自らを表現できているというようなことがとても大切なんだと感じました。

**田中**　なるほどね。前作の「ナヌムの家」に比べれば、二作目だし、衝撃的なところは少ない。でもその代わり、人はどういう風に癒されていくのかということにつながるような映画になってますよね。

前作の方が一人一人の存在の衝撃度は大きかった。でも個々のエピソードなりその人の存在の衝撃度が弱まった分だけ、過去をひきずって生き続けてきた自分をどのように取り戻していくかという、そんな普遍性を持った映画になったと思うの。

ビョン　その通りです。友人が翻訳して日本から送ってくれた、ある観客の感想があって、それが今回の作品を作る上で私に最も大きな影響を与えました。

それは過去に強姦された経験があるという若い女性からのものでした。内容は、強姦の経険によってほとんど自閉症になって、精神病を抱えてしまった。生きる希望もないし、これからの自分の人生があるということが信じられない状態になっていたけど、元日本軍「慰安婦」女性に関する映画があると聞いて、彼女たちが今どうなっているのかを知りたくて映画を観に来た。この映画を通して、自分よりももっと苦しかったかもしれない、そういうもっとひどい体験を持った彼女たちが、今はあんな風に笑ったりして生きているんだというのを観て、自分は生きる勇気が出たという感想だったんです。

いきなり深夜にファクスで送られてきたんですが、それを読んで一日中泣きました。泣いたのは悲しかったからではなくて、その人が有り難かったからです。あなたにもっと元気が出るようにしてあげたい、そう思いました。そういう種の観客の反応がいくつかありました。

ある地方の女子大で前作の上映会をしたんですが、終わった後で飲み屋で数人と話をしました。そこに集まった学生さんが、従軍慰安婦に関する話ではなくて、いい出しにくそうにみんな自分の話をするんですね。わたしも強姦されたことがあったとか。そのファクスの彼女も、女子大の彼女たちも、慰安婦問題については何も口にしませんでした。国民基金に反対するという話も。でもそういう人たちが国民基金がどうだ、慰安婦問題がどうだといっている人よりも、ハルモニたちに何か問題が起きたときに真っ先に駆けよっていく人なんじゃないかという気がします。

なぜなら、これはやるべき仕事だからとか、ハルモニたちを助けなければいけないからということではなくて、自分が元気を得るために必要なことだからです。

以前、田中さんとお話しをしたときもこういう話題が出たと思うんですが、日本でこの問題に取り組んでいる活動家に問題提起をしたいという気持ちがありました。ハルモニがかわいそうだから助けなきゃいけないと思う人がいますが、二作目は、そういう人たちに向かって、「かわいそうなのはあなたでしょう」っていってやりたい気持ちがあったんです。

ハルモニたちはある意味でいうとすごいんですよ。映画の後半部分に、本当にどん底で、泥沼の中で生きてきたので、自分にしか分からないという発言があります。お互いけんかはするし、自分のことしか頭にないかもしれない。正義ではない、正しい人間ではない。にもかかわらず、少なくとも彼女たちは自分の不幸を世の中に全部あけっぴろげに投げかけた。私はそれはすごいことだと思うんです。

今でも韓国での性暴力の申告率は二パーセントなんですね。正直いいますと、私はその申告率がもっと増えるべきだと考えている。でも申告する人が増えることにこの映画が役立ってほしいといいたいのではない。

少し前にどんなことがあったかというと、韓国の釜山《プサン》で女子大生が夜お酒を少し飲んでタクシーに乗ったんですが、そのタクシーの運転手が彼女を強姦したんですね。そして彼女は強姦された直後に橋から投身自殺をしたんです。

この映画がどういう風に役立ってほしいのかというと、死なないでよ、ということなんです。申告率がどうのこうのということより、死なないで。ねばり強く、生き抜こうよと。

ところがおかしな話なんですけど、その事件がテレビで報道された時の記者が、貞操観念が希薄になっている女性が多い今時の社会的風潮の中で、一種の警告を出した事件であると。それは、強姦されたら死ぬべきだという話といっしょじゃないですか。

彼女にとって純潔はそれほど大切だったのだと、大切なものを失ったから自分を死にまで追い込んだ、そういう彼女は美しいというニュアンスなんですね。とんでもない話です。そこで死んだのは偉いとその記者は考えているわけです。本当に恐ろしい。

**田中**　前の映画を見たときも、私が一番テーマとして重く受け取ったのは、日韓の政治的な決着で一件落着という風には、とてもならない部分だったのね。例えば日本がちゃんと謝罪して対処すればという風にみんないう。歴史的、社会的にはそうなのよ。

　でも前にもいったけど、戦争で足がなくなって泣いている子供にとっては、なんで自分の足だけがなくなったのかという、それが一番の問題なんです。

　今度の映画の中でハルモニたちが、子供を持ちたいというでしょう。それ、陳腐といえば陳腐なんですよ。今の女の人たちがたどり着いている所からいえば。

　キャリアを持って、子供なんていなくても充分幸せに生きていかれるという。もうそこまで女の人たちの意識はいっているから。

　だけど、例えば私、時々献血をしたいなと思うことがある。でも若い時に男からうつされた性病のために、私の血は今でも微弱な陽性反応が出ちゃうのね、いまだに。やけどの後みたいにとれないわけ。で、映画を観ながら献血をしたい私と、子供を産みたいハルモニとが重なっていく。

　私自身の癒しは、なぜ自分の頭にだけ石が落ちてきたのかと、過去にこだわる形では絶対に難しかった。過去をもう一回生きることはできない、石が落ちていない前に戻ることはできないのだから。

　でもね、例えばパチンコでぶわっと玉が出てる時とか、お茶の水の回転寿司で、「うにーィ」とか「トローッ」とかいっているときってすごく幸せなわけ。(笑)本当に長い時間かかって気づいたんだけど、過去を思うとすごく淋しかったりせつない自分がいたとしても、

「ああ極楽、極楽」という時間も一緒に成立するんだ。「悲しい」一色だと思うのはいわば自分が作った物語で、実際には「ああ極楽、極楽」と思っている時だってある。

　誰の頭の上にも冬の青い空は広がってるし、季節の花は咲く。その事実に気づいて、そして受け入れるところから、私は生き直してきたような気がするの。

**ビョン**　ちょっと広げて話してみたいと思います。最近感動的な言葉によく出会うんですが、朴ノヘという詩人がいまして、この人の最近出した本のタイトルが『人間だけが希望だ』というんです。その言葉が今のお話で頭に浮かびました。究極的にもう一度人間という存在に立ち返るべきではないでしょうか。

　いろんな政治的なことがありますし、慰安婦問題をめぐっては、国民基金の是非が今一番重要な問題になっていますね。そこで私たちがもう一度立ち返るべき地点は、人間というところではないでしょうか。ハルモニたちにとって今重要なのは、あるいはこのハルモニたちが世の中に姿を現した今、日本人にとって重要なことは何なのか、最近そういうことを考えるんです。

　思想とか政治とか、さらには競争、闘いということも、人のために生まれたものではないのか。ところが人間はむしろ、それらに縛られていってます。それはおかしいんじゃないでしょうか。

　今回日本に来て一番たくさん質問されたのは、自由主義史観についてです。みんな聞くんです。質問者たちは、私の答えがどういうものかは予想できるという雰囲気でしたが。ある人から、自由主義史観の人が今目の前に現れたら、どう思いますか、と聞かれたのはおかしかったですね。多分その人は、自由主義史観の良くない所を私が指摘するだろうと思って質問したと思うんです。でも私の答えはとても単純でした。その人と会わない方法はありませんか？　と。私は自分が好きな人だけに会って生きたいです。

**田中**　そうよね。私も「敵はソイツだ、ソイツをやっつけろ」という輪には絶対に入りたくないの。

フェミニズムの業界ではマッチョ＝×なのね。でも、私、フェミニストで鈍感な男より、マッチョだけど繊細な男のほうが、タブン好きだわ。

「自由主義史観」は嫌いだけど、そういう考えを持っている人が全員イヤな奴で、そうでない人が全員イイ奴というわけじゃない。だから自由主義史観に賛成か反対かを踏み絵にして簡単に決めていくような考えは嫌なんです。「国民基金」の問題もまるで踏み絵みたいになっている。

**ビョン**　そうです。何らかの悪いものでなければ、全部いいものなのか。最終的に自由主義史観が害を与えているのは韓国社会にではなく、日本社会に対してなんです。韓国にも韓国式にそういう考えを持っている人はいます。

**田中**　私たちは「自分たちだけ正しい」というワナに、なぜたやすく落ちてしまうんだろうか。

**ビョン**　最近怖いと思うのは、世の中全体が保守化していることですね。日本だけではなくて、全世界がそうであるような気がします。本当に怖いです。例えば自分の民族だけが基本だと考える社会は、自分の社会の中のマイノリティを弾圧するようになっています。女性、子供、性的アイデンティティが違う人などは、いつまでもその対象でしょう。

そのことに関して、私たちはナチズム政権を通して、みるべきものは全部みたともいえますよね。でも、人はそれを政治としかみないんですね。自分自身にとってそれがどれだけ害になるものなのかという見方はあまりしない。

例えば韓国には、日本のすべての文化は朝鮮から渡ったのだと考える人がいます。朝鮮民族は優秀だということなんでしょうけど、そういう人ってちょっとおかしいんじゃないだろうかと、私は思いますね。文化とは伝わるもので、自分の社会の環境に合わせて変化しながら、変わっていくものです。そういう考えの人が中心になるということがとても恐ろしいのです。だから、世の中はますます悪くなるだろうという気がします。じゃあその中で自分はどうするのか。

**田中**　さっきのテーマに戻れば、私たちはいってみればみんな癒しを求めている。確かに従軍慰安婦という体験とか、私のチャイルド・アビューズという体験とかいうのは、人よりは大変な、つらい体験だけど、しかし自分の闇は人と比較できるものではない。あなたの闇は従軍慰安婦の闇より薄いんだから、といったって何の意味もないでしょ。

　私の治療院は「せっかく病気になったんだから」が合い言葉なの。病気＝×《ペケ》と普通は考えがちですが、病気になることでからだの弱点がわかったり、今までの働き方を変えることができたり。病気って「もう疲れたよ」とか「いい人やるのやめたいよ」とかの声でもあるわけね。

　病気は×であり○だと思うと、不幸と幸福って実はとても近い距離にあるのではないかとも思う。そしてそれに気がつくということは、実は私たちの確かな希望なんじゃないかと……。さっきいったように、悲しいことがあっても、旨いラーメンは旨いし、空がきれいでうれしいなあ、ということに幸せを感じることもできる。

**ビョン**　私は幸せを感じるというのは、理解できません。幸せになろうというい方が好きです。

**田中**　私は幸せになんていつでもなれる、と考えるのが好き。

**ビョン**　今のこの状態が幸せなのかもしれないけれども、想像してみるんです、もっと幸せになる方法がないかなと。そこで重要なのは、みんな幸せになっていく方法がないのかなと、いろんなことを考えるんです。

**田中**　若くて時間をたっぷりもっている人は、もっと幸せになるにはどうしたらいいのかと思うのかもしれない、でも私みたいに時間がだんだんなくなってくると、今幸せであるということがとても大事になってくるのね。それに社会全体が幸せになる方法なんて私にはわからない。制度や体制が変われば人間幸せになれるって考えるほど、私はノーテンキじゃないから。

　精一杯がんばらなきゃならない毎日だから、「フーッ」と息を抜ける時は〝小さな生きもの〟になって、ひとつでも多く喜んだりワクワクしながら生きていきたい。

　幸せって状態だし、今の時代がどんなに悪くても、私の人生がペケになっていいハズないと思うから。

**ビョン**　にもかかわらず私は、不幸になろう不幸になろうと、時々いうんですね。

**田中**　ビョンさんの不幸というのは、幸せの前提条件なんでしょ。

**ビョン**　そうです。ほんとに意地悪な考え方なんですが、街でかわいらしい服を着て、はつらつと歩いているきれいな女の人を見ながら、不幸になれ、不幸になれと思うんです。半分は本音です。不幸を感じることができなければ、想像もできないんですね。

**田中**　でもね、ブランド品できれいにしている人って、怖いのよ。生きていくのが怖くてしかたがないから、ブランド品で武装している。

**ビョン**　だから、別に不幸になれといわなくても、不幸なんですよ。

　最後になりますが、私が映画についていいたいことは、一つです。おそらく『現代思想』を読んでいる人は慰安婦問題についてよく知っている人だと思うんです。そういう読者は『ナヌムの家Ⅱ』が公開されたとき、「私は知っているから、知らない人が観ればいい」と考える人も多いと思います。あるいは、ある地域で市民グループが自主上映するから、そのとき観ようと考えると思います。

　私はそれが嫌なんです。そういう考え方だと、私たちはいつまでたっても、問題を知っている人ばかり集めて映画を上映することになってしまうと思うんです。私は自分の映画をどういう人に観てほしいかというと……。

**田中**　厚化粧の、ブランド品に身を固めた女の子が観に来るといいんでしょ。

**ビョン**　まさにそれなんです。でも、どうすればそれが可能になるでしょう。まさかそういう人が今日から慰安婦問題に興味を向けてみようかなと思ってこの映画を観に来ることは絶対にないですね。たった一つ、あの映画、最近売れているらしいじゃない、面白いんだって、となれば来るんです。そうして見て、ハルモニに対してとても親近感を感じる。慰安婦問題については、映画を観終わってからも別に分からないけど、とにかくパク・トゥリさんは面白いじゃないの、いい感じ、そういうふうに思って家に帰る。そして、何かの拍子でふと思うんですよ、あのハルモニって何だったのか。



**田中**　うちのおばあさんよりハルモニの方が生き生きしてるわ、って思うかも。

**ビョン**　そういうことが自分の映画の力であって欲しいと願っています。本当にソウルでも、きれいな二〇代の女の人が歩いているのをみると、涎《よだれ》が出るんです。あの人が観てくれたらな、と。今回の作品はそういうことを思いながら作りました。

**田中**　ブランド追っかけてる娘さんたちも、映画を観れば、何か感じるはずだから、とにかく来てもらいたいですね。

**ビョン**　私もそう思います。

**田中**　今度の映画の一番最後のところで、サラリと性犯罪のことに触れていますね。実際韓国の男たちもタイやフィリピンに買春しに行ってるらしい。あそこで見る人が見れば、ビョンさんのいいたいことが、うわーっと、その人の中にもひろがっていくよね。広がらない人には、あれは何だったのかという疑問が残る。あれ、すごく印象的でいい。

**ビョン**　韓国での宣伝コピーは四つありまして、一つは夢を撮る映画館にいらしたことを歓迎します。その夢という字に×印を付けて、生と書き直してあるんです。二つ目は私はハルモニが大好き。三番目はハルモニも女だ。四番目はドキュメンタリーも面白い。慰安婦という言葉はどこにも出てこないんですよ。

〔『現代思想』一九九八年二月号、初出タイトル「私はハルモニが好き」〕

# こんな、ナヌムの家訪問記

おととしの十月に一度だけ、韓国の「ナヌムの家」に泊まらせてもらったことがある。「ハルモニたちに温泉に行ってもらいたいカンパ」なるものをたずさえて——。

そもそものハナシは、その年の春に映画「ナヌムの家」のビョン・ヨンジュ監督と対談、その際になにげなく私が「ハルモニたちってみんな腎臓が悪いんじゃないの」といったことに始まる。監督はビックリ、「その通りです、なんでわかるんですか」と。

だって映画の中で彼女たち、「寒い、寒い」といい続けてる。スキマ風ピューピューの古い木造の家に住んでいるせいかもしれないが、見るからに具合が悪そうで……。

西洋医学にとって腎臓は泌尿器の問題。でも東洋医学で腎といえば生命力の源だ。発育にも生殖にも性感・性欲にも腎がかかわる。活力もそうよ。腎が悪いと駅の階段を上がるんだって容易じゃなくなる。

腎の弱点は冷えと、セックス。「寒い、寒い」を連発するヒトは、風邪をひいてるか腎が弱っているかのどちらかだ。

セックスの方はやり過ぎがよくない。落語にでてくる「腎虚《じんきょ》の殿さま」。あれはやりたくてやって、やり過ぎたために腎虚（ヨレヨレヘロヘロ状態）になる咄《はなし》です。やりたくてやっても具合が悪くなるんだから、やりたくなくてやる場合は、もうひどく腎にはよくないわけね。

スポーツや労働だってやりたくないのに無理してやり続ければからだを壊す。やりたくないセックスは、中でも一番よくないことで。そのよくないことをやり続けて……、ビョン監督曰く、腎炎や膀胱炎など腎の病いに苦しんでいるハルモニが多いんだそうで。

やっぱりねぇ……。実は私の持病も慢性腎炎。中学の頃には、もう駅の階段がつらかったくちで。からだが悪いために味わった、せつない想い、つらい想いは山ほどある。そしてその情けないからだをなんとかしたくて鍼灸師《しんきゅうし》になった。

だからよ、ハルモニのからだに、強制的に性の道具とされてしまった過去が、腎の病いとして深く刻み込まれていると知ったら、いてもたってもいられなくなって……。

もう、もう、すぐにでも鍼《はり》を打ってあげたい。でも相手が望んでもいないのに、そんなことはできない。とつおいつ考えているうちにピーッとひらめいた。そうだ、ハルモニたちに温泉に行ってもらおう！

冷えに弱いんだから、腎は温めるのが一番です。それに心とからだと二つあると考えるのはまちがいで、「心はからだ」で「からだは心」。あったかーい温泉につかってもらって、「あぁ極楽、極楽」と喜んでもらえたら、身心両面から腎をバックアップできるだろう。聞いてみたら韓国にも温泉はある、と。ヨーシ、そのためのカンパを集めよう。

身近な人々から集めた最初の十万円は、友人で協力者のAさんが八月に「ナヌムの家」に運んだ。でも、Aさんは善意に手足が付いているようなヒト。「ナヌムの家」に着いて、三人のハルモニたちと語らっているうちに、「ヘジンさん（ナヌムの家院長）に渡しておくから」といわれて、その十万円を彼女らにウッカリ渡してしまった。そしたらそれっきりお金は宙に消えてしまった！

あんなつらいことを、勇気をふりしぼってカムアウトしたハルモニたちは正義のヒト、○《マル》のヒト。だからよもやネコババするとは思わなかった……とAさんはいう。

オイオイ、正義とズルとは両立するのよ。国民基金に対して断固反対の気持と、「私らに持ってきた金なんだから、直接私らに渡したらええのや」という自己中（ジコチュー）の気持、そのふたつが両立するから人間って困ったもんで、おもしろいもんで。

ちょっと見わたせば、差別や不平等には断固反対、その一方で女房が暗い顔しながら一人で料理や洗濯をやってる現実には知らんぷり。そんなズルを決め込んでる正義派が、今でもゴマンといるではないか。

ハルモニたちに限っていえば、あの年で日本から来た若い者をコマす気力があるからこそ、あの年でカムアウトもできたんじゃないの。猫と日なたぼっこしてるだけの好々婆じゃ、今日まで怒りを持続するなんてことも、できなかっただろう。したたかさも大事なパワーよ。

初めて会ったのに、カムアウトした従軍慰安婦＝理想のヒトだと思い込むようなヒトの良さは、まったく善意そのものだ。でも、だからといって全面的に◯ではない。

〝清く正しく美しく〟のハルモニ像を勝手に作りあげることで、性格も、送ってきた過去も違う人々を、十把ひとからげにしてしまう罪。それに気づかない善意のヒトたち。そのドンカンさに対して、「フン！」と鼻を鳴らすかわりに、「ホーレ、十万円いただき！」の挙に出たハルモニたちって、腹が立つけど嫌いじゃないわ。「ウーマンリブ」ということで、勝手に持ち上げられたり、持ち下げられたりされがちな私も、「フン、フン、フン、フン」と鼻を鳴らして生きてきたから。

――そういうことがあってから二カ月後。私もしつこい。再び集めた十万円を持って、今度は私が韓国へ。ハルモニたちは「お金を私らに預けなさい」というようなことは、まったく私にはいわなかった。たった二泊してお金をヘジンさんに渡しただけの滞在だった。

ことさら語りたいと思うこともないけれど、お金をネコババしちゃったハルモニたちは、さすがに私の前では居心地悪そうにしてたわね。また今ではチャンと暖かい部屋で暮らしていたし。それにあの食事！　あれがすっごく印象に残っている。

金属のボールに大量のレタスをちぎって入れ、そこにゴハンと塩干のようなものやキムチを入れて、グチャグチャかきまわして食べる。お相伴《しょうばん》させてもらって、仕方なく私もそんなふうにして毎回食べた。ウーン、あれにはまいった。韓国の年寄りはみなこんなふうにして食べているのか。それとも娘や息子にいくらかでもお金を渡したくて、それで自分らはこんな粗末なものを食べているのか。実際そうしているハルモニもいるようだ。

再びビョン監督に会った時に、「撮影中は食事、どーしてたの?」と聞いたら、ニガ笑いしながら「ハルモニたちとは別に、自分たちで作って食べていた」と。

あぁヤッパリねぇ。でも、うまくノドを通らない食事を通して、チョッピリだけどハルモニたちの生きてきた荒野が、感じとれたような気がしたわ。

頭で考えることより、からだで感じることを優先させたい私にはそれが大事。あの食事体験は「「ナヌムの家」に行ってよかった」ことのピカ一の事柄だった。他のことは忘れても、あの食事だけは生涯忘れない。

先日、映画「ナヌムの家Ⅱ」を観たら、私が行った十月末には枯れ野でしかなかったところが、一面青々としていて。うれしそうにカボチャやナッパを収穫してるハルモニたちがいた。

あたり前だけど、ハルモニたちは日本の戦争責任を追求するために生きているわけじゃない。だから多くは残されてない時間の中で、ホンの少しでも、「あぁうれしい」「あぁ楽しい」「あぁ気持いい」の極楽、現世の極楽を味わってもらいたいなぁ。極楽体験はいわば命の洗濯だ。いくら洗濯してもとれない、忘れることのできない過去だとしても、悲しみと喜びは両立するもの……であるのだから。ヘジンさんにお金を渡した時の感触では、極楽温泉ツアーの実現はちょっとまだ時期尚早ってかんじだった。そういうことより、運動存続のあれやこれやの方が大事だっていうことらしい。

でもね、マジメひと筋じゃ、段々パワーレスになっちまうのよ、ヘジンさん。時に大胆にフマジメ？もとり入れて、死ぬまで元気でしたたかな、ハルモニたちでいて欲しい。

〔『インパクション』一〇七号、一九九八年四月刊〕

### ＊＊＊今の私からひとこと、ふたこと＊＊＊

七月に『ダカーボ』という雑誌の仕事で、九段の靖国神社を見に行った。境内には遊就館という博物館がある。日清・日露、及び二回の世界大戦を解説するとともに、それらの戦いで功績のあった人や戦死した人を称えるために作られた空間で、ここでは日本の侵略はことごとく正当化されていた。

フーンとおもわず見入ってしまったものがある。愛する息子が生きていれば、きっとこんな可愛いお嫁さんをもらったに違いない……と思う親たちが奉納した花嫁人形、それが一箇所にまとめて展示されていた。わが子が不憫でたまらない。もし、生きていたら今頃は……といつまでもせつなく思う親心に、胸がじーんとしてしまう。

　でも、一方で思うのね。憎い敵国の若者にも、やはり自分のような親が居る。そして、夜も眠れないくらい心配したあげくに、ある日恐れていた戦死の報を受けとった……という想像はしたことがあるのだろうか、と。

　そのような想像力をもし持っているなら、駆けつけなければならない場所は靖国ではないはずだ。同じような悲しみに出会うことで癒される心がある。視えてくる真実がある。それはこの世界で殺されていい命など、ひとつとしてないということだ。

　生きて帰ってきた人もいるのに、なぜウチの人だけ、なぜウチの息子だけ死んでしまったのか。という慟哭は、なぜ自分だけが騙されて従軍慰安婦にさせられてしまったのかという慟哭に重なり、そして、なぜ私の頭にだけ石が落ちてきたのかという、かつて私が秘かに抱き続けた悲しみに繋《つな》がっていく。

＊＊＊＊＊＊

5章

# 〈リブという革命〉がひらいたもの

恋愛したら歌ができた。譜面が書けないので、テープレコーダに吹き込んだ。
持ち歌は6曲。たまに舞台で歌った。
「歌って踊れる鍼灸師」といわれた。(45歳)

# 〈リブという革命〉がひらいたもの

田中美津・秋山洋子・千田有紀・加納実紀代（司会）

## 1

**加納実紀代**　加納と申します。今度、「文学史を読みかえる」研究会で出している「文学史を読みかえる」というシリーズの第七巻として、昨年二〇〇二年末に『リブという〈革命〉』というタイトルの本をまとめました。その責任編集をやった関係上、今日は私が司会をさせていただきます。よろしくお願いいたします。

この『リブという〈革命〉』はじつは「文学史を読みかえる」シリーズの鬼っ子なんですね。リブは新左翼の鬼っ子だというのは田中美津さんがおっしゃったことなんですけれども、まさにこの号も、「文学史を読みかえる」の鬼っ子です。と言いますのは、当初の予定ではこういう巻はなくて、一九六〇年代という括りの中でリブも取り上げるということだったんです。でも六〇年代というのは世界的にも六八年を中心とした大きな動きがありましたし、その流れの中でリブも生まれてきたと思っているんですけれども、六〇年代の中でいっしょに括ってしまうには、あまりに提起したものは大きい。そこで当初の予定を変更して、六〇年代の号とは別に、一冊独立させていただきました。

ただ、こういう形で女性だけが固まってしまうのはじつは問題だという思いもありました。

男性たちにもひらかれたものとして、リブの提起をいまに生かすにはどうすればいいか、そういう議論を提起する場として今日の会は設定しました。

千田さん、秋山さん、田中さんという順番でお話をいただきますが、千田さんについては、私は今回非常に胃の痛い思いをさせられたというか(笑)。千田さんはじつは一年半のアメリカでの研究生活を終えて帰ってこられたばかりで、「オレオレ詐欺なんて何のこっちゃ」という浦島花子さんでいらっしゃいます。私は今回リブで一冊まとめるにあたっては、当時のリブのビラなどを集積した『資料日本ウーマン・リブ史』全三巻、枕のような厚い本ですが、その書評をぜひ書いていただきたいということで在米中の千田さんにお願いメールを出しました。若い世代の女性で、現在の状況への鋭い問題意識をもち、このぼう大な資料を読み込んで、その現在的意義を提起できる人は千田さんをおいて他にない、と思ったからです。ＯＫのお返事をいただいたときはほんとうに嬉しかった。

ところが、〆切過ぎても原稿が来ないんですね。それどころか十一月下旬になって、私の「まえがき」も書いたし、「あとがき」も書いた、目次もできたというのに、まだ来ない。もう三〇日までに来なければ見切り発車するよりしょうがないとあきらめて、ページにノンブルもいれたら、なんと前の日の二九日に届いたんです。届いた原稿を拝読すると、本当にすばらしい。なぜ私が今リブを取り上げたいと思ったかといえば、三〇年前にこんなことがあったということも、もちろんきちんと検証したいと思いますけれども、世界中で暴力の応酬が拡大している今の状況の中でこそ、もう一度リブというものの原点を見直したいという思いがあったからです。千田さんにいただいた原稿は、「帝国主義とジェンダー」という視点から『資料集』を読み直されていて、この視点こそ今きちんと向き合う必要があるんじゃないかと思っていましたので、大変嬉しかった。

急遽目次を組み替え、ノンブルもつけ直して前の方に持ってきた。大変な思いをしましたけれど、しただけのことはあったと思っております。今日のお話もそんなことでとても有意義なものになると楽しみにしております。では、よろしくお願いします。

## 2

**●千田有紀**　千田有紀です。いま、加納さんのお話を聞いて、原稿がギリギリになってしまって、本当に申し訳ない気持ちで一杯です。ぎりぎりまで待っていただいて、多大なご迷惑をおかけしたんですが、なんとか書けてよかったなと思っています。というのは、原稿を出せなかったらもう加納さんをはじめとする方々に顔向けできないというのもありますが、今日皆さんのお話を聞き、また皆さんのまえでお話できる機会も逃してしまっていただろうと思うからです。

私は原稿が早いほうでは決してないのですが、それでもこの原稿が遅れてしまったのには理由があります。わたしのようにリブから遠い時代を生きている者にとっても、リブは心に迫ってくるものであると同時に、やっぱり自分の経験していない時代の思想ですから、限られた残された資料から、手探りで憶測していくしかないものでもあるのです。この制約条件のなかで、自分がなんでこんなにリブに惹きつけられるのだろう、二十一世紀を生きる自分にとってリブのもつ意味は何なのだろうと考えてみたかったのです。

　実は、この『リブという〈革命〉』に載った原稿は、自分にとっての第三稿です。第一稿は、わたしが資料にすっかりと騙されたということに気がつき、破棄したものです。というのは、ある場所でリブのフィルムを観たのですが、それがとても面白かったのです。面白かったのは、リブの声のトーンなんですが。インタビューされたリブの女が、「リブっていうのはね」って調子で説明するのですが、その声のトーンが高くて、まさに「黄色い」という表現がぴったりの声だったんですね。私は今現在知っているリブの人たちのイメージと違うから、驚きました。女性の解放を謳いながらも、女独特にみえる高い声でしゃべるリブというのはすごく面白いな、その矛盾の総体がリブらしいやと思って原稿を書き始めました。

　しかし、ちょっと待てよ、と思って、もう一度、今度はリブについての映画を見直しました。それは『Looking for Fumiko』の英語版で、それを観て、私は完全にだまされていたことに気づきました。映像っていうのは、中立的ではありえない。撮った人の視点、編集した人の視点が入りますから、一番最初にみた映像は、撮った人、編集した人が、これがリブであって欲しいというリブの姿、おそらく作ったのは男性じゃないかと思うのですが、そういったものに、まんまと騙されていたわけです。

　なんて私はナイーヴだったんだろうと落ち込むと同時に、約三〇年を経て、現在の私たちが当時のリブを知ることがいかに困難かということを思い知りました。残されている資料自体が少ないうえに、その資料にまた相当のバイアスがかかっている。その意味では、当時のさまざまな女によって書かれた文章などを、個性の異なる三人の当事者によってまとめられた『資料』がいかに貴重であるかがわかると思います。

二度目は、『Looking for Fumiko』を入り口にして原稿を書こうと思いました。日本で最初に観たときも、相当な違和感を感じた映画ではあったのですが、アメリカという異国での生活のなかで観ると、考えさせられる点がたくさんあったからです。その映画、観たかたは、この会場にもけっこういらっしゃるんじゃないかなと思いますけど。どのくらいの方が観てらっしゃるんですか。半分くらいの方が観てらっしゃいますね。みなさん、どのような感想をおもちでしょうか。もちろん、私のような世代の者にとって、当時のリブがどうだったかをアクセスするのにとても貴重な映像であるということは間違いないのですが。しかし、アメリカで出会った日本人のフミコさんを入り口として、日本ではリブが継承されてこなかった、当時の日本にリブがなかったから私はアメリカまで自由を探しにこなければならなかった、日本は同質的な社会で、異論が許されず、私は辛かった、ニューヨークに来て解放され、はじめて「フミコ＝リブ」に出会えたのだ、と、私なりに実に粗雑にまとめると、こういう映画だったと思います。

えっ、そんなの嘘だ、と思いましたね。日本にリブがないなんて、どういうことなんだろう。私が日本で出会ったのは、リブではなかったのか。もし、映画の監督が日本でリブに出会わなかったとしたら、それは自分を苦しめている原因を突き止める努力を、日本で彼女がしてこなかったからではないか。リブの思想が受け継がれていないとしたら、その思想に注意を払わなかったほうにあるのではないか。それが何でニューヨークに来たら、いきなり解放されてしまうのか、全くわからない。

　もちろん、外国暮らしは気楽です。所詮は「ガイジン」ですから、社会の正式なメンバーでないがゆえに、排除されているがゆえの気ままさがある。でも、私にとってのアメリカ、ニューヨークというのは、監督が最後に白人たちとセントラルパークで、エンパイアーステイトビルディングか何かだったと思いますけれど、それを背景に談笑するようなものではなくて、やっぱりもっと異なったものです。イラクとの戦争は起こるべくして起こりましたし、戦争に反対する「良心的」アメリカ人もたくさんいる一方で、「良心的」白人の限界ももちろんある。日頃仲良くしている白人フェミニストの何気ないひとことから、抜き差し難い、本人も自覚していないであろう人種差別を感じることは、やっぱりあるのです。だからといって、「人種」の問題が、「女」の問題に先行するとは、全く思いませんが。女性差別的な人種主義撤廃論者なんて、探す必要もないくらいいますからね。

　結果としては、『ルッキング・フォー・フミコ』を枕に原稿を書くのは諦めました。『資料　日本ウーマン・リブ史』とは全然関係ない方向に話がどんどん進み始めたからです。でも枕を変えて、きちんと正攻法で、ジェンダーと植民地主義、帝国主義的関係についてきちんと見据えて原稿を書こうと決心しました。

　というわけで第三稿ですが、簡単に進みそうだったのですが、意外な障害がありました。私は日本から大量の本をニューヨークに送ったのですが、『資料　日本ウーマン・リブ史』はもちろん持っていきませんでした。なぜなら、アメリカのだいたいの大学にあるのですよ。日本研究を行っている大学であれば。

ニューヨークでもコロンビア大学にありますから、もう一度借りに行ったのです。あんまり長い間悩んでいるうちに借り続けているのも悪いなと思って、一度大学に返したもので。そうしたらあまりにみんなが読みすぎていたために、本がボロボロになってしまっていまして、コンサベーションに回してしまっていて修理中だから、お前には貸せないと言われたんですね。それで他の大学にはないかと問い合わせたのだけれど、プリンストン大学とハーバード大学にだったらあるけれど、コロンビアにあるのにうちの大事な資料は貸せないというふうに言われまして。バタバタバタバタする中でみなさんの気をもませて本当に申しわけなかったです。

　さて、なんで私がこんなにリブというものに思い入れているのかということを考えると、私にとって、私のような世代にとってのリブというのはものすごく知りたいのだけれども、限られた資料からしかわからないもどかしいもの、そして、今の現在とリブとに三〇年の隔たりがあるんですが、隔たりを感じさせないものとしてあります。私にとっては、いつも辛くなったときは読み解く存在としてあります。リブにアクセスできるのは、まず『資料　日本ウーマン・リブ史』ですか、あと秋山さんの『リブ私史ノート』、田中美津さんの『いのちの女たちへ』とか、書かれたものというか記録されたものとしては限定されていて、また、ああでもないこうでもないと、同じものを繰り返して読むことになります。

　どうしてリブの思想が自分の原点というふうにいえるのかというと、やっぱりこの三〇年の間で女性運動が進展していったにもかかわらず、それでも変わらないところがあるというか、身につまされるようなところがあります。個人的には、フェミニストに近いところにいる解放をめざすはずの左翼男たちの性差別にいらだつとか、そういう点で共感しちゃうのかなぁと思ったりもしますが。それはさておき。例えばですね、私も原稿の中に書いたことですが、一九九〇年代後半、ジュディス・バトラーの『ジェンダー・トラブル』という本が翻訳されて、ジェンダー理論はバトラー一色という感じになりました。もちろん、ものすごくインパクトのある本で、私もさまざまな感銘をうけたのですが、でも、それがどういうふうに使われるかというと、相当な苛立ちがありました。そのあたりから、いろいろな人によくいわれるようになったんです。「バトラーも言っているように」、「女の人というのは一枚岩じゃないんだ、女の人っていわれても多様なんだ――それは当たり前のことなんですが――だから一枚岩的な女の解放を謳っているようなフェミニズムというのは成り立たないということをあなたはちゃんと反省しているの」っていうふうに、反省しろっていうふうに言われるんですね。反省しろ、反省しろ。えっ⁉と思って。しかもバトラーとか女の論者を引きつつ、女が日本のフェミニズムの反省を口にして喝采を浴びるだけじゃなく、お前もそういうのを見習って反省しろ、だからフェミニズムはダメなんだって、男性にいわれるんですよね。

私の知っているフェミニズムというのは、そんな、女というのがそのままみんな一緒だなんて言ってるような思想じゃないのになぁ、おかしいなぁというふうに思うわけですよ。今度はまた、フェミニズムは帝国主義的だということを反省したほうがいいというふうに、言われる。フェミニズムというのは人権主義に基づいたような、帝国主義的な実践であるということをちゃんと反省して、ずっと帝国主義的だったんだ、そういうことを反省しないとフェミニズムの主張はいえないいんじゃないかって。帝国主義とフェミニズムの関係を問い直す必要がある、それ自体は本当にまっとうな主張で、あぁそうだなぁと思うんですが、「だからフェミニズムはダメだ！」というふうに言われるに及んで、まぁ、私自身が、お前はフェミニストとして帝国主義的だから反省しろと言われるんだったらわかるんですが、フェミニズムが一貫して帝国主義の問題を無視してきたとかって言われるとね、じゃあ私が『資料　ウーマン・リブ史』で見ているような、『いのちの女たちへ』とか『リブ私史ノート』で見てたああいうリブって何だったんだろう、なんでこんなにリブの主張が理解されてないんだろうって思うわけですよね。そうすると家に帰ってこっそりまた本を読んでですね、違うよね～、こんなに帝国主義のことについて考える糸口を与えてくれてる本なんだから、やっぱり私、間違ってないわよね～と一人涙しつつ読むというふうなね（笑）、そういうふうにしてきたわけです。

　もちろん、わたしのこういういった語りが、「日本のフェミニズム」っていうのが素晴らしかったんだという一貫性を後から作りあげ、日本のナショナリズムに寄与するという可能性もないわけではないことは自覚していますが、私が意図しているのは、そのようなことではないことは、ご了承いただきたいと思います。

　私自身も、この原稿にもいろいろ書いたので、いまさら言うことも少ないんですけれど、ニューヨークへ行くときに思ったことがあります。私もやっぱりフェミニズムが帝国主義のことをわかっていないという批判があまりにあるので、やっぱりこれは私がわかってないんじゃないかと一瞬反省をしてみました。田中美津さんが、女であることは選びなおしたけれど、日本人であることは選びなおしてこなかったから、メキシコに行ったんだというふうに言われているように、私も、一回、日本の外に出て、もう少し帝国主義の問題、日本の問題というのを考え直してみよう、そうすると今までリブを見て、フェミニズムの問題と帝国主義の問題で意見が変わるんじゃないかと一瞬思っていたわけです。結論をいうと、全然変わりませんでした（笑）。

　やっぱりこの『資料　ウーマン・リブ史』で書かれている、その深められた思想というのは間違っていないんだという思いを新たにして考えてきました。私はどこに感銘を受けたのかというと、圧倒的な加害者であるとか圧倒的な被害者であるとか、そういう者はいないというその一点です。いつも、フェミニズムというのは、圧倒的に女だけが、女が被害を受けてるんだというだけのことを言っているのではなくて、私たちが、例えば働く場所がないとか、例えば主婦をやっているとか、そういうふうに抑圧——主婦が抑圧って言っちゃいけないですね——自分が思うような生き方をさせられていない、その裏にあるっていうものが、何なのか、ですよね、そのことを突き詰めた思想だと思っています。男たちが生産性の論理にもとづいて、海外侵略をする企業で働いていたとする。じゃあ、女は自分たちが働いていなければ、日本の帝国主義から逃れられるのかというふうなことを考えると、そうではないんだ。自分たちは主婦として、夫を支えることによって帝国主義にも加担してきたんじゃないかというような、自分たちが被害者であるということの加害者性というものを、突き詰めた思想だと思っています。

そしてまた今度は、加害者でいることの被害者性について、考え抜いた思想であると思っています。女が、他の女と出会いたいと思う。例えば沖縄の女なりに出会いたいと思う。にもかかわらず、本土の女は加害者にさせられてしまっている限り、沖縄の女に出会えないんです。本土の女は、沖縄の女に対して、加害者になってしまっているんです。なんでこんな辛い思いをさせられるんだ、わたしたち女は常に引き裂かれ、他者に出会えないよういされているじゃないか、つまりは加害者であることの被害者性という、その両面を見据えているということは、すごく有益な視点であるというふうに思っています。

この加害と被害の関係性は、そう簡単に解けるものではない。日本は第一世界だ、単純な加害者なんだ、なんてそう簡単には言い切れません。トリン・T・ミンハも第一世界と第三世界は関係的な概念だといっているように。ニューヨークでは、日本を第一世界だと固定してしまうことが、どれだけ虚しいことか、そして複雑な関係を単純な図式に還元してしまうことかと思いました。アジア人っていうのは、露骨に差別もされない代わりに、軽視され、排除されている存在ですから。たとえアメリカで生まれても、永遠に仲間に入れてもらえない。

例えば、アメリカ人からみれば、東アジア人なんて同じように見えるんです。私たちの間では、ファッションであるとか、メイクであるとか、細かな記号から峻別可能なものではあるんですが、アメリカ人にはわからない。どれもよくわからない極東から来た人たちでしかないわけです。で、日本人に向かって、どこかの東アジアの国から来たのか、というと、猛然と怒る人がいるわけです。「私は、日本人だって言っているのに!!」って。まるで日本人であることで、軽蔑されている東アジアの国のなかで、頭ひとつ飛び出したかのような変なプライドを持つ人がいる。

　私はこの反応を見る度、本当に恥ずかしかったです。わたしたちは、アメリカ人からみて同じに見えるという意味では、本当に東アジア人でしかない。「東アジア人だ、何が悪い」って、返すしかないんじゃないか、と思うのです。

　興味深いのは、同じ人が別の時にはしみじみと、こういうことを言う訳です。「いいよ。日本も、アジアの一部なんだね」。このときは、また違うといわざるを得ないでしょう。だって他のアジアの諸国に対しては、日本は明らかに侵略をしたという歴史があるじゃないですか。そうした過去を考慮することもなく、「仲間だよね」って擦り寄っていくとしたら、それはまた間違ったアイデンティティを作りあげることで、その内部にある差異や権力関係を抹消しようとする試みに他ならないでしょう。「私」という存在は、そういった意味で、文脈によっても規定される関係的な存在でしかないんです。今さらですが。

　こういった微細な差異に、本当にセンシティヴだったのが、リブだと思います。少なくともわたしは、リブからこういったこと、カテゴリーの複雑性といったものを学びました。日本人であること、女であること。それは簡単には解くことのできない問いであって、謎であるのだと。

　ちょっとまとまらないんですがこんな感じでよろしいでしょうか。今回、私は、秋山さんにしろ田中さんにしろ、いろいろお話をお伺いしたいなと思ってきました。たぶん会場のフロアの方たちもそういうふうに思っているんじゃないかなと思っています。

実際、本当にここで声を大にして言いたいことは、たくさんの人がリブにかかわってきて、すごく面白くて生き生きとした思想なのに、私たちの世代になかなかアクセスできないことが残念だと言うことです。もっと知りたいという思いに答えてほしい、ということです。日本にリブはなかったんだ、というふうにアメリカで紹介されるのは悔しいというか、こんなに素晴らしい思想があったのにと思う。

一方、難しいことは、リブの人たちは「リブは生き方だから」とおっしゃいますね。自分の総体のような生き方がリブであって、若い世代の「お勉強フェミニズム」みたいなのは良くないという言われ方をされると、本当に辛い。私もその批判される一部の年代に入っているんじゃないかなと思うと、いつも身の竦む思いがするんですけど。でも私たちの年代は、リブが残してくれた贈り物には出会えたとしても、やっぱり世代的にリブそのものにはなかなか出会えていないんです。リブの方たちは、出版とか、そういうような形ではあまり書いて下さらなかったんですが、でもやっぱり私たちの世代の者にはすごく知りたい、知りたいという気持がたくさんあると思うんですね。ですから今日いろいろお伺いさせていただけるといいなと思ってきました。以上で終わらせていただきます。

## 3

**加納** どうもありがとうございました。千田さんは一九六八年生まれですよね。ですから美津さんとか秋山さんが、リブをはじめた頃まだハイハイしていた。こういう世代が自分のこととして、辛いときに読み直す本としてリブを読んでいるというのをうかがって、すごく嬉しいです。リブというのはちっとも古びないんだということ、いまやますます、ということを改めて思いました。

次に秋山さんにお願いしたいと思います。秋山さんは、この「文学史を読みかえる」の研究会のメンバーでもいらして、私がこれをまとめるにあたってもう頼りにしまくった方です。この中では『暮しの手帖』について書かれているんですけれど、リブの当事者でもある。『リブ私史ノート』という、今、千田さんの話にも出てきましたけれど、私史、わたくしの歴史という形でご自分のリブを本にしてまとめていらっしゃいますので、そういう話も出るかと思います。じゃあよろしくお願いします。

**秋山**　秋山です。今日この会場に来てびっくりしました。こんなにおおぜい集まっていただいて……。私たちが何かの集まりをするときは、いつも人が集まるかどうかが大問題なわけです。実をいえばこの会も、会場を予約するときに、一番大きな部屋しか空いていなかったんです。だから、ガラガラだったらどうしようって、加納さんをはじめ、みんな心配していました。それが今日はこんなにいっぱいで、それも、顔を知らない方、若い方がずいぶん多い。このごろフェミニズム関係の集まりというと、けっこう年齢が高くなってきているのですが、それとはちょっとちがう雰囲気です。あるいは、「文学史を読みかえる」シリーズの読者層ともはっきりちがう。これだけ集まったというのは、やっぱりリブに対する関心が強いのだろうと思います。もちろんリブの中でも、田中美津さんの生出演というのが大きいと思いますけれども。

そこで、なぜ、今リブなのかということですが、じつは、この一年ぐらい、リブに関するいろいろなイベントが偶然に重なっているんですね。それを最初にちょっと紹介しながら、それを通して人間のつながりについて考えてみたいと思います。

なぜ今リブなのか、というのが、最初に出てくる大きな問いです。その答えのひとつは、この特集を編集された加納さんの意図でもありますが、リブから三〇年たって、女性は解放され、世の中はずいぶん変わったはずなのに、どうもよくなった実感がない。むしろ、三〇年前に望んだのとは全然ちがう方向に行っていて、これで良かったのだろうか、もう一度考えなおさなければならないんじゃないか、ということです。そういう実感は、ここにいる方たちを含めて、多くの人の共通しているのではないかと思います。それを考えるときに、もう一度振り返ってみる原点としてリブがある、ということですね。

もう一つは、やっぱり三〇年という歳月がたつと、世代の交代が起こってきます。リブに関わった人たちも、会社でいえば定年年齢になってきて、第一線から退き始めている。今までは自分の生活や活動で手一杯だったけど、ちょっと立ち止まって振り返り、自分たちがやってきたこと、思ってきたことを次の世代にも伝えていきたいという気持ができてきています。逆に、リブの時代をまったく知らない若い人たちの間から、それを伝えてもらいたい、聞きたいという声が出てきている。その両方の思いが、ちょうど今、交差しているのかな、という気がしています。

その二つが主な原因で、たまたま今年がリブの当たり年になり、いろんなイベントが重なったのではないでしょうか。

ここ半年ほどの間に、私個人がかかわったリブ関係のイベントを、順を追ってご紹介してみます。まず最初に、二〇〇三年の一〇月、リブ温泉合宿というのに参加しました。リブ温泉合宿というのは、この時が初めてではなくて、もう何年も続いていて、去年が第五回でした。ことの始まりは、リブ二五年を記念して京都で開かれた「リブで良かったね！」という集会です。トークだのパフォーマンスだの、一日がかりの盛りだくさんで楽しい集まりでした。その場で「たまにはのんびり温泉でも行きたいね」という声が出て、リブ温泉合宿が始まったのです。どちらかというと関西が中心だったので、私は行きそこなっていたのですが、去年はたまたま伊豆でやったので、初めて参加しました。集まったのは三〇人くらい、リブを通して知り合った人たちを中心に、その後いろんな運動の中で出会った人も含めたゆるやかなメンバーで、平均年齢は六〇歳近い。でも、話を始めると、みんな元気で若々しくて、夜のディスコパーティーでは踊り狂っていました。三〇年前にリブがなかったら、こんな六〇歳はなかったんだな……としみじみ思ったものです。

その合宿の会場は、伊豆高原にある「友だち村」という施設です。これは、女性たちが共同で作ったケアつきの分譲マンションです。大きな浴場には温泉がひかれており、共有スペースも広く取られていて、デイ・ケアを受け入れられるような施設や、外来者を泊めることのできる部屋もあります。その宿泊施設と温泉浴場を利用して、リブ合宿をやったのです。

この「友だち村」計画の中心になったのが駒尺喜美さんです。文学研究者で日本のフェミニズム批評の草分けのような方ですけれど、彼女はパートナーである小西綾さん――これはもっと古い女性運動家で、二〇〇四年には百歳を迎えるはずだったんですが、合宿のすぐ後に亡くなられました――といっしょに、「友だち村」に住んでいます。駒尺さんはおなじ場所に、「わかった会館」という集会ができる会館を自費で建てた。いろんな講座が開けるようなホールがあって、リブ温泉合宿の話し合いや夜のパーティはそこでやりました。もう一人の住人は、舟本恵美さん。リブの初期に炎のような文章を書いていた方です。その後、『女・エロス』の編集にも関わっていた。彼女は日本の企業に定年まで勤め続けて、定年退職後東京を引き払い、伊豆に定住しました。それから田嶋陽子さん、彼女はリブには参加していないけれど、「友だち村」プロジェクトの仲間で、やはり自分の部屋を持っていて、今は別荘のように使っています。リブのころに語られていた女同士が一緒に住んで助け合おうという構想が、こんな形で一つ実を結んだわけです。共同住宅作りの実務面を担当したのは生活科学研究所という企業ですが、これも女性が立ち上げた会社です。こういう施設を作りあげたこと、そこでリブ合宿が開催できたことは、三〇年前の夢の実現といってもいいかもしれません。もっとも、夢の共同住宅はそれなりの資金が必要で、大学や大企業に定職を持って、退職金が出るまで勤めあげることができてこそ資金が出せる、という面があります。温泉合宿に集まった元リブたちの多くは、非常勤職や自営業など金には縁がない人でしたから「私たちは古い民家でもみつけて、ビンボー版友だち村をつくろうか」なんて冗談も出ていました。

リブ温泉合宿の後、年が明けて、『リブという〈革命〉』が完成し、出版されました。それからこんどは二月、ついこの間ですけれども、大阪で『女性学年報』の合評会がありました。日本女性学研究会が発行している『女性学年報』は、女性学関係では最も長く続いている年刊の研究誌で、秋に出た最新号で二四号になります。それの合評会のタイトルが、「つながりたい、つないでいきたい　リブと私とフェミニズム」。じつはこの号の特集タイトルは「再考・女の戦後」となっていて、必ずしもリブがメインテーマではなかったのですが、世話役の松本澄子さんが、リブを中心に合評会をやりたいと計画なさった。松本さんは自分ではリブに「遅れてきた」と思っていて――加納さんもよくそういうふうにおっしゃるんですが――ぜひリブを軸にして合評会をやりたいと、企画をたてたそうです。

当日は、『年報』に「『ウーマンリブとメディア』『リブと女性学』の断絶を再考する」を書かれていた斎藤正美さん――今日ここにも来てくださっていますけれど――が、「フェミニズムとのつながりを求めて」というタイトルで報告されました。当時のマスコミによるリブの取り上げ方を中心にして、当時の報道を分析したものですが、週刊誌や新聞からとった写真を資料としていっぱい使った、とても面白い報告でした。その中には中ピ連という組織をやっていた榎美沙子さんがどんなふうに報道されたか、彼女こそリブだ、というふうに報道されたためにリブの報道がいかに歪められたか、といったことを裏付ける資料もたくさんありました。中ピ連と榎美沙子がマスコミのいいネタだったことは知っていましたが、あらためてその報道量の膨大さには驚きました。

もう一人の報告者は、中西豊子さん。彼女は京都で、女性のブックストア「松香堂」をずっと経営してきた方です。本屋さんだけではなく、出版も手がけ、大手の出版社で採算が取れないと断られた『資料 ウーマン・リブ史』三巻を、赤字覚悟で出版された。彼女の決断がなかったら、アメリカの図書館でぼろぼろになるほど読まれているという貴重な資料は世に出なかったのです。中西さんは、「『作文』とリブの間」という話をされました。「作文」というのは何かというと、一九五〇年代に京都で『わたしの作文』という同人誌を出していたサークルのことです。後に随筆家として知られるようになった大村しげさんらが中心で、中西さんもそれに参加していた。『年報』には森理恵さんという若い方が「『わたしの作文』に見る『主婦』と『作文』のパワー」という文を発表しており、集会でもそれについて報告されたのですが、その発表を中西さんが受けるという形で、五〇年代、六〇年代のサークル活動の経験と、その後彼女がリブに関心を持って共感していく、そのつながりについて話されました。『わたしの作文』は一九六八年の一一五号で終わったようですが、おなじ五〇年代に発足して中西さんも参加していた朝日新聞家庭欄のコラム投書者で作った「ひととき会」は、東京では解散したけど京都では今でも続いていて、創立五〇年になるそうです。この日の大阪での合評会は、三〇人ほどの参加者でしたが、最年長が七〇代の中西さん、若い人は二〇代の学生さんまで年齢の幅が広く、「つながりたい、つないでいきたい」という主催者の思いがそのままあらわれたような構成でした。報告が終わったあとも、輪になって、みんなが自分の思いを語り合いました。

それからもうひとつのイベントは、日本女性学会が六月に鳥取で開かれる大会で、「ウーマンリブが拓いた地平」というタイトルのシンポジウムをやります。この学会には私も入っていて、コーディネーターの役目をさせられ、当日の司会ということになっています。基調講演には、「鳥取には三朝温泉があって、魚がおいしいから」と田中美津さんをくどいて、お願いしました。シンポジウムと翌日のワークショップでは、リブに関わった世代から若い大学院生までの対話を目指しています。こちらも、なぜ、今ウーマン・リブなのかということですが、「大会シンポジウムのねらい」を要約すれば、リブ運動が拓いた地平を、その後のフェミニズム運動と女性学がいかに継承・発展させたかを検証することによって、最近激しくなった反動勢力からのフェミニズム・バッシングに対抗したい、というものです。今の時代になぜリブか、という問題意識は、やはり共通しているんじゃないかと思います。このシンポジウムにそなえての研究会が、じつは明日あるんですが、そこではドイツのデュッセルドルフ大学教授の前みち子さんに、ドイツから見た日本の女性運動について話していただきます。前さんはドイツに日本運動の資料を紹介するプロジェクトをなさっているので、日本の運動が逆に外からどういうふうに見えるか、これも楽しみにしています。

　そんなふうに、いろいろなリブ関係のプロジェクトが、ここのところ連続している。報告する人、会場に聞きに来る人が、少しずつ重なりあいながらずれていく。報告した人が今度は聞き手になったり、その逆になったりする。そんな形で、リブに対する関心はじわじわと広がっているような気がしています。

　集会のほかに、出版もあります。リブについてのまとまった本としては、なんといってもこの『リブという〈革命〉』ですが、そのほかに、リブ体験に言及した自伝がいくつか出ています。例えば、「女性国際戦犯法廷」という大事業をやりとげた松井やよりさんは、一昨年突然亡くなってしまいましたが、彼女が病床で最後まで口述筆記をしてできあがった自伝、『愛と怒り　闘う勇気』（岩波書店、二〇〇三年）が出版されました。この伝記の中で松井さんは、「ウーマン・リブが自分を変えた」という小見出しで、一九七〇年代のリブとのかかわりについて回想しています。彼女は七〇年に私たちが始めていた翻訳グループに参加するのですが、まもなくアメリカに取材旅行に行きます。そこで現地のリブ運動と直接接したことが、その後の女性の視点で記事を書くという方向を決めたと語っています。松井さんがリブから学んだのは、女同士の連帯＝シスターフッドと、自分の身体は自分で、というボディ・コントロールの思想だったといっています。また、自伝のほかに『松井やより　全力疾走』（ビデオ塾）という彼女の生涯をたどったビデオも製作されましたが、そこには、「ウルフの会」という私たちの小さなグループが仲間の一人のダイニング・キッチンに集まっていたときの写真がチラリと出てきます。松井さんはよく知られている人ですが、彼女の出発点がリブだったことは、案外知られていないかもしれません。

もう一人は、田原節子さん。彼女は田原総一朗氏との共著で『私たちの愛』（講談社、二〇〇三年）という本を出しました。これは、それぞれ結婚していた二人が仕事を通して出会い、恋に落ち、長い苦しい年月を経て最後には結ばれるという、いわば「不倫の純愛」の経過を二人が交互に書いた本です。有名人の赤裸々な性と愛の告白であり、節子さんの乳がん患者としてのカムアウトでもあるこの本は、テレビなどでもかなり話題にされました。その中で、節子さんは自分のリブ体験を、「ウルフの会」の活動や、田中美津さんやリブ新宿センターとの交流も含めて書いています。美津さんにかかわる部分についてはご本人からの反論があるようですが、記憶とその解釈は人によって違うので、節子さんの記憶は記憶として読むしかないかなあと思っています。当時の村上節子さんは、民放の女性アナウンサーとしては、子供を産んで働き続けた第一号です。それと同時に私たちの「ウルフの会」のメンバーとして、女性の体について、産むこと・中絶することについて、独自の視点と感性でとてもいい文章を書いていました。彼女の本には田原総一朗さんとの恋の隠れ家として職場のそばに借りた小さな家の話が出てくるのですが、じつは「ウルフの会」の集まりに、その隠れ家を使わせてもらったことなど、懐かしく思い出しました。節子さんはその後、会社が「容姿が衰えた」という理由で別な部署に配転しようとした時に、裁判所に訴えて身分保全の仮処分をかちとるという闘いをしたので、覚えている方もあるかもしれません。その後も五〇歳まで会社に勤め続けたのですが、会社を辞めてからしばらくは、総一朗氏の秘書として裏方に徹していました。私はそれがちょっと残念で、彼女はもっと何か発信すればいいのにと思っていたんですが、病気をきっかけに、また発言をするようになった。乳がん患者の立場からの彼女の発言には、リブとして体について考え続けてきたことが生きています。病気は不運だけど、ただでは起きない、そんなところが彼女らしいし、リブらしいなと思います。

面白いのは、北原みのりさん——『オンナ泣き』、『フェミの嫌われ方』などを書いて活躍している若い世代のフェミニストです——が、その『私たちの愛』を軽い話題の本だと思って寝ころんで読み始めた、ところが、途中で姿勢を正してしまった。本の中から田原節子ではない、村上節子という女性が浮かんできた、というのです。「村上節子をもっと知りたい」と思い立って、会いに行った。節子さんは、癌の再発とたたかっていて、現在は足の神経が圧迫されて車椅子の状態なんですけれど、そこへ訪ねて行ってインタビューをした。そのインタビューは、北原さんが開いているホームページに掲載されています。それを読んで、またリブに関心を持つ人が出てくるかもしれない。そういうふうにいろんな形で、伝えたい人、聞きたい人が出会っている。けれどもまだまだ充分ではない。もっともっとチャンネルが必要なのではないかという気がします。こんなふうに、女同士は個人的に横につながり、それがまた、縦にもつながって、細い流れでも続いています。

（田原節子さんは、二〇〇四年八月一三日に逝去されました。半年もたないといわれた発病から五年、彼女らしい戦い方をしていったと思います。）

　個人的なつながりと同時に、運動としてのつながりもあります。縦のつながりと、横のつながり。縦のつながりといえば、あとへ引き継ぐだけでなく、前からの引き継ぎということもあります。リブは前の時代から何を引き継いできたのか、ということです。

　たとえば、よく言われることにひとつに、リブは六〇年代までの女性運動と切れている、というのがあります。でも、どんな運動でも、完全に切れるということはありえない。いったい、何が切れているか、何を受け継ぐことを拒否したのか、というふうに問いなおさなければ、答えは出てこないでしょう。そのひとつの答えは、たとえば母親運動、あるいは主婦連というふうな、女性に与えられた特定のカテゴリーを引き受けて運動すること、そういうことを拒否したことです。あるいは、政治系列的なピラミッド型の組織を拒否したのも確かです。当時は、革新派とされていた女性組織も、これは共産党系、これは社会党系というふうに分かれていたのが現実でした。戦後最大の市民運動のひとつだった原水爆禁止運動さえ、六〇年代に政党系列で二分裂して、それを四〇年も引きずっているありさまです。そういう組織や運動のあり方に対して、リブは意識的に身を切り離した。そのため逆に、政党系列の女性運動、とりわけ共産党系からは「過激派」の一派だと目されて、敵意をもたれていましたね。

　もうひとつ拒否したものが、運動の中のオンナ役割で、これは時代的に近い全共闘運動の中にもありました。おにぎりを作らされたとか、あるいは上野千鶴子さんが語っている体験ですが、警官隊とぶつかるときに男は石を投げ、女は石集めをやらされたと、そういうたぐいのことです。さらに、性の解放などという聞こえのいい掛け声の下で、結局は男性たちの性欲の処理に使われた。これは例えば、永田洋子さんの手記に生々しく語られています。そんなオンナ役割にこれでいいのだろうかという疑問をいだき、そこからリブに行ったというのは、日本だけじゃなくて、あちこちの国であったことのようです。

　もうひとつ、やはり当時の学生運動の中から、暴力的な手段というのはほとんど引き継いでいない。実力行使という意味では、けっこう過激なことをやっています。例えば「モナリザスプレー事件」。これは、フランスからモナリザを持ってきた展覧会がすごい人出だという理由で、障害者を締め出した。これに抗議して、モナリザにペンキのスプレーを吹きかけたという事件です。これは果敢だけど象徴的な行動で、モナリザも透明なケースに入っていることがわかっていました。それ以外にリブがゲバ棒をもつようなことはなかったし、とりわけ内ゲバというような仲間に向かう暴力は思いもよらなかった。女だから暴力を使わないという言い方はしたくなかったし、しなかったと思うけれども、暴力を使うことを肯定するという考え方はやはりなかった。ただ、リブの中で非暴力をどの程度意識化していたかは、当時書かれたものをもうちょっときちんと読み直して、分析していく必要があるなあと思います。

拒絶したものとは逆に、前の時代から引き継ぐことのできたものもあります。その一つは、小さな集まりという運動スタイルです。当時はサークルと呼ばれることが多かったのですが、広い意味で共通の目的は持っているけれど、運動のための組織ではなく、その中でお互いの意思を通じあって表現しあいながらお互いに変わりあっていく、そういう形の女性の集まりというのは六〇年代にずいぶんありました。例えば私たちがやったウルフの会という小さな会は、労組婦人部や、学校時代の知り合いなどでつくった女性問題の読書会とかサークルが母体だったのです。あちこちのそういうサークルが誕生して、それが集まっていってネットワークという形になる。そういうのがさらに凝縮されるとコレクティブという形になって、生活まで一緒にしてしまう。「リブ新宿センター」はその代表的なもので、運動体であると同時に生活共同体でもあったわけです。あるいは「東京こむうぬ」のように、子どもを一緒に育てているグループがありました。ただ、やはりそれは続かなかったですね。極限の形であるコレクティブというのは続かなかった。それはなぜだったのか、どういう問題があったのか。なんとなくわかる気はするのですが、もうちょっときちんと知りたい。例えば、「東京こむうぬ」で暮らしていた子供たちは、もうすっかり大人になっているだろうけど、どんなふうに育ってきたのか、親の世代の対してどう考えているのか知りたいなあと、そういう気がしています。

あと、リブについていうとしたら、組織でなくて運動体。一人でも運動するという人がいて、それが集まれば運動になる。規約があって、委員長だの書記だのがいて、会議の定足数がどうのこうのという組織とはまったくちがう。こういう運動論は、リブより五年ほど早く始まったべ平連＝「ベトナムに平和を！市民連合」が言っていたことです。リブはやはり、こういう運動論を受けついでいました。学生運動でも、さまざまなセクト＝党派が乱立して争っていたけれど、全共闘の中にはそれを超えようという発想のノンセクト・ラジカルと自称する人たちがいました。それとリブとは、どこかでつながっている気がしますが、具体的にはどうだったのか、このへんもうちょっといろんな人の体験を聞いてみたい気がしています。

いま話したようなことが縦のつながりだとしたら、横というか、同じ時代の中でのリブの広がりというのがあります。私はこの『リブという〈革命〉』の中に、「『暮しの手帖』を読みなおす――花森安治と松田道雄の女性解放」という文を書きました。リブ特集のような一冊の中では、ちょっとはずれたテーマです。それをわざわざ選んだのは、同じ時代の中で、一方ではリブだった自分がいるけれど、もう一方では『暮しの手帖』の読者として普通に暮らしていた自分がいた。リブ大会に出たり、リブの資料を翻訳したりするかたわら、『暮しの手帖』を見て洋服のリフォームをしたり、保育園の夏祭りで綿飴を売ったりもしていたわけです。そのどちらが本物で、どちらが偽者というわけではなくて、いろいろな面を持って一つの時代を生きていた。あるいは逆に、『暮しの手帖』の読者で堅実に生活している主婦の中にも、リブの言葉に心が揺らいだ人がいたかもしれない。そういう時代の広がりをもう一回再現して、確認したいなという気持で書いたものです。同じ時代を知っている方は、読んでいろいろなことをああそうだったと思い出して、共感してくださったりしています。その時代を知らない方が、どんなふうに読んでくださるかにも興味があります。

リブにもいろんなレベルがあって、例えばリブ新宿センター、「リブセン」というのはその中核にいた。その中に田中美津さんという存在がありました。美津さんというのは何だったかって、私は今でも思うんだけど、やはり一つの時代に一つの人がいて、それは輝けるリーダーというのではないけれど、時代というそういう瞬間があった。そういう時代だったのかなあという気がします。私は『リブ私史ノート』の中で美津さんのことを「妙に間違えない人」と表現をしたんですが、これはけっこうあたっていると思っています。一つ一つの言葉や行動を見ていると、私にもよくわからない、なんだかぶっ飛んでいたり、ん？　と思ったりすることもあったけれど、大きな方角でいくとやっぱり間違いなかったんじゃないか、そういう人だというふうに思っています。ま、美津さんのことはくどくどいわず、ご自身に語っていただきましょう。

私がいた「ウルフの会」というのはその頃、中年リブを自称していました。中年リブというけど、考えてみたら、平均年齢三〇前後で、中年というほどじゃない（笑）。今考えてみれば若かったと思うんですけど、その頃は中年だと思っていた。それくらい、リブの平均年齢は若かった。リブセンターの中心になっていた人たちなんかは二〇歳になるかならないかだったんじゃないでしょうか。私たちは、二〇歳ぐらいの人たちのように、すべてを捨ててコレクティブの中に飛び込んではいけない。子どもがいたり、職場があったり、パートナーがいたりと。だけども今の自分の場所、自分の行動に課せられている規制というか、規範というか、それからは何とかして逃れたい。何かおかしいと切実に思っていました。いい子になってそのままではいたくない。そういう思いの人たちが集まって、自分たちでものを書いて発表したり、あるいは外国のものを翻訳したり、何かの形でできることをすれば、自分もリブだと思ってやっていた。その中で、あなたもそう思っていたの、あなたもそうだったの、というふうに、たがいの思いがぶつかりあう。例えば、昔から知っている友だちでも、久しぶりで出会ったのがリブの集まりで、そこで出会いなおしたというようなことがありました。これから先、どこへいくのかわからないけれども、いまやっていることが、先につながっていくんだという気持は強くて、だからすごく忙しかったけれども楽しかったといえると思います。じっさいに、私たちにとっては、そのときやったことが、今の自分にまでにつながってきている。

　そういう点で、リブと全共闘とどう違うかというと、全共闘の男子学生には戻る場所があった。学生運動をやめて大学に戻れば、卒業もできるし、就職もできる。だけど私たち、あの当時の女たちは、同じ大学にいてさえも、同じ条件の就職口などあるわけがなかった。同じ大学生でさえそうなんだから、もっと不利な場にいれば、条件はさらに悪い。だから、自分たちで道を作るしかなかったし、それぞれが道を作りながらここまで来た、ということだと思います。そのとき何かの形でリブに関わったり、あるいは自分はリブだと思った人の外に、同じような気持を持ちながらそのときは出会えなかったという人たちもいました。加納さんをはじめとして、「遅れてきたリブ」なんて自称している人がけっこういますが、その人たちはまた、書いたものによってとか、話によってとか、あるいはその人自身の経験を通してとか、どこかでリブと出会っている。この会場に来ている方たちもたぶん、どこかの段階でリブに出会った人たちなんじゃないかなという気がします。ただ、その一方で、リブ運動の中でも、早くなくなってしまった人、運動の中で心身を傷つけて外に出られなくなった人もいるんですね。その人たちのことも今でもすごく気になっています。今まだ、年賀状を出して「元気?」と声をかけるしかできない人もいます。

　あまり長くなるといけないので、このへんで。結局、私にとってはリブというその時代というのはすごく大きかったんだけど、逆にそれだけがそんなにすごいことだったのか、いま振り返ってそんなたいそうなことだったと言っていいのか、よくわからないという気もします。私が『リブ私史ノート』を書いたのも、そういうことを自分なりに考え直してみたかったからです。ただ、あの題名でもわかるように、私は自分一人分のことを書けばいいと思っていました。それがきっかけになって、もっとたくさんの「私史」が出てくれば、集まって歴史になるだろうと。それが、そのあとあまり書く人が出てこないで、リブ史の定番みたいになってしまうのはどうもまずいという気がしています。だから、今日の会を含めて、もっとみなさんと一緒にリブのことを考えたい、いろんな方の意見を聞きたいなと思っています。

## 4

**加納**　どうもありがとうございました。秋山さんから最後に、リブというのはそんなにすごいことだったのかという問いかけもなされたんですけれども、それも含めてこれから田中美津さんにお話いただきます。美津さんのことはあらためてご紹介するまでもないとは思うんですけれども、いま、「れらはるせ」という診療所をやっていらっしゃる。最近、ホームページができたというのを風のたよりに聞きまして、今朝一生懸命アクセスして、調子の悪いプリンターを騙し騙しプリントアウトしたんですけれども、非常にシンプルなプロフィールが載っていたので紹介させていただきます。「生来虚弱なのにいろいろ頑張って心身ヨレヨレに。ボーっとするためにメキシコに渡り四年あまり暮らす。そうこうしているうちに人はからだだ、と悟り帰国。鍼灸師となって八二年に鍼治療所れらはるせを開く」という、まだもうちょっとあるんですけれど、「いろいろ頑張って」というここの部分にリブが入っているわけですね。非常に簡単にいわれてしまっているので、この部分をこれからうかがえると思います。

　私はこれまで田中さんに何度も何度も断られて、やっと今日、あまりうるさいので引き受けて下さったのかなと思うんですけれど、なぜしつこくラブコールを送り続けたのかといえば、この本の上野千鶴子さんとの対談で言ってるんですけれども、一つは今の状況ですね。イラク空爆だとか、そういう中で、日本の自衛隊、女性自衛官も一一人イラクに行きましたし、アメリカ軍の中では、空軍はもう二割が女性なわけですから、殺傷力の高い空爆の兵士として活躍しているアメリカ軍の女性兵士もいるだろうと思うんです。そういうことをジェンダー平等の視点から評価する見方もあります。ジェンダーというのは作られた男らしさ、女らしさであり、男は強くて女は優しくて可愛くてみたいな、そういう二項対立があったわけですが、戦争の最前線に女性もいて、男性と一緒に肩を並べて戦っているとなれば、作られた二項対立の解体という意味ではフェミニズムのゴールと言える。アメリカのフェミニズムの多数派はそういうところにあるようですね。しかしそういうことでいいんだろうかという思いがずっと私にはあります。そのときに、常に気になっていたのは連合赤軍事件の永田洋子さんのことなんですね。永田さんは今は獄中にいらっしゃるわけですけれども、永田さんの書かれたものを読んでみると、やっぱり彼女なりの女性解放を目指されていた方だと思うんです。で、作られた女らしさ、さっき秋山さんのお話にもありましたけど、全共闘運動の中で、おにぎり作りとか、石運びとかいう形で後方支援活動、あるいは優しさ、男を癒す存在としての位置づけに対して、違うんだと、自分も前線の兵士として男と一緒にやるんだということで暴力の主体化を目指された結果が、あそこまで行ってしまったのではないか。これは私の勝手な解釈なんですけれど。

田中さんは、秋山さんのいう「妙に間違わない人」で、結局永田さんとはちがう道を行かれたわけですが、当時の文章をみると、ニアミスがあったようです。そのニアミスをかわしたのはなぜだったのか。

フェミニズムも一つではない。暴力の主体化というか男並み平等が今主流になりかかっている状況の中で、違うものをリブは提起していたと私は思うので、永田さんとのことも含めてぜひお話いただきたいというふうに思っております。よろしくお願いいたします。

**田中美津**　こんばんわ。田中美津です。「妙に間違わない人」と言われてすごく的確だと、ホントに（笑）。「妙に間違わない人」だなんて、これは私への最大のほめ言葉です。でもうちの患者さんは私のことを「美津さんは生ものね」って言う。これもナルホドってかんじ。

っていうのは、今っていう時間しか関心がないんですよ。徹底的にそう。私が精神的・肉体的に疲れちゃった時には――（会場に）後ろの方の人、首伸ばしてるけど（笑）、私が見えないのね。でも立っても坐っても私の場合あまり違わないのね、チビだから。

でも後から時々立ちますから。私、ずっと同じことやっているの、苦手なんです。ずーっとただ座ってるなんてつまらない。坐ってることがよ、他の人のお話がつまらないんじゃなくて。なにかこう――ま、いいや。

それでね、すごく疲れたとき、いろんな意味で疲れたときにはいつも「でもミッちゃん、明日は生きていないかもしれないよ」と思うのね。

あっ、そうか。今日しか生きてないかもしれないのだから、今日味わえるものをよーく味わって生きよう。そう思うのです。

思うんですけども、手に鍼を持ってたりするもんですから、ホンの五、六秒、目をつぶってみるくらいのことしかできない。でも五感って一つ閉ざすとすごく鋭敏になるんですね。この場合は皮膚感覚ですが。

で、窓の空いている季節だと風が入ってくるから、ああ、いいなあと目を閉じたままウットリと。

うん、この良き風のために、今まで私の身に起きたもろもろの不幸は全部許そうって、そんなふうに思える風もある。

明日は生きてないかもしれないと思うと、そんな一瞬のドラマを自分で作ったりできるのね。

そんなふうに、今生きているということにいつも夢中なものですから、過去のことを語るというのはもうめんどくさくて仕方がない。でも、誰かがかつてのリブ運動を語ってるのを読んでみると、ええ、ほんまかいな、と思うことはずいぶんあります。さっき出てた村上節子さんの本なんかも、エーッと驚くことが多くて。

あれ、私に関係する部分はほとんど？マークよ。いや〜、今に私もこのぐらいボケちゃうのかなと心配になったりして。じゃ反論をすればいいのに面倒くさくて、そのうちまた忘れてしまって、ま、いいか、みたいな。たいていのことは、ま、いいかで済ましてしまって。自分の少ないエネルギーは、自分のやりたいことのために使いたいからね。

昨日、ちょっとさすがにまずいなと思って『リブという〈革命〉』という本をひもときました。そうしたら、加納さんが恨みがましく、田中さんを呼んで上野さんと三人で話したかったのに出てくれなかった、と。でも今年の三月、四月なんて治療所を改装してたし、スタッフも新しく入ったしで、本当に大変だったのよ。もう座談会どころじゃない。

　で、昨日読んだら、あ、引き受けなくて正解だったとホント思ったわ。だって言葉がわからないんだもの。例えば、加納さんがいうわけね。「真綿で首を絞めるような暴力はどうですか」って。そうすると上野さんが「構造的暴力ですか」と（笑）。また加納さんが「母性愛のようなそういった暴力のことですが」って言うと、上野さんが「それは私はメタファーだと思います」って（笑）。

　私ね、自慢じゃないが、このやりとりゼンゼンわからない。フェミニズムは本当に難しい。

　あのね、私、千田さんすごく好きです。こういうふうな存在感のある人が好きなのね。だけど千田さんのくれた本って、ポスト・フェミニズムの本だったと思うんですけど――違う？――一行もわからなくて、自分でも驚いたよ、本当に。

　残念ながら『インパクション』読んでる人って、決して決して多くない。難しい本が好きな少数派を相手にしてても世の中変わらないと思っているから、難しい本を読まない女に向けて、からだの本をね、私は出しています。一番最初の、マガジンハウスで出した冷え症の本、一〇年近く売られていて、ロング・セラーになっています。その本を作った編集者がいいました。「ミツさん、これって、ウーマン・リブの本だよ」。

　田中は女性問題を語らないといわれてますが、私の書く本はテーマが何であれ、全部ウーマンリブの本よ。私の場合、頭がウーマンリブなんじゃなくて、血と肉の全てでウーマンリブなんだから。

さて、永田と田中の違いということですが、私的には、私はミーハー、でも永田はミーハーじゃなかった、ということに尽きる。一言でいえばそういうことだと思います。

ミーハーというのは何か。これは私流の解釈ですが、自分の欲望や願望、快楽に忠実な人間であって、しかも、好ましいと思うことが全部、横一列並びになる人間のことじゃないか、と。

男も仕事も育児も遊びも全部横一列。その時々の優先順位はもちろんありますけど。だけど上下はない。どういうふうに仕事を進めるかということと、今度はどんなヘアースタイルにするかということは、ほんと、私にとっては同じくらい大事な問題です。

治療で人を助けることは上等なことで、ヘアースタイルを気にするのは大した問題じゃないとか、そんなふうには、全然思わない。そういう人が私のミーハーというイメージです。

そんな「ミーハーの私」が、私はとても大事。オウムの問題が起きたとき、新聞で、オウムの食事を見て、自分は絶対にオウムに行かないなと確信しました。神秘体験はしてみたい。ミーハーですから、やはり。でも、私、新聞に出ていたオウムの食事も麻原の顔も嫌いですもん。顔が嫌いというふうなことはいっちゃいけないなんて思わない。イケメンをいい顔だと思わない私がいってる話ですから。

この講演会だって、そう。一番最初に私が考えたのは、今日何を着ていこうかなぁってこと。人前で喋るって大変なことなのよ。だから来る前から景気をつけて、わーい、わーい、私ってケッコーいいかもって思えることが必要。他の人がいいぞと思わなくてもいいんです、私がね、いいゾーって思えれば、おのずと元気が出てきます。そういうことは私にとって、とても大事なことなのね。

そういうミーハーの私のもとに、永田洋子さんがある時やってきてね、大昔のある時よ、山岳ベースキャンプに行きましょうって誘われた。

この話は皆さん、実は本邦初公開です。私は、上九一色村《かみくいっしき》にもちゃんと行っている人間です、サティアンのあった……。富士山方面に旅行に行ったときについでに行っただけですが。

そういうミーハーだから、永田さんに自分たちの山岳キャンプを見にこないかと誘われた時、ワーイと、サティアンを見に行った時のように行ったわけです。もうまったくの好奇心で。

その頃、永田さんが所属していた「京浜安保共闘」は猟銃店から銃を奪ったあとでした。これ、「赤軍」と「京浜安保共闘」が一緒になって「連合赤軍」を形成する前の話で。

リブをやる前は、私、新左翼の端っこにいて、大学に行かなかったから市民運動やってたのね。

六九年に安田講堂に機動隊が突入して、そしたらもう、上野さんが「政治の季節が終わったら性の季節になった」って言ってたけど、まったくそういう感じでゲバ棒握ってた学生たちが次々結婚していった。ところが私はまったくもって、「それどころじゃない」という気分で。

私の親はめちゃくちゃ自由放任で、例えばトイレに私が新聞を持って入るでしょう。そうすると母は、「読んだ新聞は持って来なさい」って怒った。でも「女のくせに何です」とかそういうことは全然いわなかった。

二七まで家にいましたが、万事そういう感じで、結婚しろなんてゼンゼンいわれなかったし、全員が思ったことをそのまま口にする、いわば全員が加害者で被害者がいないような家族だったから、ものすごくノーテンキに育ったの。

　よく、「田中さんはいい家に生まれて、のびのびと育てられて……」とかいわれるのですが、そういう家に生まれるのも大変なのよ。世の中の人がする目配せの意味がわからなかったり、何をどういわなければマズイかもわからない。

　若いときってモテたい一心じゃないですか。もうさかりがついちゃって。でももてたかったら、素のままではダメで、男が「君、コーヒーでいい？」っていうまで自分は黙っているとか、なるべく男にしゃべらせて、毎日シッカリ新聞読んでるような顔は絶対しないようにして、熱心に男の意見を拝聴するとかしないと、なかなか男はひっかからない。

　そういうマネを一応私もやってみるんだけれど、飼い犬の中に混じった狼ってかんじで、すぐにバレちゃう（笑）。

　結構努力したのよ。『女性自身』とか『週刊女性』に教わって、男と目を合わせる時は、こういうふうに視線を一度落としてから、V字を描くようにして見上げるとかのことをマジメに練習して……（笑）。

　母はよく、「世間なんて悪けりゃ悪いで悪口をいい、良ければ良いで悪口をいうもんだ」っていってました。つまり「世間なんか気にしないで生きなさい」って言われながら大きくなったわけね。

　そんな「自分のままでいいんだ」と思って育った人間が、この、他人の目ばかり気にしている世間と本格的に付き合うようになったら、もう多勢に無勢っていうか、身を置く場所がないってかんじで……。

　それでなくとも私の場合、チャイルド・セクシュアル・アビユースを小さいときに受けたでしょ。チャイルド・セクシュアル・アビュースもいろいろで、私の場合半分遊びのような体験だったのね。そういうことはしてはいけないことだと知らなくて、ヒミツの遊びを話してあげようと思って母の耳にささやいたら、「な、なんてこと！」って大騒ぎに。以来、私は不幸なんだっていう物語をその体験を根拠に作りあげてしまって……。

　チャイルド・セクシュアル・アビューズのことを告げた時の親の対応が悪かった、ウチの親が横暴で支配的だから私は不幸になったんだ、私は家族帝国主義の犠牲者だ。新左翼の運動に参加するようになると、そんなふうに考えるようになって……。

　全然うちは帝国主義でも何でもなかったのに、わかったような気になって。

　当時私は体調がひどくて、それで気持が暗かったんだなと今はわかるのですが、当時はただただ縮こまって、本当に暗い日々を送っていました。この私がこのまま惨めであるなら、こんな地球ぶち壊れてかまわないといった、今のアルカイダみたいな気持ちでいたのです。

　そしてそんな大変な日々を一気に救ってくれるであろう、非日常のエロスとしての革命にあこがれて……。革命に抱《いだ》かれたい。革命によって汚れた自分が浄化されるという幻想を持っちゃってね。いわば革命という名の白馬の騎士を求めたわけです。

　そういう過去があったから、革命したくて猟銃を奪っちゃう人たちっていったいどういう人たちなのか。今だに革命幻想に囚われている人たちってという好奇心で、誘われるままに永田洋子さんたちの山岳キャンプに行ったわけです。

　フッ、私いつでも服装が大事。そのときに私は計らずもミニスカートで彼らを訪れてるのね。

その頃はもう武装闘争なんて賛成してないから、彼らが猟銃なら、私はとりあえずミニスカートで行って、彼らとの路線の違いを示したい、と。そういう気分で。

　あとで逮捕された兵士が、田中さんの膝っ小僧が眩しかったって調書でいってますが、それほどの膝小僧じゃない（笑）。

　あまり憶えていないのですが、京浜安保共闘の人たちは一〇人くらい居たかしら。おなかの大きい女性もいました。憶えているのは、永田が「私たちはおからを食べている」といったこと。何か「おからイコール革命的」みたいなそういう感じでいったのよね（笑）。ふーん、でも私は毎日おからじゃ嫌だなと思ったことを覚えてます。

　それからね、ものすごくみんな人がよくて健全な感じで。あのね、疑問もなく仲のいい家族ごっこをしている人たちって一見健全な感じでしょ。妙に明るくって。みんなニコニコしてて、口数が少なくて。

　ただ私自身は健全というものにいかがわしさを感じるほうだから。健全というのは、他の人よりか少しでも大きい饅頭が欲しいという気持を自分が持っているのに、そういう自分に気がつかない人たちが持てるような心のあり方だと思うのね。だから、健全って、鈍感とか、自己欺瞞とか、そういうものにつながる感じで、なんか信用できない。

　私に対しては、みんなすごくいい感じでしたけれど、ちょっとズレてるっていうか、浜田光夫と吉永小百合の映画『キューポラのある街』に出てくるような、ああいった人々に囲まれてるような感じ。わかるかなぁ？で、彼らはもうこれで私をオルグできた、仲間にできたと思ったみたいで。でも、私は納得のいかないことには、金輪際からだが動かない人間です。だから連絡先教えてっていわれた時、とっさにあまり使ってない電話を教えました。あとから思えば、それでいわば難を逃れたわけね。

私はただ見学したかっただけだもの。彼らは超マジメだから、一宿一飯の恩義を私が感じただろうと思ったかもしれませんけど、私は来てといわれたから行ったまでで。

彼らは非日常空間の中で存在証明をしたい人たちだけど、私は違う。たまたま女に生まれただけなのに、女であるというだけで門戸が閉じられたり、美人か否かで評価されるという抑圧を私たちは受けている。その抑圧はいわば日常張りめぐらされてあるわけです。ですから、非日常志向の彼らと私とでは闘い方が違う。

たしかリブを始めてまもなくだったと思いますが、マスコミが取材に来て、「田中さん、お年は？」って聞かれました。「二六です」って私はいったんですけど、そのとき実は二七だったんですっ（笑）。昔はオールド・ミスというような言葉があって、二七歳だなんて言ったら、オールド・ミスがやけのやんぱちで決起したと思われるのではないか。それだと運動全体のイメージを損なうことになるのではないかというふうに思ったのよ、ほんとに。

モチロン、ミーハーとしては一歳でも若く見られたかったのも事実だけど。たった一歳って、笑えるよね。せめて五歳ぐらいサバ読めよ、五歳ぐらい（笑）。

でも一歳でも嘘は嘘。あとで私は落ち込んで……。

これから年齢なんて何よという女として生きようと思っているのに、一歳若く見られたいと願うなんて、お前は一体何なんだ、と。でもね、二七年間にわたって「畳と女房は新しいのがいい」とか「女は若くなけりゃ」

とか、いろいろ脅かされ続けてきた女がね、リブの旗揚げぐらいですぐに「年齢なんか何でもないわ」という毅然とした女になったら、またまた私は「どこにもいない女」になってしまうじゃないか。

　リブの女として世間のイメージ通り素顔で毅然としていれば、女性解放運動に一身を捧げてるえらい女性だと思ってもらえるかもしれない。でもそれじゃ他者のまなざしを生きることになる。今まで女性たちは、散々男のまなざしを気にして、やさしいふりや可憐なふりをし続けた揚げ句に、空虚な「どこにもいない女」になってしまった。それが生き難いから私は立ち上がったのだ。それなのに無理して毅然とした女なんかやって、再び「どこにもいない女」になってしまったら、元も子もない。

　一歳でも若く見られたいという私と、年齢なんて何よと思う私の間に、「ここにいる女」としての私がいる。だから年齢を一歳若くごまかしたい私もマル。年齢なんか何よっていう私もマル。この二つのマルを抱えてリブをやりたいと、あの時心から思いました。

　でも、そういうのってわかりづらいよね、他の人から見たら。例えばセクハラ、セクシャル・ハラスメントもそうよ。嫌いな男からは金輪際お尻なんか触られたくない。でも、好きな男が触りたいと思うお尻が欲しい。その二人の「私」の間に「ここにいる女」の私がいるわけです。「何よ、このいやらしい手！」って怒る私と、好きな男が思わず手を伸ばしたくなるような、プリンプリンしたお尻が欲しいと思ってる私の両方を良しとするようなリブをやりたい。そう思いましたが集団として動くには共通の正義が必要だから、どうしても「何よ！」のほうへ運動は傾きがちで。

セクハラが社会的正義になるのはいいことだけれど、男にもてたいとか、若く見られたいとか、プリプリしたお尻が欲しいと思ってる私も私として肯定するということができなければ、リブもフェミニズムも女性たちに抑圧的に働くようになると私は思います。それに毅然とした女、正しい女ばかりの運動じゃ、フェミニズムはドンドンまずそうなものになっていく。

いったいどうしたら、「大義の運動」、正しい主張に、それだけではない自分を四捨五入して成り立つそれを乗り越えられるのかなあといつも考えてきました。

私が参加した運動の中で一番よかったのは、『ミューズカル〈おんなの解放〉』ではないかしら。これは全編喜劇で、笑いながら共感しながら女の問題を考えるというもので、まあ、あれと、「リブ・ニュース」ね、それらが一番ましな活動だったと私は思います。

さて、永田はまじめですから、「お尻に触らないでよっ」ていう考え方は持っていたと思います。だって、男が好ましく思う女のイメージを生きたくないと思ったからこそ、別の生き方が欲しいと思ったからこそ、彼女は道を間違ってしまったのです。

女性の自立を一途に願って、男並みに銃を握る人になることによって、自分の存在証明というか、アイデンティティというか、とにかく銃を握る女兵士になることで自己実現しようとしたわけね。

でも私は三〇年前に出した本の中で、「化粧が媚びなら、素顔も媚びだ」と書いた人間です。男に好かれたいための化粧が媚びならば、化粧なんかしない、知的な女も、男たちに自分の知性を評価されたいという気持がいる以上媚なわけで、結局ファンデーションで化粧するか、マルクスやフーコーで化粧するかの違いでしかない。

他の人、男や、権力や金を持つ人、自分より力のある人が求めるもの、求めるイメージを生きようとする限り、結局は化粧も媚び、素顔も媚びになってしまう。ということに永田は気がついていなかったと思います。永田がもし毅然としている一方で、私もイヤリングを付けたい、イヤリングつけて革命して何が悪いのヨって思っていたら、あの群馬県の山中での出来事は起きなかったかもしれない。

それでも永田は私と似てるなと思う点は、自分自身や生きてることに肯定感を持ってた人だと思うからです。山に行った時に永田はグループの一員である妊婦を指して、このお腹の子どもぐるみ、私たちは闘いを創っていきたい、ということをいってたんですね。闘いにとって非生産的な妊婦を排除するのでなく、共に子を育てつつ闘うというイメージを彼女は持っていたわけです。

また、「赤軍は男性が多くてカッコつけるから、レストランで食べ残してもそのまま出て行く。でも、私たち、京浜安保共闘はそれをポリエチレンの袋に入れて持っていく」って。私、永田ってすっごくオバサン、すっごく女ってその時思いました。残った料理を気にかけ、次の食事をそれで済ませようとするところが女だなあって。

そして、永田がそういう部分を抱えてれば抱えてるほど、男並の優秀な兵士になろうとしたときには自分の中に矛盾が生じてきただろうと思うのです。

男たちのすなる革命に革命戦士として参加するためには、イヤリングは許されない。しかし自分自身イヤリングをつけたい女だった。それだからイヤリングをつけた女を永田は率先して排除しなければならなかったのではないか。

　イヤリングをつけた女は、もう一人の自分だったからね。孕んだ女も。それは自分の秘かな夢だったかも。でも彼らを消さなければ男に、革命戦士になれない。そう思い込んでしまって。

　くり返しになりますが、だからね、イヤリングつけて革命してどこが悪いのっていえてたらなぁって。だって昔キューバじゃゲバラやカストロたちは夕方闘いが終わったら、歌ったり踊ったりセックスしたりして、また次の日には闘うという生活をしていたそうで、そういう闘い方だってあったのに……と思うのね。

　私は永田を思う時、すぐに浮かんでくるのは、例の東電の殺されたOLです。彼女もやっぱり普通の女にはなりたくなかった人です。器量では勝負できないから、頭で勝負したかった。つまり男並みになることで存在を認められようとした訳です。

　桐野夏生《きりのなつお》さんが書いた『グロテスク』っていう本。あれのモデルは東電のOLで、本の中で桐野さんも同じ捉《とら》え方をしている。頭脳で勝負の男並みキャリア・ウーマンを目指して、目指しても目指しても、全然道は開けてこない。その間ずーっと自分で圧殺してきた、抑えつけてきた自分の中の女を、彼女はああいう形で、売春という形で、取り戻そうとしたのではないか、と。または、「私は、女としても男に評価される女なのよ」ということを証明したかったのか、仕事だけじゃなくて、女としても優秀だということを。

　永田と東電のOL。一方は人を殺し、一方は人から殺された。片方は革命戦士を目ざし、もう一人は出世することで認められたかった。彼女らは、いわば一枚の紙の裏と表です。男や社会が良しとする自分を生きようとしたという点で。

私たちは永田洋子が、もしくは東電のＯＬが抱えてしまった「二つに切り裂かれた自己」から、果してどのくらい離れたところに立っているのでしょうか。経済的に自立することと、自分を売り渡さないということをどのようにクロスさせていったらいいのでしょうか。そしてなによりも、自分自身を生きるとはいったいどういうことなのか、くり返し問い続ける必要があるのではないでしょうか。うん、そんなふうに思います。聞いてくださってありがとう。

**加納**　どうもありがとうございました。生ものだから昔のことはもう考えたくないっておっしゃっていた田中さんが、本邦初演で永田洋子とのこともきちんと語って下さいました。本当にありがとうございました。

私は田中さんの言葉で好きな言葉がいくつもありますけれども、今おっしゃった最後のことに関わることで、「かけがえのない、大したことない私を生きる」っていうことばがあります。一〇年ほど前に、これもちょっと私が企画してやっていただいた(注)中で語ってくださった言葉なんですけれど、たいしたことない、本当に、いまここにいる私。でも、だからこそかけがえがないっていう、そこのところをもう一回、どうやれば一人一人が、自分で確認できるのか、そういう問いかけでもあると思いながらうかがいました。

（注）『インパクション七三号　特集・リブ20年』でのインタビュー。本書収載。

## 【質疑】

●

**加納**　それでは今一応三人のお話が終ったんですけれども、お話聞きながらいろいろ思われることもあるでしょうし、質問とか疑問とか意見とか、会場からの発言で三〇分ぐらいとりたいと思います。

**要友紀子**　子どもの権利のことなどで運動している要《かなめ》と申します。エクパッド・ジャパン関西のメンバーです。田中美津さんの話を初めて聞いて、すごく感動しました。どう感動したかというと、田中さんみたいな世代の人が言うことじゃないと思って（会場笑）。というのは、今リアルに運動してて感じていることをそのまま言うとしたら、田中さんみたいなことだったんで、私のことを代弁してくれていると思って。講演とか聞きにいったりするんですけれど、こんなに講演で感動したのは初めてです。何か今日はここに来てこういう話を聞けるというのがすごく意外というか、それこそインパクト出版会主催で、学者さんとか並べてる机に田中さんがいて、ぜんぜんこの集会っぽくないことを言って、その意外性もあるし、とにかくこんな眼を見開いてまばたきせずに話を聞いたのは初めてです。ありがとうございました。

それで、質問を二ついいですか。

一つは田中さんみたいな人が、なんで、こんなにビッグになられたのですか（会場笑）ということです。ビッグというのは、講演に呼ばれたり、加納さんにラブ・コールを受けたりするって聞いて、でも、田中さんの話ってめちゃくちゃ理解されにくい話をしてると思うし、今の運動、大きい運動なんですけど、運動業界っていうか（会場笑）、すごく理解されにくい、なんか、わかってない人が多いと思うんですよ。田中さんの話を身体からわかってないというか。それなのになんでビッグになれたのかがすごく不思議で。なんて言ったらいいかわからないんですけど、意味わかりますか。（会場笑）

あと、二つ目が、そのカッコいい男の子を見つけてよかったわと思いたいと言われましたが、カッコいい男は見つかりましたか。（会場笑）

**田中** 身体もこんなに小さいし、稼ぎも多くない。およそビッグになったことがないから、ビッグだといわれてもねぇ……。

さっき加納さんがいってましたが、「かけがえのない大したことのない私」というのが、自分を考える時の正直な気持です。リブに出会う前からそう。母から「お前のままでいいんだよ」っていうメッセージをもらいながら育ちましたから、ダメな私もステキな私も両方かけがえのない私だという気持はもう血肉化しちゃってる感じです。

「たいしたことのない私」っていうのは、自分を見て本当にそう思うもの。こんな立派な講演に呼ばれたときには、すぐに、着ていくものの心配をする私だし、お寿司を誰かが御馳走してくれたりすれば、急に無口になるような私だし。本当にたいしたことないのよね。

鍼灸師ってけっこう早死になんです。自分の生命エネルギーをじかに出してしまうから。私の鍼は、鍼から手を離すなっていう流派の打ち方。だから、生命力の出方も激しい。もっと儲けようと思ったら患者をたくさん並べて、パッ、パッって打って、すぐに遠赤外線かなんかあてて、適当な時間がきたら裏返して、またパッ、パッって打つ、これ、タイヤキ療法って言うんですが（笑）、そうじゃない鍼は儲からないし、ヤバいのよ。

治してあげたい一心で、そういう自己犠牲的な鍼を打ってると、自分でも立派なチャンとしている人間のような錯覚に陥りやすい。先生なんていわれて、「ありがとうございました」なんていわれると、ね。だからこそ私自身の心のバランスの問題として、「たいしたことのない私」というのはとっても重要なコンセプトです。私がまともでいるためにとっても重要。

えー、男ですか。いい男との出会いはたくさんありましたけれども、私、別れるとすぐ忘れちゃうほうなんですね。なんせ今しかない人間だから。しかもこの頃じゃ、男も、旅行も、仕事も、自分が好きでやりたいことは全部横一列並びになってしまって。

いい男がいなくても仕事が面白ければいいいし、仕事がちょっと行き詰まっていても、かねて行きたかった旅行に行けたら楽しい、みたいな。この頃では一年中生きてるって悪くないわと思っています。だいたい「いい男、いい男、いい男」って捜しまわってた時って、あんまり幸せじゃなかったわね。

**秋山**　一言だけ。「ビッグ」ということについてですが、私は田中美津さんが小柄な人だということに、ずいぶん後から気がつきました。あの頃はすごく大きい人だと思ってました。ということは、やっぱりオーラを発していたんだろうと思いますね。

**千田**　じゃあ私も。私はフェミニストと学者をやっていて良かったなあと思うことがひとつだけあります。それは、それをやっている時だけ、「若い人」と呼ばれるような機会がある（笑）。「若い世代の人」って言われるのはその二つの業界から出るともうないですからね（笑）。ありがたいなあというふうに思うんですが。

美津さんに言われましたが、私は美津さんの本を全部読んでいます。ちゃんと冷え性の本も読みました。美津さんがパンツは二枚はいたほうがいい、女は冷やしてはいけないというので、やってみたんですけど……二枚はくと蒸れますね（笑）。

**加納**　絹のものをはかないと。

**千田**　うーん。そうですか。プロレタリアートにはきびしいですね（笑）。

ただ、私は「若い世代の学者」って言われるとなにか坐りが悪いというところがあります。私の世代は、女性解放運動をフェミニズムと呼んでいる世代なんですけれど、フェミニズム世代は淋しいな～と思いますね。勉強しちゃだめだ、みたいな、勉強ばっかりしないで、もう少し総体としてわからなきゃだめだと。そのとおりなんですけど。でも一方で、これも仕事ですからね。難しい言葉で煙に巻かなきゃいけないときもあるわけです。だって、男に勝手なことを言われていたら、悔しいですもん。言い返してやりたいですからね。ただ、難しい言葉で書いて美津さんに送ったら、わからなかったと言われちゃったんで、ちょっと悲しかったんですが……。でもやっぱりいろいろなあり方があるというか、家の中ではパンツを二枚はくフェミニストの私も私だし、ときどき構築主義のことを考えて論文を書く私も私だし、ジェンダーと帝国主義で考えることもあれば、私と男との関係を、フェミニズムの視点から考えることもあって、その総体が私なんです。今、美津さんが言われたんですけれど、旅行と仕事と男がバランス良くあればいいという……

**秋山**　違う、違う（笑）。

**千田**　横並びという言い方でもいいですけど。それはまさに今、私が考えていることと同じであって、ちょっと嬉しいです。ただ、やっぱり「若い世代の学者」というふうに言われると、リブ世代の人にもっと嫌わないでほしい、もう少し私たちのことを認めてほしいという淋しい片思いをしている気分になります。

**加納**　前に並んでいる方々は最後に発言時間をとってあるので、会場のほうに振りたいんですが、もう待ってられないという感じで秋山さんも千田さんも発言をしてしまいました。

　どうでしょうか。若い世代からすごく嬉しいラブ・コールが来たんですけれども。

　浜野さん、いかがですか。浜野さんはこの本の中でピンク映画監督ということで書かれていて、とても新鮮な文章で、私は書いていただいてよかったと思っているので、ぜひ、ひとことお願いします。

**浜野佐知**　こんばんわ。映画監督の浜野佐知といいます。この本には私は「一変種として、私はピンク映画監督」という原稿を書かせていただきました。私はずっとピンク映画という世界で監督を続けてきましたので、こういうみなさんには本当に嫌われ者で、道を歩いていると石をぶつけられ、電車に乗ると怒鳴られ、つまり、女の性を商品化するとんでもない奴だ、女のくせに何て奴だと言われつつ、また、業界の中では、本当にスタッフには女の人が一人もいない、女優しかいない中で、女に何ができるかと言われ続け、男並みに、男を超えなければ仕事ができないような中で、私は、女だからやるんだ、女だからこそ女の性を撮るんだということでずっとやってきました。

　長い間ひとりぼっちだったんですけれども、やっとこの歳になって、本当に何周も何周も遅れてはいますけれども、みなさんと出会って、なんか自分の中で理論というか考えがまとまって。何と言うのかな、日本の映画界というのは非常に男社会で、今、まったく女性の批判の入っていない業界なんです。男の考えしかない。そういう中で、セクハラも、ジェンダー・ハラスメントも何もかも当り前のようにありありの日本の映画界の中で、今、やっと、私も五五になりましたけれども、自分が理論武装することによって、一石を投じることができるんだな、これから闘いをはじめることができるかな、と、今、思っています。今日はここに参加できてすごく嬉しかったです。ありがとうございました。

**水島希**　私、リブはすごい好きで、三巻の分厚い『日本ウーマン・リブ史』でしたかを見たときに、自分が作ったビラと同じようなビラがたくさんあるということにすごい衝撃を受けたんです。私たちの世代はまた同じようなビラを作りなおしている。でも、前の世代のことはぜんぜん参考にせずに、また同じことをやっているなというふうに思ったんですが、ただ、田中さんのお話を聞いてすごく思うのは、最近はセクシャリティー系の言葉ってすごく発達しているから、逆にすごくやりにくくなっているところがあるんだと思います。例えば女という言葉を使ってつながろうとしても、女っていうのは何なのか、とか、トランス・ジェンダーという問題でもいろいろあるし、たんに女というだけで性別を分けることがどうだとか、そういうふうな話になってきていて、昔は昔でやりにくかったことがあるんですけど、今は今ですごくやりにくい状況になっているなというのを感じます。

　その中で、私は女というところでやっぱりつながって一つやっていかなければならない軸はあると思うんですが、そういうのを世代を超えた形で、もう一回私たちも、私たちもという言い方は変ですけど、若い世代といわれている人たちも、今まさに革命が必要だというふうに思っていると思うので、そのつながりの中でじゃあ今できることは何なのかということを作っていけたらいいんじゃないかなと思います。それには世代間だけじゃなくて、その世代の中でも階級の違いとか、言葉の共有のされ方というのがあまりにも大きいと思うので、そこは難しいなと思うんですが。

## 【さいごに】

●**加納**　最後に五分か七分ぐらいずつお話いただいて終わりたいと思います。

**千田**　今の方のお話にもあったんですけれど、私自身は記録するということをもう少ししてもらいたいなあと思います。というのは、リブの方たちは、記録になっちゃうのは嫌だといわれるとは、思うんですけれど。でも若い世代の、……若い世代といっちゃいけないのかな？　とにかく今、みんな、この私たちの生きている瞬間というの自体がリブであり、フェミニズムであり、それ自体がダイナミックなものであり、私自身を受け止めていかなければいけない、そのことは本当にそのとおりだなあというふうに思う一方、やはり上の世代の方、今までいろいろ私のしてこなかった経験とか同じようなトラブルというか問題を抱えていたかもしれない人たちから智恵をもらいたいという気持がすごくあります。

　いつもいつも自分が進んで行くときに、自分の目の前には道はありません。誰にだって。人生ってそういうものだと思うんですけれど、その道なき道をいくような人生の中でですね、前に何か明るい光があると何となくほっとするじゃないですか。私も同じような経験したんだ、こうだったんだ、ということをやっぱり教えてほしい。一方的に教えてほしいだけじゃなくて、自分自身も次の世代に残さなきゃいけないと思うし、それを受け取るだけでなくて、自分自身がまた違うやり方で何かを作りださなきゃいけないというふうに思うんですけど、やっぱり記録するということを私自身は欲していきます。

そして、やっぱり、リブという言葉にせよ、フェミニズムという言葉にせよ、いろいろな断絶を超えて、というのは変ですけれど。でも、みんなそれぞれ人間というのは違う。世代だけじゃなくて、それぞれの立場、階級でもそうだし、人種もそうだし、ただたんに生き方の問題でもそうなんですが、そのうえでもう少し、つながりたいなというふうに思います。現状は、なぜか、つながれてないような気がしますね。それは心の底から、つながりたいなと思います。また実際に、それを可能にしていきたいなと考えています。

今日は、私が言うのも変ですが、本当に有意義なお話が聞けて、とっても面白かったですし、楽しかったです。

**秋山**　今日は本当にこの会場の雰囲気に圧倒されっぱなしでした。フェミニズム関係、女性学関係の集まりはよくあるんですけれど、そういう所へいくと、まず半分は顔見知りなんですね。ところが、今日は半分もいない。そうかといって、「文学史を読みかえる」のシリーズや、インパクト出版会の読者層ともまったく違う。知らない顔がずいぶん多くてそれもいろんな世代の方がいらっしゃって。さっき私、みんなに紙を配って何か書いてもらいたいといったら、加納さんに学者の会みたいだといわれたけど、そうじゃなくて、どういう方がどういう思いで来られたかというのを全部知りたいなあとすごく思うんです。紙の用意がなくて、ちょっと残念だなと思います。せっかくこういう形で出会えたというのはすごく稀有なことだと思うので。もしなにか書いていきたいという方がいれば、チラシの裏でも何でも、残していってください。

あと、リブの人たちがどうし

ているか知りたいという方がありました。例えば一〇月に行った温泉合宿で、集まってきた顔を見て最初に思ったのが、「ああ、みんな歳とったなー」。リブも歳をとってきたんだと、しみじみ思いました。だけどよく生きてきたな、生き延びてきたなあって、その次に思いました。足を痛めて杖を突いてる人もいるし、しわや白髪はあたりまえ。それでも、まったく化粧もしなければ髪も染めていない人がいるかと思うと、素敵なブルーに染めている人がいたり、みんな個性的で、それぞれお洒落です。そしてなにより、気が若い。へんな遠慮や自己規制がなくて、言いたいことを言ってよく食べて、風通しがとてもいい。リブは年をとったけど、やはりリブらしく年をとってきたと思いました。

　リブ温泉合宿にきた人たちが、何をしているかというと、大学の教員は田嶋陽子さんを入れても四人くらいしかいません。むしろ普通の勤め先でずうっと勤めてきた人、あるいは自分で仕事を探して、仕事を作ってきた人が多い。仕事のあいまに、シェルターなどの運動にかかわってきた人、雑誌を自分で一人で出し続けてきた人、ビデオを自分で撮っている人。今日の会場でも撮影している瀬山さんと山上さんのチームは、リブのドキュメンタリーを制作中で、リブ合宿でも撮影していました。それから絵を描きたくてアーチストになった人もいます。いろんな人がそれぞれ、自分で道を作りながら今まで生きてきた、それをすごく感じました。リブのビデオが完成すれば、そういういろんな人たちの顔も見られるだろうし、楽しみです。さっき干刈あがたさんの話がありましたけれど、干刈あがたさんは、私と同世代で、六〇時代から年代から七〇年代、同じところを歩いてきたという気がします。彼女の書いたものを読んでいると、女同士の友情、母と子のベタつかない距離のとりかたなど、私たちの世代の感覚をそのままの言葉で伝えてくれていると感じていたんですが、五〇になるかならないかで亡くなってしまった。彼女には、今までの老人とは違う私たちの世代の歳のとりかたを、同時代に記録しておいてほしかったのに、すごく残念です。歳とるのはみんなとるけれど、私たちが歳とっていくというのは、前の世代の女の人とは違う歳のとり方をしていくことになるし、またそうじゃなくちゃいけない。それをどううまく伝えていくか、これからの課題じゃないかなと感じました。どうもありがとうございました。

**田中**　目が死んだらおしまいよって思うのね。リブのこともフェミニズムのことも何も知らなくてもいいから、でも目が輝いている女に会いたい、男に会いたい、というふうに思います。

　目が輝いて生きるにはやっぱり欲望しなくちゃ、欲望することを怖れないようにしなくちゃね。

　私、カルチャーセンターで講座を持っていて、「東洋医学」の講座は一時半からだから全員三、四〇代の主婦の人たちなんだけれど、その人たちと七年ぐらいつきあっていて、わたしはその時々、例えば少し前には奄美の島唄のコンサートを私がプロデュースしてた時は、何回もその講座でCDを聴いてもらって、どうして奄美の島唄に惹かれるかとかいろいろ話したりして。受講者たちも私の話が面白かったり、また私のことが好きだから来ていると思うんだけれど、でも、その人たちは、一度として私が面白いと勧めるものに来ないのよ。奄美の島唄にも。

　もうひとつの「イメージトレーニング」の講座は、仕事を持っている人が多いのだけれど、彼女らは誘うと何人かは必ず来てくれる。

私はそこで気がついた。あぁ主婦って葛藤を避けてる人たちなんだ、って。欲望するということは葛藤をひき起こすことなんですね。夜はライブに出かけたい、じゃご飯どうするのか、子どもの勉強はどうするのか、夫にどういうふうにいうのか。そういう葛藤が必然的に起きてくる。円満な家族を維持するには葛藤をいかに回避するかということが大事で、それを受け持っているのが奥さんであり主婦なんですね。

欲望を持つと葛藤が生じる。だから欲望を持たない。でも欲望を持たないと目がねぇ……。彼女たちは何で私のところに来てるんだろう。もうオモチャのトンカチで「大丈夫？　大丈夫？」って叩いて回りたい。

永田も東電のＯＬも欲望の少ない人たちだったんでしょうね。たいした女になるという欲望だけを金科玉条のように抱いていたんじゃないかしら。たいした女になりたいと思うことが悪いわけじゃない。それ以外の欲望を切り捨ててしまったというところがね、まちがいだった。

向上心もあり過ぎると道を間違う。過剰は悪なんですよ。どんなにいいことでも。

よくこんな時代、とか嘆く人がいるけれど、そういう人に私は、じゃああなた戦国時代に生まれたほうがよかったのって尋ねたい。こんな時代であっても、ほかの人たちがドンドン輝きをなくしていく時代であっても、私一人だけは……っていう気持ちが大事よ。

私一人だけは絶対自分の輝きで、自分のオーラで、生き切ってやるっていう女、そういう目が死んでない女と、私は出会いたい。女というだけで繋《つな》がりたいとか、そんなことは思ったこともありません。どうもっ！

（拍手）

**加納**　きれいにまとまったところで終えたいと思います。今日は花金でありますが、外は桜も咲きそめているときに、いろいろ元気をいただいたと思います。ではまたどこかでお会いできるのを楽しみにしています。どうもありがとうございました。

（拍手）

　二〇〇四年三月二六日、文京区民センターにおける『リブという〈革命〉』刊行記念シンポジウム（主催・文学史を読みかける研究会・インパクト出版会）から。質疑応答部分の発言は大幅に削除しています。）

# 6章

# 啓蒙より共感、怒りより笑い

## ミューズカル〈おんなの解放〉

総勢23人で、浅草のサンバカーニバルに参加。
中に二人男が混じっていた。
隣にいるのがその一人、今は亡き青木浩さん。
鍼灸学校の同級生で、唯一友だちになれた人。
彼と私は学園祭で、二人同時にカラオケチャンピオンになった。
彼ともう一度、「別れても好きな人」を歌いたい。（52歳）

## ミューズカル〈おんなの解放〉

ドテカボ一座

「ミューズカル　おんなの解放」一九七五・台本

### イントロ

（踊っている女優に、演出家がダメ出し）

**演出家**　アゴ引いて、アゴ。お尻あげて。あ、間違えた。そこは、右手をあげて回って！

アゴ、アゴ、アゴ、お尻、アゴ、お尻、アゴ！　カット、カット、カット。ダメだなア、もう。見ちゃいられないよ。

むかし六本木の俳優座でやってたっていうからさ、いい役つけてやったのに。しかし困ったな。

明日は、「愛《いと》しのドテカボ早く帰ってこいよ大パーティー」で、日本最後の公演なんだよ。よし、しょうがない。君の場面だけカットしよう。

**女優**　先生！　それはないですよ。もう一度だけやらせてください。お願いします。最後だって言うんで、母が見に来ているんです。

**演出家**　え〜？　どこに。

**女優**　ほら、そこ、そこです。　お母さーん。［客席を指さして手を振る　二人の後ろから馬が出て来る］

**演出家**　あっ、なんで馬がここに、出てくるの？

**馬**　だって、うーまンリブでしょう。

**演出家**　あぁ、もう、ぶちこわしだー！

（客席と舞台の左右から楽器を持った多数が登場。歌「女の敵を許すまじ」が始まる。曲は「美しき天然」）

一　優生保護法改悪　堕胎罪　女の敵を許すまじ
今ぞ目ざめしわれら女　おのれがために　輝くときぞ
おのれがために　輝くときぞ

二　物価高　公害　低賃金　男社会のなれのはて
今ぞ目ざめしわれら女　おのれがために　輝くときぞ
おのれがために　輝くときぞ

ドテカボ一座最終公演　「ミューズカル　おんなの解放」（一勢に叫ぶ）**アマゾーン**

**お話しのおねえさん**（「ヒンデレラ」のイントロ）

**お話しのおねえさん**　ハーイ、みなさん。のり子ちゃんも、けいちゃんも、ちよちゃんも、みんな聞いていますか？　お話しのおねえさんの時間ですよ。

　今日はねぇ、魔法にかけられちゃったヒンデレラさんのお話。どんな魔法か知ってる？　それはね……。

　この中の女の子で、女らしくしなさい！　女らしくしないと、お嫁にいけなくなりますよっていわれた人いないかしら。男らしくしなさい、男らしくしないと、えらい人になれないよって、脅かされたことあるんじゃないかなぁ。女の子はよわーい生き物で、男の子はつよーい生き物。そういう魔法なの。

　男の子だったら、泣きたい時があっても歯をくいしばってガマンしなくちゃいけないし、女の子だったら、笑いたい時があっても、のどちんこ見せて笑ったりしちゃいけないのよね。だけど、女も男も人間ですもの。笑いたいとき笑って、泣きたいとき泣く。そんなあたり前のことがどうしてできなくなっちゃったのかしら。この魔法はもう、五千年も前から続いているんですって。

　さあ、そろそろお話しを始めしょうか。用意はいいですか？

ヒンデレラさーん！（呼びかけ、歌いながら退場）

（歌）ヒンデレラ、ヒンデレラ、あなたはかわいいヒンデレラなーの

（魔女のおばあさんとヒンデレラ登場）

**魔女のおばあさん**　ヒンデレラや！　さあ、遠慮しないでこっちへおいで。

**ヒンデレラ**　……ハイ。

**魔女**　あたしゃ、お前みたいなウブな娘が大好きでね、ヒヒヒッヒヒ……。

**ヒンデレラ**　でもあばあさん、私、なんだか怖いわ。

**魔女**　ナーニ、怖がることはないさ、このババはな、お前みたいなウブな娘を、それはそれはたくさんコエダメ、いやお城に送りこんできたんだからね。

**ヒンデレラ**　おばあさん、お城に行けば、本当に王子様に会えるの？

**魔女**　会えるとも、会えるとも。それはそれはやさしくて、それはそれはたくましくて、それでいてハンサムで、それでいて大金持ちという、もうこの辺にはゼッータイ居ない王子様に会えるよ。

**ヒンデレラ**　王子様、王子様、私の王子様……。私、王子様と結婚して幸せになるのね……。

**魔女**（歌　曲は「山羊にひかれて」）♪幸せ　それとも不幸せ　結婚の向こうに何があーる♪　ヒーヒッヒッヒッヒ……。

**ヒンデレラ**　でも、そんな素敵な王子様だったら、他の女の子を好きになってしまうんじゃないの？

**魔女**　だからだよ、お前だけを好きになるように魔法をかけてやろうというんじゃないか。

**ヒンデレラ**　それは一体、どんな魔法なの？

**魔女**　それはな、《光は男から、光は男から》って百回唱えればいいのサ。

**ヒンデレラ**　《光は男から》、それが魔法の呪文なの？

**魔女**　そうさ、その魔法をかけて、お前をお城に送りこんでやろうというんだよ。あ、そうそう、これだけは忘れちゃいけないよ。王子様がもしお前を気に入って、今夜は離さないっていっても、十二時までには必ず帰らなくちゃいけないよ。最初の夜から肌身を許すような女なんて、ガールフレンドにはなれても、妻にはゼッタイになれないからね。

**ヒンデレラ**　でもおばあさん、王子様と別れたら、もう二度と会えなくなってしまうんじゃないの。

『リブニュースこの道ひとすじ』No.14 1974年11月23日号

**魔女**　だからだよ。お前のはいているその靴を、うまく落としてくれればいいんだよ。そうすれば手がかりになって、また王子様に会えるだろう。八文半の靴なんでそうざらにはないからね。

**ヒンデレラ**　でもおばあさん、私のは十文半よ。

**魔女**　いいんだよ、あたしゃこの間も十一文半のを送りこんだばかりなんだから、さあいいかい、魔法をかけるよ。《光は男から、光は男から、光は男から……》。

**ヒンデレラ**　《光は男から、光は男から……》。

（退場）

## おならのアベック

**男**　やっぱりミケジャンゲロの絵はいいねえ。フランス後期印象派の画家の中じゃあボカァ一番好きだな。

**女**　え、ええ、わたしも。

**男**　ところで君、アントニオーニ監督の「忘れられぬ愛」っていう映画見た?

女　い、いえ、まだ。
男　あれは実にいい、ケッ作だよ。君も見るべきだな。
女　え、ええ。
男　それに比べると、ホラこの間二人で見た「ベルリン最後の日」っていうの。あれはボクにはチョットもの足りないんだなあ。あの映画の主演の俳優、あれ何っていったっけ。
女　ア、アランデレンでしょ。
男　そうそう、アランデレン。あいつがどうも役になりきっていないんだよねぇ。ミスキャストだよね。ボクが監督なら、たとえばホラあのアランデレンが……
女　アッ、あの私、忘れ物してきちゃった、さっきのベンチに。
男　そりゃたいへんだ、ボクが取ってきてあげるヨ。
女　い、いえ、いいわ。あたし自分で取ってくる。
男　そうかい……。
（女、舞台の隅でオナラふうの音がでる楽器を持って）
女　アーア、お昼に食べたテンプラの油が悪かったのかしら、おなかにガスがたまって苦しいったらありゃしない。ブー。
（女、もどる）
男　あったかい？
女　エエ……。
男　さっきの話の続きだけどサ、アランデレンが……。アッ、星がきれいだね。あそこにベンチがあるよ。あそこに座って話そうか。ちょっと汚れているな。いまハンカチを敷いてあげるからね。さっ、君座れよ。お先に。どうしたの？　さっきの話の続きだけどサ。
女　アノー、私ちょっと、アノー、電話してくるわ、お母さんに。
男　アッあぁ、そうだね。
（女、再び舞台の隅に）
女　（ブーッ）。
（女、もどる）

男　お母さん、何かっていた？　ボクたちのこと。
女　え？……アッア……い、いいえ、別に。
男　さっきの話の続きだけど、ヒロインとアランデレンがさ、夜の公園で……こうやって（肩に手をかけ接近する）
女　アッアッ、ご、ごめんなさい。私ちょっと急用が。
男　君、またかい、モウ！
（女、舞台の隅へ）
女　（ブーッ）。
（女、もどる）
男　（もどってきた女をキッと見て）君ィ、ちょっと落ち着けよ！　どうしたの。顔色が悪いよ。何か悩みごとがあるんなら、ボクに打ち明けてくれないかナ。
女　ホ、ホントーにいいの？　いいえ、私やっぱりいえないワァ。
男　心配だなあ、君はデリケートだから、小さいことを気にし過ぎるんだよ。でも、そんな君だから、このボクの広い胸で抱きしめてあげたいんだ。
女　ひろひとさーん。
男　みち子。
（二人抱き合うと、効果音ブーッ）

## 汽車ポッポ

（女二人の歌と踊り　曲は「恋の汽車ポッポ」）

急いで急いで走って汽車ポッポ
バンババババン　バンババババン
二十五才はお肌の曲がり角ヨ
バンババババン　バンババババン
女らしさを武器にして
うまく男をパクりましょうネ
離さないわヨ　パクッた男
バージン、エサに　パクッた男
他の女を蹴ちらして
やっとつかんだ妻の座だもん

急いで急いで走って汽車ポッポ
バンババババン　バンババババン
花のいのちは短いものよ
バンババババン　バンババババン
女らしさを武器にして
うまく男をパクりましょうネ

A　ひとつ、おトイレに入ったら、まず水をジャーっと流して、オシッコの音を聞かれないようにすること。これが女のみだしなみ。

B　オナラなんかしたら、一パツできらわれちゃうわヨ。

A　喫茶店やレストランに入っても、自分でメニューを決めちゃだめよ。男が「ボク、コーヒー」っていったら、「ええ、あたしも」。「君、ジュース飲む?」って言ったら、「ええ」ってうなづいて、とにかく、そういうどーでもいいことはイニシアチブを握らせておくことが大事。「この女、ボクがいなかったらどうなるんだろう」って男に思わせておくわけね。

B　もちろんその実、男を意のままに操縦するのは、モチロン、あたしたち女。

A　アッ、そうそう。勘定は男に支払わせなさいネ。男ってドーブツはね、お友達以上の関係になりたいと思った時だけ、お金を払いたがるものなのよ。ツバをつけずにはいられないのヨねえ。いつまでも割カンにしたがるようだったら、その交際、さっさと切り上げた方が得ヨ。

B　幸せな結婚をしたかったら、深ーい読みと、戦略・戦術が必要よ。まっ、それが出来るようだったら、なにも結婚しなくたって、何やったたって喰っていけるけどネ。でも、やっぱり結婚しなくちゃ。

A・B　結婚こそ、女のしあわせ。それが女の合言葉!

（さきほどと同じ歌を、歌い踊りながら去る）

## 人形劇　あんぐり

ナレーション〈丸の内のＯＬ　あんぐり　二二歳独身〉

**（場面はアングリの部屋）**

**母**　あんぐり　起きなさい。　あんぐり。

**あんぐり**　うーん　いま起きるわよ。

**母**　あんぐり

**あんぐり**　うるさいわね。きのう、遅かったのよ。

**母**　遅いったって、マニュキア一時間、カール一時間、パック一時間もしてる人がいますか。

**あんぐり**　うるさいわね。耳元でガンガン。いま起きるとこよ。

**母**　早く起きなさい。もう、八時よ。早くご飯食べて、出かけなさい

**あんぐり**　いらないわ。

**母**　食べないとからだに悪いわよ。

**あんぐり**　だってこのごろ太り気味だから、いいのよ。

**母**　まったくもうもう。

**あんぐり**　もうたくさんよ。

**母**　……あんぐり、この間のお見合いの話だけど？

**あんぐり**　お母さん、古いわねえ。お見合いなんかで結婚するから、お母さんみたいになっちゃうんじゃないの。私、行くわよ。行ってまいりまーす。

**（通勤の途中）**

**あんぐり**　おはようございます。

**上役**　おはよう。どうだね、このごろ。ところで、この間入った小林君のことだけど、ほら、君と同じ課の。彼女ジーパンで出勤してきて困っているんだよ。

**あんぐり**　はあ。

**上役**　君から何とか、言ってもらえんかねぇ。

**あんぐり**　ええ。実は、あの人には私たちも困っているんです。お茶くみ反対だなんていって。

**上役**　うーん。お茶くみで目くじらを立てるなんて、

なんだねそりゃ。やっぱりお茶くみは、女性の美しい手でやるからこそ美味いんであって。どこの会社だって、女がやっているだろう。

**あんぐり**　ええ、私もそう思いますわ。お茶は日本の伝統ですもの。

**上役**　まったく、君のような素直な女子社員ばかりだと助かるんだけどねぇ。ところで君はいくつなの。

**あんぐり**　二二です。

**上役**　学校はどこだったかね。

**あんぐり**　聖心女子大の文学部です。

**上役**　それは奇遇だねえ。実は僕も聖心女子大出なんだよ。君は、聖心女子大出とは思えんね。いや、これはもちろん、いい意味だよ。頭の良さを鼻にかけないし、女らしくて気だてが良いし、人当たりも良いし。

**あんぐり**　あーら　いやだわ、ホジホジホジ……。

**上役**　じゃあ君は聖心女子大まで出たんだから、すぐに結婚するつもりはないんだろうねぇ。だがね、クギを刺すようだが、教養も大事だが、女の道を踏み外すようになっちゃあおしまいだよ。

**ナレーション**　〈上役は道々お説教をたれるのでありました。〉

**（会社）**

**男**　ボク、男。ここ会社。

**あんぐり**　お茶を入れてきました。

**男**　いつも、どうもすまん。あっ、ちょっと君、この書類をコピーしてきてくれないか。

**あんぐり**　はい。コピーができました。

**男**　それから君、私用で使っちゃ悪いけど、たばこを買ってきてくれないかな。

**あんぐり**　はい。（いったん去り、タバコを持ってスグに登場）はい、たばこ。

**男**　ありがとう。ちょっと待ってくれ。下の階に行って、書類を取ってきてくれないかな。

**あんぐり**　ええ。

（上役登場）

**上役**　実に気持のいい子だね。実は来るときも一緒になってね、いろいろ話したんだが今時めずらしいねぇ、聖心女子大出でああいうのは。素直だし、色っぽいし。それに比べて会計やってるあのオールドデブはなんだ。女も三〇を過ぎると、ひどいねえ。

**男**　はあ、結婚退職の方が、退職金も多いそうで。なにかと……。

**上役**　まあ、会社としてはピチピチしたのが毎年入ってくるのがいいね。やっぱり君、女は二五どまりだよ。君もいい女房をもらって、家のことは任せて、バリバリ仕事をやってもらわなくちゃな。

**男**　はあ、どうも。

（帰り道）

**男**　今日は愉快だったよ。あの部長、君と僕のこと知らないものだから、いいたいこといってたじゃないか。

**あんぐり**　そうね。うまくやって、噂を立てられないようにしなくちゃね。

**男**　ところで君、いつまで勤めるつもり。

**あんぐり**　あと一年は勤めたいわ。結婚資金のこともあるし。

**デモ隊の声**　インフレ粉砕！　要求貫徹！　インフレ粉砕！　要求貫徹！

**男**　おやー、何のデモをやっているのかな。

**あんぐり**　うるさいわね。私デモって大嫌い。あの人たち、頭の足りない分だけ、からだを動かしているんだわ。あれで世の中変わると思っているのかしら。それより、ねえ、どこか静かな喫茶店に入りましょうよ。

**男**　喫茶店か。それより、それより、ねっ、君。

**あんぐり**　いやっ！　それだけはまだ、それだけは、

ホジホジホジ……。

**男**　何いってるんだよ。僕はメシが食いたいだけだよ。

（あんぐりの部屋）

**あんぐり**　うまくいきそうだわ。あの人まあまあの家

柄だし、仕事もできるからきっと出世もするし。このまま処女のふりがバレないように、がんばらなくちゃ。

**母**　あんぐりさん。早く寝なさい。明日も早いんでしょ。

**あんぐり**　うるさいわねぇ。うるさいのが手足つけちゃって。あんなお母さんにも、若い時があったなんて、信じられないわ〜。

**オニババ**

**ダメオヤジ**　ワーッ、ゴメンなさい。カァチャン、許して！　話せばわかる……。

**オニババ**　フッフッフッフ……許せない！　よくもひろった金を交番なんかに届けたな！

**ダメ**　だってお前、ひと様のお金を……。

**オニババ**　その根性をたたき直してくれる！

（オニババの一方的アクション）

**オニババ**　チェストー！（オヤジたおれる）

（バックダンサーが三人出てくる）

（オニババが歌う　曲は「フニクリフニクラ」

――部分は、ダンサーによるコーラス）

――オニババ、オニババ、オニババ〜

ひどくなってく　インフレの

世の中　世の中（ダンサーも一緒に歌う）

せまいアパート　安月給

地獄だ　地獄だ（同）

お茶　ミソ　ガス　電気　運賃

値上がり　値上がり（同）

誰だ　誰だ悪いヤツ　誰だ　誰だ悪いヤツ

イライラ　ガミガミ　イライラ　ガミガミ

とてーもやさしくなんてなれるわけがない

（全員で）

オニババ　オニババ　オニババババン

オニババ　オニババ　オニババババン
ババンババババババババ
オニババンババンバ　オニババンババンババン
ババ

**タコ坊**　アッ、トーチャン、又やられてる。カーチャンはやさしくないナァ。ヨシ子ちゃんちのママはとってもやさしいヨ。

**オニババ**　フン、ヨシ子ちゃんちのパパは課長じゃないか。あたしだって課長の奥サンになってりゃ、いくらだってやさしくなれる。こんな万年ヒラのダメな男を亭主に持って、それでもやさしくなんてなれるか！　タコ坊、カーチャンはな、お前のために、あんなダメな男でも別れないでガマンしてるんだからね。しっかり勉強して、エラーイ人になるんだヨ。こんな万年ヒラの、ノミのキンタマみたいな男にだけは、なるんじゃないヨ。



**ダメ**　ノミのキンタマだなんて……あんまりだ！

**オニババ**　フン、短小、ホウケイの早漏《そうろう》野郎が、ノミのキンタマだってまだデカイくらいだヨ。トナリじゃ週三回だというのに、ウチじゃ月一回がやっとじゃないか！

**タコ坊**　週三回ってなあに！

**オニババ**　タコ坊！　子どもはそんなこと知らなくていいの！

**ダメ**　……昔はお前もやさしい女だったんだがナァ。

**タコ坊**　トーチャン、なんでこんなカーチャンと結婚なんかしたの？

**オニババ**　タコ坊！

**ダメ**　タコ坊、そんなことというんじゃないヨ。カーチャンはね、毎日のヤリクリで疲れているんだヨ。昔、まだカーチャンが聖心女子大に通っていた頃、カーチャンはね、通学バスの中でいつもPHPを読んでいたんだヨ。トーチャンは、そんなカーチャンを一目で好きになっちゃったのサ。

**タコ坊**　PHPってなあに？

**ダメ**　PHPというのはネ、人間が人間らしく生きていくための真心について、イロイロ教えてくれる本だヨ。

**タコ坊**　フーン。

**ダメ**　どれ、見せてあげよう（カバンの中からPHPを取りだす）

**オニババ**　お前、まだこんなモノ読んでいたのか、どうりで出世しないハズだヨ。

**ダメ**　でも、この本は清く正しく美しく生きてゆく道を教えてくれる！

**タコ坊**　アッ、学校の先生も言っていたヨ、キヨク、タダシク、ウツクシク生きなさいって。

**オニババ**　「清く正しく美しく」ってのはね、松下幸之助みたいな、さんざっぱら悪いコトして金をもうけたヤツが、老後の楽しみにいう言葉さ。あたしたちにコレがあるじゃないか（と「リブニュース・この道ひとすじ」をとり出す）。

貧乏人は、これ読みゃいいの。万年ヒラのダメな男が、なにが清く正しく美しくだ！　見ろ！　あの悪の限りをつくした佐藤栄作。アイツはとうとうノーベル賞までもらったじゃないか！　ノーベル賞はどうでもいいが、賞金の一千万円が気にかかる。悪いヤツほどよく肥えるようにできてるんだ、この世の中は。

あたし達に必要なのはネ、悪徳だヨ、悪徳！　美徳にゃ人格はいらないが、悪徳にこそ必要なんだ。いかにダマスか、いかにナマけるか、いかにイジワルクなるか……。これがうまくできりゃ、（客席に）アンタ、もちっとマシに生きられると思わない？　それなのに、それなのに貧乏人にかぎって、真心はいつか通じるとか、ボロは着てても心の錦だとか、そんなことばっか信じ込まされているんだから。

**ダメ**　でもお前、たとえ、この世は闇であっても、ヒトの心に咲く花は真心印の白菊野菊。

**オニババ**　まだお前そんなこといっているのか、チクショウ！　なにが忘れものを届けた正直者の運転手だ、チクショウ！　チクショウ！　チクショウ！

**タコ坊**　カアチャン！

（歌　オニババとバックダンサー）

二　ひどくなってく公害の
　世の中　世の中（ダンサーも一緒に）
　有機水銀　排気ガス
　地獄だ　地獄だ（同）
　頭痛　ゼンソク　ノイローゼ
　なおらない　なおらない（同）

（一番と同じくり返し）

**コインロッカー**

皆様、毎度三越に御来店下さいまして、誠にありがとうございます。当三越本館三階特設売場におきまして、半期に一度の大棚ざらえ、御家庭で手軽に赤ちゃん殺しが楽しめるコインロッカーの大特売を行っております。

当店のコインロッカーは、入れたら絶対めっからないという絶対バレナイ印新案特許。チャチャチャチャ……の山口モモエさんも、ひみつないしょにしてね、のアグネスチャンチャンも、御愛用の品でございます。つい先日も、デビュー前から御愛用のアベシズエさんが、三つ目をお買いもとめ下さいまして、皆様にたいへんよろこばれております。

さて皆様、当節はやりの赤ちゃん殺しは、何と言ってもやり方がまずうございますね。ま、一番うまいやり方と申しますと、人工妊娠中絶というのがございますが、これも妊娠八ヶ月、九ヶ月を過ぎますと非合法殺人ということになります。まあ、生んだところで、幼児英才教育、塾通い、受験ノイローゼで殺されてゆく子供達を思えば、生むも子殺し、殺すも子殺し。

しかし、女性の主体的選択として赤ちゃん殺しを選ぶなら、せめてバレないやり方をするのが、次の時代をになうお子様に対する母親の責任というものではないでしょうか。

その点、当店の絶対バレない印コインロッカーは、その性能の良さにおきまして、日本ＰＴＡ協会及び、日本の母の真心の会及び、厚生省人口問題研究所からも大量注文を受けている品でございます。

又、さる信頼できるスジからの情報によりますと、この春の卒業式には、トイレットペーパーのかわりにもならない卒業証書をわたすよりはと、女子高生・女子大生ひとりずつにこのコインロッカーを手渡そうというまことにキトクな学校があるとか。

又、企業の経営者の方々の間でも、「こうやって女たちが中絶をしたり子殺しをしてくれれば、過去十年間に渡って女を男の給料の半分でこき使ってきた現状をなんら変えることなく、共稼ぎ主婦たちを安いパートとしてしぼり上げられるし、その上産後休暇をやる必要もない。こりゃあ便利だ」と激賞を受けておるのでございます。

さて皆さん、殺してニコニコ絶対バレナイ印。赤ちゃん殺しには、殺してニコニコ絶対バレナイ印のコインロッカーをお買い求め下さい。本日に限り、三割引きの大出血奉仕値。本館三階特設売場にて、お買い求め下さい。

毎度、三越に御来店いただきまして、誠にありがとうございました。

## ゲ・ゲ・ゲ・羊水チェック

（悪魔Ａ、Ｂ、Ｃの歌　曲は「ゲゲゲの鬼太郎」）

一　ゲ、ゲ、ゲゲゲのゲ　役に立たなきゃそれまでよ

楽しいな　楽しいな　経済大国

パンダちゃん大切　ヒト粗末

二　ゲ、ゲ、ゲゲゲのゲ　金権政治の世の中よ
楽しいな　楽しいな　経済大国
政治家ニッコリ　肥え太る

**悪魔A**　この注射器で妊婦のお腹をブスリッと刺して、羊水をとって調べる。そうすると、胎児にある遺伝性の障害が五〇種類くらいに限ってだが、わかる。

**悪魔B**　障害児、カギッ子、片親のない子は不幸な子。あんた、障害児なんか産んだら、一家心中ものですぜ。

**悪魔C**　労働力にならない障害児は、お腹の中にいるうちからあの世行き。役に立たなきゃそれまでよ。食べる物も空気も汚染され、公害まっ盛りのこの世の中。あっちのお腹の子も、こっちのお腹の子も、お腹の中にいるうちから、どんどん障害児になってしまう。まっ、テクノロジーが発達した現在、役に立つ子もそうは要らないし。役に立たない子をバッチリ間引けば、人口もほどほど、福祉予算もちょっぴりで済んでしまう。羊水チェックは、グーよ。

**悪魔A**　グー、グー。

**悪魔B**　皆さん。

**悪魔C**　皆さん。

**悪魔A**　不幸になりたくなかったら、不幸な子供は産まないこと。

**悪魔B**　これが、

**悪魔A、B、C**　「不幸な子供を産まない運動」なんだぜェ。

**悪魔A**　九年もまえから、この運動は兵庫県で始まっている。昨年からは、「良い子を産み育てる運動」と名前を変えて、岡山県、福岡県など、全国各地に広まっている。羊水チェックの研究も、北は北海道大学、南は九州大学、そうしてここ東京では、ほら皆さん、東京大学そして、東京医科歯科大学、それに日本大学など、これまた全国でちゃく・ちゃく・ちゃくと進んで

いる。

**悪魔A、B、C**　そーれ！　羊水チェック　バンザーイ！　日本民族バンザーイ！

**袋の中の胎児**　いやだ、いやだ、いやだァ！　汚染された水や空気は、いやだァ！　老人や障害者が生きられない社会なんて、いやだァ！　人よりも車を大切にする社会なんて、いやだ、いやだ、いやだァ！　いやだァ！

（悪魔A、B、Cの歌）

三　ゲ、ゲ、ゲ、ゲゲゲのゲ　強い者だけ生き残る
　楽しいな　楽しいな　経済大国
　パンダちゃん大切　ヒト粗末（と歌いながら全員去っていく）

**エコノミックアニマル**（男優の一人二役）

**ナレーション**〈労働力にならない障害者は余計者、労働力になる健全者中心の世の中を作ろうとする考え方は、アジアの国は劣等な国、日本は神の国、優秀な国、だから日本中心の世の中を作ろうという、その考え方につながっていく。〉

（帰宅した夫が妻を呼ぶ。一人二役で、男の半身が妻）

**夫**　ミチコ　ミチコ　こんど僕の会社も、フィリピンのマニラに支店を出すことになったんだよ。

**妻**　まあ、じゃあ、あなたも行くことになるの。

**夫**　多分そういうことになると思うんだよなあ。

**妻**　まー　大変。

**夫**　まあ、落ち着けよ。日本じゃいろいろと難しいんだよ。人件費が高いしさ。なにしろマニラじゃ、一日一八〇円で女工が雇えるっていうんだから、話にならないよ。

**妻**　でもマニラだって、インフレはひどいんでしょう。

**夫**　そりゃあ、日本がくしゃみをすればアジアが風邪を引くっていうくらいだからね。

**妻**　日本の景気不景気が、グーッとひびくのね。アジ

ア の国って。
夫　うん。景気がいいときには安く雇ってこき使い、いったん不景気になれば簡単に首が切れる。アジアはいいよ。
妻　日本じゃ、やれ公害だなんだってうるさいけど、アジアはそんなこともないしねぇ。
夫　君も、なかなかワルじゃないの。
妻　だってェ、あなたの妻ですもの。
夫　ミチコ　愛してるよー
妻　アキヒトさーん。
（夫と妻　しばし強く抱き合う）
妻　それであなたいつ出発するの。
夫　まず、下見に一週間ぐらいに行ってきたいんだよ。来週の土曜日が出発なんだ。
妻　そんな急な話だったの。あなたまた向こうに行って、悪いことをなさるんでしょう。悔しいーっ。
（妻　夫をつねる）



夫　痛てっ！
妻　あっちの人は、情が細やかだっていうじゃない。
夫　何の話だい？
妻　とぼけなくたっていいわよ。旅行カバンに、ちゃんとコンドーム入れておいてあげるから。でも、性病だけは気をつけてね。
夫　君は本当にいい女房だよ。今様一豊《かずとよ》の妻だよ。君がいるからこそ、僕はこうやってバリバリ仕事ができるというものだ。
妻　現地妻なんか、作っちゃダメよ。前に話題になったタマモトトシオみたいに。からだだけの関係にしてね。妻は私一人だけよ。
夫　ハハハハハ……［歌］勝って来るぞと勇ましく、誓って家を出たからは、手柄立てずに帰らりょか、デショ。
妻　女を抱かずに帰らりょか。
（正面を向いて日の丸を広げる）
エコノミックアニマル万歳！　セックスアニマル万

歳！　バンザイ　バンザイ　バンザイ！

## パワフル　ウィメンズブルース

（多数が舞台に登場して歌う。曲は「ＧＩブルース」
※部分はコーラス）

一　たまたま　日本に　生まれただけなんだよ
たまたま　プチブルにまれただけなんだよ
たまたま　女に　生まれただけなんだよ

※ラララ　ハップ　トゥ　スリー　フォ
パワフル　ウィメンズブルース
ラララ　あたしのサイコロ　あたしが　ふるうよ
どんな目が出ても泣いたりしないサ
ハップ　トゥ　スリー　フォ
ハップ　トゥ　スリー　フォ

二　母ちゃんみたいに　生きたくないんだよ
父ちゃんみたいな　男はイヤなんだよ
レディメイドの人生　あたしで終りサ
※くり返し

三　一人で無理なら　二人で歩くんだヨ
二人でダメなら　三人で駆けてゆく
どうせあの世に行く時きゃ　誰でも一人サ
※くり返し

パワフル　ウィメンズブルース
パワフル　ウィメンズブルース
パワフル　ウィメンズブルース

## もしも男に子宮があったら

（男に扮した二人が登場　一人はお腹が大きい　映画「スティング」のメロディーで踊る）

ナレーション　〈もしも男に子宮があったら。もしも男に子宮があったら。そう考えてみるのも悪くない。
　そもそも、たまたま女に生まれたり、たまたま男に生まれただけのことだ。もしも男に子宮があったら。そう考えてみるのも悪くない。
　もしも男に子宮があったら、朝のあの通勤電車の混雑を、残業につぐ残業を、男は果たして今までどおり、男らしく耐え続けていくだろうか。
　男に子宮がつく日はまだ来ない。しかし、男の心に子宮をつけることは今できる。みどり子をうみ出す子宮は、やさしさを生みだす源。
　もしも男に子宮があったら、もしも男の心に子宮を付けられたら、と考えてみるのも悪くない。女が男になるのではなくて、男に子宮をつけられたら……と。〉

## お宮・貫一

貫　お宮寒くないかい？　少し風が出てきたようだね。

宮　月が出てきたわ。あの月、なんだか揺れてるみたい。

貫　ああ、月も寒いんだろう。お宮、ボク達の新婚家庭は、温ったかいものにしようね。ところで、大切な話って何だい？

宮　あのね貫一さん、あなたとの結婚、少し考えさせて欲しいの。

貫　えっ、ヤブカラボーに。他に男でもできたのか？　それとも例のイボ痔でもひどくなったのか？　はたまたダイヤモンドに眼がくらんだんじゃあ？

宮　シャーラップ!!　理由というほどの理由は特にないわ。

貫　嘘だ！　君は二人でヤキイモをかじりながら誓いあった初めての夜のことを忘れたのか。あの熱い接吻、熱い抱擁。

宮　あたし疲れてしまったのよ。あなたとの関係に。

貫　エッ、なぜなら、なぜに、なぜだ？

**宮**　今朝もそうだったわ、二人で飲んだ朝のコーヒー。

**貫**　コーヒー？

**宮**　コーヒーをいれるのは、いつも私、そして、その後片付けをするのも私。その間何もしないで新聞を読んでいるのは、いつもあなた。

**貫**　なんだそんなことか。これからは僕がコーヒーをいれるよ。掃除も洗濯も分担してやろうね。だって男女平等だモン。

**宮**　違うのよ、問題は、人間、眼があるから見える、腕があるから殴れるってもんじゃないってことなんだわ。

**貫**　なんだいそりゃ!?

**宮**　あなたの眼は新聞は見えても、台所に置いてある汚れたお皿は見えないんだわ。そして私は、いつも本が読みたいなと思っても、つい部屋の汚れが気になって、ホウキやゾウキンを手に持ってしまうんだわ。

**貫**　だけど君、愛する人の世話をやくのは女の喜びじゃないか。

**宮**　そんなふうに思い込んでいるあなたの鈍感さがイヤなの。あなた、私が今までやりたくて掃除や洗たくをやってきたと思うの？　口じゃ差別反対なんていってるけど、結局のところあなたは差別者なのよ。料理を作ったこともないくせに、食品公害反対を唱える。そういうあんたのいい加減さが、ほとほと嫌になったわ、わたし。

**貫**　僕が差別者だってことは認めるよ。だけど君は現象的なことにこだわり過ぎるんじゃないかい。本質的に言えばこの階級社会を打倒しない限り、男と女の矛盾も解決されない。これは僕だけが言ってるのじゃない、マルクスもそう言っているんだ。

**宮**　言葉では階級社会打倒なんて言ってるけど、あなたにとっては、この社会、けっこう居心地のいいもんじゃないの？

わたし、やっとわかったような気がするの。これまでボーボアールなんかを読んだりして自分なりに女性解放を問題にしてきたつもりだったけれど、そうやって得たものって結局のところ、ここから上だけの（と頭を示す）知識にすぎなかったんだわ。

わたしたち、肉の一切れ、骨の一カケラにいたるまで支配者にとって都合のいい存在になってしまっているのね。眼があっても見えない男、腕があっても殴れない女、男も女も、みんなとっても不自然だわ。わたしは誰も殴りたくないから、殴らないことを選択したいから、殴れるようになりたいの。作られてきた女の歴史性に縛られて生きるのではなく、身も心も新しく生まれかわりたいのよ。そのための社会的、政治的、経済的、文化的条件を他の女達と共に勝ち取ってゆくつもりよ。

（お宮が歌う　曲は「東京のバスガール」）

夢も　希望も　恋もある
リブの女は　くじけない
どんな困難が　あろうとも　女の解放　勝ちとるぞ
発車オーライ　明るく　明るく　生きるのよ

**貫**　お宮ちゃん、ボクは今まで君に甘えていた自分が恥しいよ。（泣きくずれる）

**宮**　（やさしく）貫一さん。

## キンタマなんてこわくない

（女A・B・C歌いながら登場　曲は「オオカミなんて怖くない」）

一　キンタマなんて怖くない　怖くない　怖くない
キンタマなんて怖くない　怖くない　怖くない
怖くない　オウ！

**女A**　整列！　かまえ！　キンゲリ！（オウ！）　ヒジテツ！（オウ！）　キンツキ！（オウ！）　キンツブシ！

（オウ！）　直れ！　唱歌斉唱！

**女B**　（歌）

　女たちよ　体をきたえておけ

　美しい心が　たくましい体に　からくも支えられる日が　いつかはくる

　（ランラン）

　その日のために　からだをきたえておけ

**女A**　ようし、整列！　かまえ！　ワン、ツー、スリー、フォー！

　（女A・B・C　歌をくりかえしながら退場）

## オナラがまん反対

　（女一人オナラの音がでる楽器を持って登場）

　オナラがなんだ！（プー）　オナラがなんだ！（プー）

　オナラがなんだ！（プー）　なんだ、なんだ、なんだーっ！（プーッ）

　みなさん、オナラを我慢することはからだにとても悪いのです。オナラをガマンした為に、去年一年間だけでも、なんと一三七八七・三人もの女の人がお亡くなりになりました。私はこの場をお借り致しまして、オナラがまん反対のシュプレヒコールをしたいと思います。

　（オナラがまん反対のハチマキをする）

　オナラがなんだ！（参加者も一緒にシュプレヒコール）

　オナラがなんだ！

　オナラがなんだ！

　ありがとうございました。

　（退場）

## フィナーレ

　（ゲストの男性（この時は戸井十月氏）が扮する女性アイドルが登場）

**アイドル**　ちょっと、歌っちゃおうかしら。（春歌を歌う）

　赤いパンツを脱ぐときは、なめてしゃぶって汗まみれ、汗まみれ。
白いパンツを脱ぐときは、いつも処女よとしがみつく、しがみつく。

　この歌のモデルは私なの。私、五回も処女やっちゃってるのよ。でも、私もたまには本音で生きたいわ。ほんとに。
　それにしても、リブの人たちっていいわね。なまじ私みたいに美貌だと、苦労するわ。
　スターって、結局夢を売る商売でしょう。今、男の人も女の人も疲れてるのよね。疲れた男の人って、自分の言うことをハイ、ハイって何でも聞いてくれる女の人が、大好きなのよ。ダメな男ほど、威張りたがるものなのよね。

（演出家が出てくる　アイドルは気が付いて近づく）

**アイドル**　（演出家をながめて）ほんとに、リブの人たちって、いいわねえ。私みたいに美貌だと、苦労するわ。ホントよ。

**演出家**　ああ、もう、ぶちこわしだァ！

（客席後ろから、楽器を持った多数が登場、歌「女の敵を許すまじ」が始まる。曲は「美しき天然」）

一　優生保護法改悪　堕胎罪　女の敵を許すまじ
今ぞ目ざめしわれら女　おのれがために　輝く時ぞ
おのれがために　輝く時ぞ

二　物価高　公害　低賃金　男社会のなれのはて
今ぞ目ざめしわれら女　おのれがために　輝く時ぞ
おのれがために　輝く時ぞ

（続いて歌「革命しよう」が続く。これは一座唯一ののオリジナル曲）

一　革命しよう　革命しよう　革命しよう　革命しよう

あなたはあなたを　あなたはあなたを　あなたはあなたを

二　革命しよう　革命しよう　革命しよう　革命しよう

あなたはあなたを　あなたはあなたを　あなたはあなたを

三　革命できる　革命できる　革命できる　革命できる

女が変われば男が変わる

女が変われば世の中変わる　女が変われば世の中変わる

四　革命しよう　革命しよう　革命しよう　革命しよう

あなたはあなたを　あなたはあなたを　あなたはあなたを

革命できる　革命できる　革命できる　革命できる

## 〈番外篇〉

## ベルサイユのバラ

（侍女の歌）

ここは、フランス　ベルサイユ

花とロマンの　ベルサイユ

中でも輝く美しさ

その名も　マリー・アントワネット

A　アントワネット様、ずいぶん遠くまでまいりましたが、お疲れではございませんか。

マリー　いいえ、ちっとも。

B　そろそろ夕食（ばんさん）のお時間。王様もお待ちかねでございましょう。そろそろお戻りを。

マリー　うるさいわね。お前達といると、せっかくの美しい景色も台なしです。お前達こそ早くおかえり。

C　とんでもありません。アントワネット様はこのフランスにとって、かけがえのないお方。

A　万が一のことがありましては。

マリー　ええい、お黙りなさい。お前たち。すぐこの場を立ち去りなさい。命令です。

A・B・C　ハハァー。

（マリー歌う）

今頃どうしているのかしら
せつない思いに　ゆれるほかげ
ベルサイユの夜は　ふけゆく



（フェルゼン、マメしぼりをかぶって客席よりしのび足で舞台へ）

マリー　フェルゼン！

フェルゼン　シィー！

マリー　どうしてこんなに長い間、会いに来てはくださいませんでしたの？

フェル　私とてどれ程会いたかったことか。

フェル　（歌）恋しちゃならない他人の花に　恋した男の苦しさよ

マリー　（歌）ミセスと名が付きゃ恋しちゃならぬ　こんなモラルを誰決めた

マリー　フェルゼン！

フェル　マリー！

（抱き合う）

フェル　ところで至急の用事って何だい。

マリー　ええ、そうなんです、シキューの用事なの。私の子宮に子供ができまして……。

フェル　え！　こ、こ……子供ができたのか!?

マリー　ええ、あなたとわたしの愛の結晶が。どうしましょう、フェルゼン。

フェル　（考えこむ）マリー、駆け落ちしよう。

マリー　え、駆け落ち？

フェル　そうだ、こうなったら二人して徹底的に恋に生き、恋に死ぬのだ！

マリー　でも、でも子供はどうするの？

フェル　もちろん生むのだ。二人の愛の証しじゃないか。

マリー　（フェルゼンのそばをスッとはなれて考え込む）

フェル　どうしたんだい、マリー。

マリー　フェルゼン、あたしまだ子供は欲くないんです。

フェル　ええっ?!

マリー　あたし、出来ちゃったから生む、というんじゃなくて本当に子供が欲しいと思ったときに生みたいと思うの。だいいち、駆け落ちして子供を育てるって大変なことよ。これからは共働きするんだし。

フェル　えーっ、共働き？　そんなあ、ボクだって妻子養うくらいは……男のプライドとして……。

マリー　わかってないわね、あなたったら。あたしね、これまで妻として母としてだけ生きてきて、ただそれだけでは幸せになれるものでもないって、よくわかったのよ。

　王冠を捨てる決意をした今、あたし、別な生き方をしてみたい。だから仕事も持つし、やってみたいことはたくさんあるわ。私の可能性を確かめて、どんな風に生きたいのかわかって、それから子供を生んだって遅くはない。ただ生むだけならブタでも生むわ。食べて寝るだけならウシだってやってるわ。

フェル　ブタだって……ウシだって……。

マリー　あたしは人生も、子供を生む時期も選択したいの。ねえフェルゼン、選択のないところには、自由もまた無いですもの。
フェル　マリー、君はなんてしっかりしてるんだろう。ボカァホレ直したよ。
（赤塚不二夫描くおまわり風が、ピストルを打ちならしながら客席から走ってくる）
おまわり　バーンバーン、バーンバーン、バーンバーン　タイホする、タイホする、タイホする！
マリー　なに者です、お前は！
フェル　シ、シ、シッケイな、名を名のれ、名を。
おまわり　許せなーい。お前達は今、子供を堕ろそうとしていたな。刑法二百十一条ダタイ罪でタイホする。
フェル　ええ？　ダタイ罪？　そんな法律がまだあったのか？
おまわり　あったもあった、大ありだァ。明治十三年以来この方ずっーと、堕ろす女はいけない女、女は生むべきの道徳をおしつけてきたのがこの刑法堕胎罪。
今年中にも国会上程か!?といわれている刑法改悪案の中でも、堕胎罪は新たに十万円以下の罪金刑がつけ加えられ、さらにしょっぴきやすくされようとしているのだ。
フェル　で、でも、ボク達はただ堕そうかどうしようか相談していただけじゃないか。
おまわり　ええ、相談していた？　ユ・ル・セ・ナーイ。それじゃあ共同共謀正犯じゃないか。堕胎罪の共同共謀正犯でタイホする。
マリー　おう、おう、おう、おう、おっちゃん。さっきから聞いてりゃあ、言いたい放題、堕胎罪でタイホ?!　六畳一間の狭ーいアパート、共稼ぎでなければ暮らせぬ給料、高ーい教育費の負担エトセトラ・エトセトラの生めない情況はなーんら変えることなく、堕ろす女だけ罰しようなんて、そりゃああんまりやおまへんか?!
おまわり　たじ、たじ、たじ、たじ。で、で、で、でも、それならオイ、お前達なんでヒニンをしなかったんだ、え？

**フェル**　そ、それは……。

**おまわり**　おいお前、恋人を本当に愛しているんなら、なんで膣外射精をしなかったんだ、アーン。

**フェル**　やだナア、この人、膣外射精なんてヒニンの内に入らないよ。

**おまわり**　じゃ、じゃあオギノ式は？

**マリー**　困るわねえ。オギノ式はね、妊娠するための方法で、ヒニンの役には立たないのよ。

**おまわり**　じゃ、じゃ、じゃあ、コーラでガッポガッポ洗ったり、やったあとピョンピョン飛びはねるのは？

**マリー・フェル**　ホントに困るんだよね。こういう人には。（うなづき合う）

**フェル**　そうだマリー、こういう人には、ボク達がいつも愛唱しているあの、文部省スイセンのヒニンの歌、あれを歌ってあげようよ。

**マリー**　ええ。

**フェル・マリー**（歌　曲は文明堂のカステラのＣＭ）

一　サックが一番　ペッサリー二番
　　サイズが合わなきゃ　だめなのよ
　　バンバンバンバン　ズルズルズルズ
　　バンバンバンバン　ズルズルズルズ

二　ヒニンは一番　ファックは二番
　　女の解放　勝ち取るぞ
　　バンバンバンバン　ズルズルズルズ
　　バンバンバンバン　ズルズルズルズ

**おまわり**　ユ・ル・セ・ナーイ。お前達、刑法百七十四罪ワイセツ罪でタイホするぞー。

（おまわりがピストルを打ちならしてマリーとフェルゼンを追いかけて、全員退場）

# リブ新宿センターとミューズカル

一九七二年に開設されたリブ新宿センター（通称リブセン）は、短い私の足で歩いて新宿駅南口から約二〇分、小田急線「参宮橋」からなら約一〇分の中古マンションの四階にあった。六・八・十畳からなる2DKで、常時七、八人の女がここで寝食を共にしながら活動していた。

それ以外にも普段は自分のアパートで寝て、忙しくなった時だけ泊り込むという人もいた。だから共同生活の場というより、昼は電話を受けたり、ビラを書いたり、打ち合わせをしたり、訪ねてくる人たちと話したり、ティーチインを開いたり、中絶の相談に乗ったり、夫の暴力から逃げてきた人たちの世話をしたり、旗を持ってデモに出かけたりといった場で、夜は疲れてヨレヨレのスタッフが崩れこむように寝泊りする場であった。

当時女性差別は公認された差別ではなかった。集会で「女性差別」とひとこと口にしただけで、新左翼の男たちはどっと笑った。「新」が聞いて呆れる状況だったのだ。私たちは、いわば火のないところに煙を立てようとする女たちだった。

一日でも休めば、やっと立ち上ってきた煙が消えてしまうのではないか。そういった強迫観念で、土曜も日曜もない活動をグループ一丸となってやっていた。もう正月二日からビラ播《ま》きするといった大変さで、またいたのは池袋駅頭、「女は誰のためにも愛さない」と題したビラをまいた。当時ベストセラーになっていた、曽野綾子さんの『女は誰のために愛するのか』への反論として書かれたものだった。

月月火水木金金と活動しながら、メンバーはおのおの生活費も稼がなければならない。リブセンの共同生活まがいの日々は、いわば最小限のお金を稼ぎつつ活動をしていくための方便として考え出されたものだった。

リブ新宿センターはひとつのグループではなく、いくつかのグループの集合体で、私が属していた「グループ闘うおんな」はリブ運動の先陣をきった、最も先鋭的なグループで、リブセンでのプチ共同生活以前にも、何人かに分かれて生活していた時期があった。

真実よりウソのほうがましな場合がある。私たちはその便宜的な共同生活を「コレクティブ」なんて洒落た名前で呼んでいた。当時欧米に続けと、日本でも女たちが決起するのを待ち望んでる人たちがいた。しかしその多くはインテリさんで、突風のように登場した「普通の女たち」の反乱に、共感と戸惑いを同時に感じていたのだろう。恐る恐る覗きにくる人たちもいたが、多くは遠巻きにただ見ているだけだった。

わかんないのかなぁ、私たちが未来だということが。遠巻きにしているだけの人たちに、「生活が大変だから、共同生活してるゝです」なんて、正直にいいたくなかった。「コレクティブ」なんて笑っちゃうよと内心思いながら、「ハイ、コレクティブで生活しています」とぬけぬけといっていた。

さて、リブ新宿センター系のグループが中心となって結成された「ドテカボ一座」。そこが三〇年前に上演したミューズカル〈おんなの解放〉は、長い年月知る人ぞ知る幻の傑作？としてあった。女らしさの呪縛と男社会のおかしさを、全身で笑い飛ばし、かつ鋭く切り込む演目の数々。啓蒙より共感こそが力だと信じていた、そのリブの真髄が、もう余すことなく表現されている。

反秩序への意志をワイ雑に表現することを良しとした七〇年代。時々出てくる放送禁止用語にその時代の匂いが感じ取れる。

この本に載せた台本は、一九七五年三月に催された歓送会の出し物として演じられたものである。このときの公演は台本が残っているだけでなく、オープンリールのビデオテープに記録されてもいる。撮影したのは片桐ユズルさん。私を含むメンバー三人のアメリカ行き（注）を祝して上演されたそれを、当時は高価だったビデオカメラで撮ってくれた。片桐さんは、歓送会を主催してくれた「ベ平連」系の五味正彦、戸井十月、室健二といった面々の友人で、その縁で貴重な映像が後世に残された。

（注）アメリカに着く前に三人は、隣国メキシコで開催された国連主催の「国際婦人年」の催しに参加。そして私はそのままメキシコに居つき、一人はその後帰国した。予定通りアメリカに行ったのは結局一人だけだった。

実は何年も前に私はそのビデオを見ていた。知り合いがダビングして送ってくれたのね。オープンリールじゃダビングするだけでも大層手間がかかったハズだが、残念ながらそれは、かすかに様子がわかるといった程度のシロモノで、当時の技術ではまだ、画像をそれ以上に鮮明にはできないということだった。

今となっては、幻のドテカボだな。そう思い、また二〇年ほどの歳月が過ぎた。そこへ突然朗報が。元リブセンメンバーの麻川さんが、一途な熱意で片桐さんから借りて再びダビングしたら、私がかって見たものよりは鮮明になっていた。で、がぜん欲が出て、ウチの患者のNHKのディレクターに、映像の修正技術では日本一だと思われる会社を紹介してもらった。そしたら技術が進歩していて、努力しなくてもなんとか見ることができるものになった。

ミューズカルはそのつど少しずつ手直しされながら、当時東大や京大、北大などでも上演された。ここに掲載した台本は私が書いたもの（そして演出したもの）の、いわば最終作品です。

といっても、私一人の力で作ったものじゃない。当時リブセンでは、たとえばビラを書いてる時も、「ねぇ、これでいいかしら、ちょっと聞いてくれる?」とかいいながら、作業が進められた。誰もがそんなふうにしていた。この台本を書くにあたっては、米津知子さんと土井ゆみさんに特別よく助けてもらった。もっとも米津にはそれ以外にも常にたくさんのことを助けてもらっていたから、記憶をさぐっても「ここは彼女のおかげ」という特定がしにくいが。

でもゆみさんのヘルプはよく覚えている。下町生まれのせいか彼女は芸能に強い人で、「三越の絶対バレない印のコインロッカー大特売」の場面は、彼女の熱演なしにはありえないものだ。セリフ部分でも助けてもらった。「チャチャチャチャチャ……の山口モモエさんも～」という三人の歌手の名前が出てくる部分は、彼女の才気が生み出した。

また今回ビデオを公開する件でアメリカ在住の彼女に連絡をとったら、そもそもこの場面は彼女の物まねがキッカケになって作られたものだとか。あるパーティで演じられた宴会芸を、リブセンに帰ってから彼女がやってみせた。それにヒントを得て私が作り上げたのが、あの場面なのだそうだ。へぇー、そうだったのか。と、当の本人はすっかり忘れているが、こういった後からわかる誕生裏話って、おもしろい。

さて今回蘇ったビデオをこの秋に公開しょうという計画が浮上。元リブセンメンバーの五人が集まり、「ドテカボ一座のビデオを見たい会」が作られた。そして、若い人にも加わってもらいたくて、「ビバリブ」というグループと一緒に上映会をやることになった。(ビバリブは、ビデオ「30年のシスターフッド～70年代ウーマンリブの女たち」を製作した山上千恵子さん、瀬山紀子さんと、そのビデオの定期上映会を行っている若手メンバーが作っているグループです)

一回目の打ち合わせでビバリブと一緒にやることが決まり、二回目は主要に会場と日時を決めるということになった。早くも私は心配だった。私ってむかし以上にタフだから、また一人だけ突出してしまうのではないかしら。ヤダなぁ。

年月とともに、自分が何者なのか、少しずつわかってくる。私が母から譲り受けた最大の気質、それは「自己中《じこちゅう》」だ。自分に対する深い執着を、私は母から（もしかしたら父からも）受け継いだ。

こんな思い出が。ある時母は生まれて初めて飛行機で旅行することになった。ところが間の悪いことに当時続けざまに飛行機が落ちた。その日が近づくにつれ彼女のため息は多くなり、旅行に行く前夜には、「私にもし万一のことがあったら、この家はどうなるんだろう」と、もう延々と心配して……。

その旅行には父も行くことになっていた。しかし彼の心配は彼にしてもらおうという魂胆か、母はもっぱら自分だけの心配を繰り返した。すでに夜の十時だ、ヤダ、すでに二時間もこんな話を聞かされている。いい加減相手になるのはやめようと、私はうつむいてた顔を上げた。

その時、突然、ひらめいた！　って顔で、母はいった。「お前、明日北海道に行かないかい？」。なにいってんのよ、私なら死んでもいいわけ？って怒ったら、テへへと彼女は笑った。

こういう親の子ですから、もう私は生まれながらの自己中です。私や母だけでなく、父も他の兄弟もみな正直な分だけ自己中だったから、いってみれば我が家は横一列のオール加害者のウチだった。うん、それでいつも妙な明るさが漂っていたんだな。

私の場合、確信犯の自己中だから、ちゃんとコントロールが利いている。もちろん、最初からそうだったわけじゃない。自分が自己中であることも知らなかった昔は、随分と回りに迷惑をかけた。かけたと思うわ、ス、スイマセン。

自己中男として名高いサッカーの中田秀寿は、献身的にプレーすることで、自己中の自分と自然にバランスをとっている。私も似たようなところがあるわ。自分がやろうと決めたことは、どんなに大変でも、人のせいにすることなく、やり通す。そういう癖を長年かけて身につけた。自己中でもいいんだよ……と自分にいってあげるために。

　私の場合、選んだ仕事がよかった。自分探しより、仕事探しよ。こんな治療院があったらいいなという、自分の夢を実現しょうと、二二年間ひたすら頑張って……。八時間働いて帰るスタッフに「お疲れさま」と声をかけ、自分は一人延々と治療を続ける日々である。

　歳月は人を作る。私もタフな女になったなぁ。からだも強くなったが、それ以上に、気持がタフだわ。

　一回の治療に二時間以上かけて、難病を治したところで、収入が増えるわけでも、教授になれるわけでもない。もう気持ちが挫《くじ》けたら、こんな治療は続けられないのよ。二二年間も挫けないで来たなんて、うん、ほんとうにタフだ。

　と、喜んでばかりはいられない。こんな私が今回ビデオを上映するための会に入った。自分でやると決めたことは、忙しかろうと疲れていようと、挫けずに取り組む癖がついてる私が。

　催しというものは、会場が取れなければ、肝心の日時が決まらない。つまり会場探しにつまづくと、上映会そのものが宙に浮いちゃうわけなのね。秋はそれでなくとも会場探しが難しい。だから、二回目の打ち合わせまでにコレはと思う会場を、パソコンで調べておこう。こんなことで何回も集まるのはたまらないから。でも……、他の人も調べてくるかしら。

　と、心配した通りの結果になった時、私は思わずトラウマの呪いが降りてきたような気がしたわ。祟りぢゃぁ〜。

　リブ真っ盛りの時代には、私はもっぱらビラを書いたり、集会で話したり……の人だった。初期の頃は私も自分の足を動かして会場を借りに行くこともあった。しかし運動が拡大していくに従い、ほとんどの時間はなにか書いてたり、連日のように開かれる会議の中身を検討したりの日々になった。米津さんや、〈東京こむうむ〉という自主保育のグループを主宰していた武田美由紀さんも、よくビラを書いたり、会議の中心メンバーとして私と似たような役割を担ってたから、私たちの活動は、全てが私中心で回っていたわけではない。しかし同時に、横一列でつながっているという関係でもなかった。私はいわば、下ごしらえができてから包丁を握るシェフだった。

　結局私が調べてきた会場で、私が書いてきたビラを使って上映会は行われることになった。事前にメールで、会場を探そうね、ビラのたたき台をお互いに作ってこようねと伝えたにも拘わらず、根性《こんじょう》入れてやってきたのは、私だけだった。

　もちろん、やらなければならないことは、それ以外にもたくさんあった。他の人もビデオに字幕を入れたり、チケットを作ったり、売ったり、予約のメールを受けたり、スクリーンを借り出したりと、山のような仕事を手分けして引き受けた。私も映像の修正に尽力し、患者である旗の台の「ＳＰＩＣＡ・麦の穂」に、上映後のパーティの食べ物を依頼したり、全体の三分の一以上のチケットを一人で売り上げるなどした。

　どれもワクワクしながらやったことです。だから私の不満は「私は一人でこんなにやった、それなのに……」ということでは、ないのです。米津さんなんか、夏に具合が悪くなるからだなのに、ずいぶんと無理して頑張ってたもの。もう痛々しかったよ。

　会場探しやビラの作成に私がこだわるのは、上映会に必要なあれやこれやの仕事はすべて、会場がゲットされてからのこと、呼びかけのビラあってのことだと思うからです。

しつこくいいますが、会場が決まらなくては肝心の日時が決まらない。そして、それがどういう催しなのかを伝えるのはビラの言葉だ。

いわば会場はからだで、ビラは顔の部分です。そういう大事な部分を、たやすく人まかせにしてにしちゃっていいのって、そこにこだわっているのです。

みんなどのくらい真剣に、そのことのために時間を費やし、考えたのだろう。他人《ひと》の甲羅《こうら》の上に乗っているのに気づかない。それで対等に平等にコトを進めたい、進んで当然と思っている。

……あぁ背中が重いよ。

それにしても、こんなちっぽけな催しをするだけなのに、これだけやることがある。思えばリブセン時代は、一方で生活費を稼ぎながら、この何倍ものことをやっていたのよ。

しかも三六五日休みもとらずに、憑《つ》かれたようにやっていた。リブセンで寝起きしている仲間と、お互いろくにムダ話もしなかった。そういう時間も惜しんで頑張った。そんなふうにやっていたらもう、関係性のユガミだろうと、ヒズミだろうと生じて当然だったんじゃないかしら。

ただでさえ狭いリブセンの空間には猫までいた。確かオスが二匹に、メス一匹。なんと去勢もしないで飼っていて、その時期になったらオスがオスにのしかかり、メスはひとり身もだえしてクネクネと怪しく踊った。ウチのオスは二匹ともゲイだったの？　そうかもしれない。

しかし、あれはやっぱりあまりにも過密な空間で飼ってたせいじゃないかと……。そう思うのが自然なほど、過密で過酷な空間だった。

私たちがみんなどんなに疲れていたか、どんなに一途に頑張ったか、服を買うお金がないから、やむなくパンツまで共有して、でも外に向かっては「これも私たちの実験的な試みです」ふうに振舞って……。〈涼しい木陰でお茶を飲んでる人たち〉が放つ完全無欠な理想論。それに陰に陽に苦しめられた私たちだ。金も支援もない中で、広い世間を敵にまわして、あれだけのことをやったんだから、「ユガミ・ヒズミが生じたって当たり前じゃん」と、もう私たちは開き直ったらいいのよ。

　私たちが抱えた関係性の問題は、決意ひとつで飛び越えられるようなものじゃない。皮肉なことに、対等とか平等ということにこだわればこだわる程、余計に糸はこんがらがる。

　また今回、大事なことを私ひとりにまかせるの？　これじゃ悪夢の再現だと不機嫌になった私。不機嫌な田中さんこそ悪夢の再現だと、他のメンバーから非難のツブテが飛んできた。ツブテはほかにも。ミューズカルのビデオは日本のフェミニズムの第一次資料になるはず。だから上映会に来られない人にはミューズカルのビデオを分けてあげよう。ということになって、それに付ける解説書が作られることになった。

　ところがそれには誰が台本を書いたか、誰がどの場面に出演してるか等のことは一切入れないで、関わった人の名前をただアイウエオ順に載せようというのです。

　でもそれって資料として残そうとしてるビデオなのに、不親切じゃない？　私は、なぜ五十音別にしたいのか聞いてみた。そしたら、「当たり前の女が等しく輝ける社会を目指したのがリブだったんだから、誰か一人の業績を目立たせることなく、あくまでみんなで作ったという事にするのが良い」というのです。

　それってなんだかヘン。順位を競うと傷つく人がいるから、運動会のカケッコはみんなで手をつないでゴールしませうという、あの奇妙な平等論に似ていない？

むろん私は反論。誰がなにをしたかを記したところで、「女たちが共同で作った」という事実を損なうことにはならないのじゃないの。たくさんの女たちがそれぞれの場面で熱演している。それを見れば持てる力を出し合ってミューズカルが作られたって、もう一目瞭然ではないか。

誰か一人の業績を目立たせてはいけないって、つまり私の突出を許してはならないということ？　そのためにアイウエオ順にするわけ？

あぁ加納実紀代さんがいっていた、「リブの人たちの性急な倫理主義」ってこのことか。

ドンピシャの事例を目の前にして「なるほどなぁ」と思ったけれど、でもやはりこれってリブだけの問題じゃないわ、加納さん。こういうことをいい出す人はどこにでもいるもん。タテマエで自分も他人もがんじがらめにしたがる人は。

ポリオを病んで足にアパラト（補装具）を付けている米津。落ち込んでいる私を、彼女が慰めてくれた。「障害者は〝できない〟ということで否定される。でもあなたは〝できる〟ということで否定されるんだね」。

この問題は結局、それぞれが果たした役割をそのまま解説書に載せるということで一件落着。あぁよかった。でも……。

人は意識・無意識に癒しを求めて生きている。

チャイルド・セクシュアル・アビューズのせいで穢《けが》れてしまった自分を、なにか良きものになることで取り返そうと、激しく希求したかつての私。それだからできたリブの運動。極私的にはそういうものだった、そしてその希求の激しさ故に、他のメンバーを時に叱咤し鼓舞してしまった私――。

人間関係はデコとボコです。依存するのも、されるのも、一人ではできない。だから理想通りでなかった私たちの関係が、私一人のせいだなんて思ってもいない。

たぶん私が欲した癒しは、他の人のソレとは異なっていたのだろう。やさしさ、配慮、気配りといったもので満たすには、私の心にあいた穴は、あまりにも大きかったから。しかし、そうであったとしても……。

いつだって、この後が続かない。確かなことがひとつ。この先死ぬまで、この、「しかし、そうであったとしても……」を抱えて、私は生きていくのだろう。

三〇年前に小さな旋風を巻き起こしたミューズカル「おんなの解放」。〈おんなから、おんなたちへ、誰でもわかる言葉で伝えよう。啓蒙より、共感を通じて。怒りより、笑いのパワーで。未来はあなたの手の中にあると、伝えよう〉 今回の上映会のビラに、そう私は記した。これは三〇年前の私（たち）の方針・主張であると共に 今の状況への問題提起に他ならない。

「男女共同参画社会」などという、固くて醜い日本語を平気で使える人々と、〃論文いのち〃の学者が先導してきた日本のフェミニズム。今や政策や研究の対象となってしまったそれ。そういうマズマズしげなものには、賢い〃一般ウーマン〃は近づかないのよ。そのようなフェミニズムの沈滞に乗じて、ジェンダー・フリーバッシングが各地で起きているのじゃないかしら。そういう一面は否定できない。

しかし、ここで見誤ってはいけない。私たち以上に動揺しているのは、女を思い通りにしょうとしている側なんだから。

衆議院選でコイズミ首相が放った「くの一」の一人は、東大出身で美貌で財務官僚というピカピカ女。でも彼女を一目見て、こりゃダメだと思った女の多かったこと。なにがダメかって、あの髪型よ。大仰でうっとおしい名古屋嬢のような、あのヘァースタイル。

あれは、「男に媚びるためには手段を選ばない」という女のものだ。媚びるのはいい、でもそのために手段を選ばないって最低よ。一目見て、そのことがわかった女たちの鋭さに、私は思わず拍手した。騙《だま》されない女たちが、確実に増えている。

また同じ頃にテレビを見ていたら、大ヤドカリをペットにしている二〇代の女性が登場。恋人のいる前で、大ヤドカリと恋人とどちらが大事かと尋ねられたら、なんと、「八〇対二〇でヤドカリです」と。もう淡々と答えたのね。恋人は驚いて、「えっ、俺って二〇％ !?」ヤラセのようには見えなかった。男に承認されなくても、まったくダイジョウブな女たちが出てきたんだなと、私は思った。

女の賢さと男の賢さは付いているところが違う。だから両者を比較しての話ではないが、実は女たちは昔から賢かったのよ。だから、しょうがないわねぇ、私が助けてあげるしかないじゃないと、芯は張子の虎のような夫や上司を支えてきたのだ。でももう、こういう関係も終わりに近い。

賢い自分をそのまま生きることに、もはや女たちは迷いや怖れを持たなくなっている。

政治は言葉だ。運動もそう。そんな女たちに届く言葉を捜したい。

このミューズカルに表現されているような、自分を笑うこともできる女なら、きっと生き生きした目の女たちに繋《つな》がっていける。そう私は信じているのです。

# 「存在」と「設定」をめぐって

## 解説にかえて

鈴城雅文

### 1

　空想を混じえたある場面の粗描からはじめてみよう。おそらくは、一九六八年秋の、あるのどかに晴れた日の午後のことだ。ひとりのホステスが、おつとめ前の入浴のために、銭湯への道を歩いている。東京は本郷、彼女はバリケードの構築された東京大学の正門のあたりにさしかかろうとしていた。構内の学生たちの「アジ演」がマクシマムにまでヴォリュームをあげたハンドマイクを通して彼女の耳にも届いていたはずだが、いっさいを無視して、彼女は歩きつづけていた。学生たちの熱弁にかかずりあう余裕はなかった。

　ありふれた中産階級に生まれ育った女が「喰いっぱぐれたら水商売」とうそぶいて飛びこんだホステス稼業。そのすさまじさに彼女は悲鳴をあげていた。直視しがたい何ごとかを直視することがもたらす、痛覚を一身に引き受けて、よじれた身体そのものが発するきしみのように彼女の悲鳴はあった。「まさしくおまんこさらして金をもらっている実感」の、その屈辱に彼女はまず悲鳴をあげた。だが、それだけのことであるのなら、抑圧する性としての男たちへの、媚びを見せかけつつの憎悪の培養を修得することで、彼女の痛覚は多少なりとも和らぐことができたかも知れない。

　しかし身をよじる彼女の悲鳴の震源は、もうすこし別のところに存在していた。「ホステス心得第一条は、男にどう媚びるかにあるのではなく、女同士がいかに張りあうかにある」という、水商売の商品としての同性間の歪みあいの凄烈さ、切り裂きあいのすさまじさに、何よりも彼女は悲鳴をあげていた。

　支配する異性に向かうはずの憎悪が、通路を見失って増幅され、ついには同性間の関係性のただなかに横溢するという陰惨な構造に彼女は当面していた。つまりどこにも身の置きどころのない世界で、なおわが身の置きどころをまさぐって、彼女はとり乱し、身をよじりつづけていた。ミニマムな自己の生の生きがたさに直面している彼女に、マクシマムに拡声された「アジ演」に貸せる耳はなかった。彼女は足早にそこを通り過ぎようとしていた。しかし、その声が、つぎのように絶叫するのを聴いて、しばし足をとめた。「われわれは絶えざる自己否定を通じ……」そのことばに共鳴して足をとめたのではむろんない。「否定できるような自己があってよかったね、坊やたち」――こんな毒のあるつぶやきを、そのときの彼女が実際に吐いたかどうかはわからない。しかし、そのように想像をめぐらしてみるだけの根拠は、彼女自身のことばとして残されている。

――日常のあたしは、自分は無価値な女なのだ、という強迫観念に脅えて、女から逃げようとし、また引きもどらざるをえないという、その間を、右往左往していた訳であったから、これ以上一体何を否定すりゃいいというのだ！ という開き直りこそ、あたしの本音であった。（田中美津『いのちの女たちへ――とり乱しウーマン・リブ論――田畑書店刊、一九七二年）

このような「開き直り」のはてにこそ「あたしとリブの出会いがあった」と田中は書いている。彼女は被抑圧者の傲慢とでもいうべき、無媒介の自己肯定を言揚げているのではない。女というあらかじめ否定された性と生の否定のためには否定が同時に肯定でもあるような道筋が探り当てられるべきだ。否定された存在そのものの内部から、否定の主体としての自己が屹立しなくてはならない。そのような自己の成り立ちがたさこそが切実な問題だった。田中は「開き直り」となおかつそれゆえの「とり乱し」のアンビバレントに身を委ねていた。そのことの痛覚から紡ぎ出されることばのほかの、いっさいのことばを退けようとしていた。「とり乱し」とは一時の気の迷いであって、冷静さの回復によって鎮められるべきものだという常識は、ここでは意味をなさない。むしろこの、男にはダブウとされてきているとり乱しという祭事の絶えざる招喚によってこそ、来たるべき自己《おんな》をいまここに在らしめる陣痛は開始されなくてはならなかった。

　生得の負性を刻印された女でしかないその性と生を、女であるという肯定性に媒介してみせるための、その契機の見えがたさに、女たちはとり乱していた。とり乱しとは、身振りによる規範からの逸脱がもたらすめまいのことだ。男性《おとこせい》の陰画であることを強いられた女《おんな》性《せい》を、とり乱しつつ踏み外してしまう自己《おんな》をリブは抱きとめようとしていた。あるかなきかのその踏み外しだけが、女たちのいのちの生きられる距離であり、裸形のエロスのありかだったからだ。

　女たちのいのちは、ただに抑圧する性であり生であるところの男たちとの関係において歪んでいるのではない。そのような垂直の関係に刺しつらぬかれた存在として、女たちのいのちは同性である女たちとの水平の関係において何よりも歪んでいた。「喰いっぱぐれたら水商売」とうそぶいた田中が、ホステス稼業で悲鳴をあげたのは、この、水平軸における女たちの身体の歪形に起因していたはずだ。女たちをめぐるこれら二様の歪みは、むろんそれぞれに独立したものではない。だが逆相で継がれたひとつの負性を、一刀で両断する回路をリブの女たちは取らなかった。垂直に作用する歪形の強要《ポリティクス》には、打倒のスローガンを用意すればコトは足りた。しかし水平方向の歪みに切断され、相互に対立を強いられた女たちには奪還のスローガンが必要だった。

　おそらくは大方の男たちの了解を裏切って、リブの力点は、男=中心主義《アンドロ・セントリズム》の批判や打倒にではなく、女たちの奪還の側にあった。女たちの奪還という必要を越えて、男=中心社会の批判や打倒に精を出すほどの親切心をリブはもたなかった。同時にリブの女たちは、しかるべき啓蒙ののちに女たちを奪還しようという二段構えの戦術もとらなかった。リブの女たちは、垂直と水平の重層的歪形を強いられた、裏がえしの男としてしかありえない女たちの、その惨めな性と生をそのまま直接に抱きしめようとしていた。そのことが、リブの闘争の質を決定づけている。

　垂直と、水平と——。女たちの闘いが強いられたこの二重性は、しかしどのようなものであれ支配の中枢で被支配に囲い込まれた存在が、かならず逢着する二重性として普遍化してみることもできる。ひとつの例として、北米資本主義国家が、本国のただなかに植民地化した生としての、黒人の闘争を挙げてみてもいい。ニューヨーク（ハーレム）でも、ロス・アンジェルス（ワッツ）でも、とりわけ熱い夏には「黒人暴動」が頻発した。そのような「黒人に、暴動をやめてもらうにはどうしたらいいか?」と、インタヴュアーに問われて、ジェームズ・ボールドウィンの答えは明快だった。「それは、わたしたち黒人の考えることではない」と。ボールドウィンは喋りつつの完全黙否をつらぬいているのだ。喋るのは専制されたメディアを逆様に媒介し、水平方向にことばを越境させる必要による。黙否するのは理解を求めて発するどのような垂直方向へのことばもが、結果において収奪されるよりほかはない構造に文字通りの身ぐるみを包囲されているからだ。ボールドウィンは、そのことをよく知っていた。人は気ままに黒人問題を語りたがる。自らの善意の証明のように。そしてあたかもそれが、黒人に固有の問題であるかのように！　だが、ボールドウィンにとって黒人問題は、黒人の問題ではなかった。

　黒人であり、黒人でしかない彼にとって、この問題は明らかに白人《ワスプ》＝中心主義《セントリズム》そのもののうちに内在する根源的矛盾の、巧妙な摩り替えであるのにほかならなかった。黒人問題は白人問題なのだ。何よりも明快にボールドウィンのことばは、そのことを言いあてていたはずだが、白いインタヴュアーにはボールドウィンの黒いことばが理解できなかった。善意を傷つけられた者の憤りの口吻で、彼は第二の問いを発していた。「しかし暴動で傷つき死んでいくのは、黒人たちではないか?」。むろんボードルドウィンは、「ちがう」と答えた。「われわれはただ死への道を急がされているにすぎない」と。白いアメリカで、黒い生を享けるということは、それだけで否定の対象であることを意味していた。生得の与件が差別の対象となるという意味では、黒人と女たちはともに類縁的だといえるだろう。（いうまでもなく、黒人社会の内部にも性差別は色濃く存在している。そのことはたとえば黒人であり女であるトレーシー・チャップマンのメッセージに耳を傾けてみても知れるのだが……ここでは、ボールドウィンが、白人インタヴュアーに説明をしなかったことに注意を払っておきたいのだ。）

ジェームズ・ボールドウィンが、黒人の暴動つまり、強いられた身体のとり乱しの説明を黙否で拒絶してみせたように、田中美津もまたリブの何たるかを男たちに説明していない。彼女のことばを聞いてみる。

――「リブって何ですか」と聞いてくる男に、ともすればわかってもらいたいと思う気持がわいてくるからこそ、顔をそむけざるをえないあたしがいるのだ。男に評価されることが、一番の誇りになってしまう女のその歴史性が、口を開こうとするあたしの中に視えて、思わず絶句してしまうのだ。そこに、己れひとりだけ蜜をなめたいあたしが視えるからこそ、一度男に背を向けたところから出発せざるをえないあたしがいるのだ。顔をそむけ、絶句するあたしのその〈とり乱し〉こそ、あたしの現在であり、あたしの〈本音〉なのだ。つまりそういう形で、あたしは、リブのリブたる由縁を男に告げている。（傍点・鈴城）

『いのちの女たちへ』に所収されたこの文章には、いみじくも「わかってもらおうと思うは乞食の心」というタイトルが付されていて、思わず息を呑む。傍点を施した最後のセンテンスを根拠に、ここでの田中が男にことばを紡いでいると考える男がいたら、度外れたお人好しであるにちがいない。絶句し、とり乱しながら彼女は「男に告げている」ことを、ほかならぬ女に告げているのだ。重層的に疎外された「女のその歴史性」に見合って、拮抗しつつ紡がれる女たちのことばもまた、重層的な屈曲を強いられている。そして、それ以外に、ことばのありかはない。おそらくはここにあるような認識の峻厳性においてリブの闘いは、それまでの「婦人運動」とも、それ以降の「フェミニズム運動」とも水際立った対比を見せている。

## 2

わたくしの思いは、戦後イデオローグのなかで、男の位置から同等の峻厳性をもちえたことばの所在を求め、ほとんどあきらめかけたところでようやく、ひとりの「工作者」に出会う。戦後復興から高度経済成長へという、この国の日向性とは逆の道筋において、彼は「足下の大地」を下降しつづけたはての「村」のありかを想い描きつづけた。「村」とはつまり「存在の原点」であるのにほかならなかった。だがそこには——「異端の民」が棲まう「別の地獄」であるそこには「一気にはゆけぬ」と彼はいう。

——「段々降りてゆく」よりほかないのだ。飛躍は主観的には生まれない。下部へ、下部へ、根へ根へ、花咲かぬ処へ、暗黒のみちるところへ、そこに万有の母がある。存在の原点がある。初発のエネルギイがある。

——直ちに原点に立とうとあせるべきではない。誰もつねに正確に原点を踏みつづけることは出来ない。また原点は単なるイデアではない。原点に向おうとする者はまずおのが座標を、その所属する階級の内容を究め、おのが力の働く方向を定めなければならない。（「原点が存在する」谷川雁『原点が存在する』（潮出版社刊、一九七七年））

あるかなきかの「おのが座標」を、足下を踏みぬきつつまさぐること。坑道を掘るように下降し辿りつくよりほかに術のないそこで「初発のエネルギー」の懐胎を目論む者にとって、世界はいまだ始まってはいないものとしてある。あるいは始まるよりも素速く、すでに閉じられてしまっているものとして。世界を終焉へと曳いていく者によってこそ、世界は開始されなくてはならなかった。終焉と始源とが同時に止揚されるような瞬間を、ふつうわたくしたちは「革命」と呼んでいる。

　谷川によれば、それは「単なるイデアではない」。だからこそ彼は未来《イデア》に向けてことばを紡がなかった。そうではなく「未来へ進む現在」へと、彼のことばは紡がれつづけたのである。詩集『大地の商人』の詩句を借りるならば、そのような下降の途上で出会う誰かのことばと、彼のことばは私有されつつ交易されねばならなかった。「革命」とは、貨幣という代理をとらない、直接的な魂の市場である。ひとりの詩人の育んだ「あくまでもにがい茶」と、その未明の隘路で詩人が出合う何者かの育てたあくまでも「狂った麦」とが、無条件であると同時に無媒介に交易される磁場――。「原点」とは、そのようなものであったはずだが、と立ちどまるほかはない。かつて三池という「魂の地方《プロヴァンス》」から「虚妄の首都《メガロポリス》」を訪れた彼は「あくまでもにがい茶」を東京の文化人に差し出し、しかしその期待は見事に裏切られていた。反歌として差し出すべき「狂った麦」の代りに、彼らは「魂の地方《プロヴァンス》」の後進性に惜しみない同情を差し出したのである。同情とは、心的、物的関係における一方に専有された特権の気まぐれだ。持つ者から持たざる者へ、近代化された都市から、いまなお前近代をまとう地方へ。そしてむろん、進歩的男たちから後進を強いられた女たちへ。そこに、水平の関係はありえない。

　もちろん心優しい東京の知識人たちは、自らの「狂った麦」を大切と思うあまりに、交易を拒絶したのではなかった。ただ持ちあわせてはいなかったのである。「おのが座標」に育まれてあるべき「狂った麦」の不在を、痛覚をもって直視するかわりに、彼らは虚妄の理解と同情による「あくまでもにがい茶」の懐柔を目論んだのにすぎなかった。真に同情したのは、むしろ谷川の方であったことだろう。すでに、持つ者と持たざる者の本質的関係は逆転していた。

――私は地方生活の優位性を誇示しにきたのでもなければ、その清潔と素朴さに関する伝説を宣伝しにきたのでもなかった。東京の病は地方の病であり、地方の病はまた東京の病であることを、ただしその記号が正負の面で裏返しになっていることを告げにきたのである。したがって私はこの生産性を失った裏返しの農民主義の城・東京に反対し、しかも東京それ自身の中に自己回復の力を発見している人を探しにきたのであった。（「東京の進歩的文化人」傍点・鈴城）

傍点部の認識は、「わかってもらいたいと思うは乞食の心」という田中美津の、つぎのような認識とほぼ十全に重ねあわせてみることができる。——可能性を己れの中に手さぐりしない者は、たやすくたてまえに己れを売り渡す。わからせてもらいたいと思うも乞食の心。（傍点原文）

谷川は東京の知識人の進歩性に失望したかも知れないが、いわば「わかってもらえない」自己に絶望したわけではなかった。彼は客のいない主として「あくまでもにがい茶」を淹れつづけた。田中もまた、あくまでも置き換えのきかないおのれの生の位置を、裏がえされた声で告げつづけていた。それが唯一のアイサツの仕方だった。もっともよく己れを開いた者、開いて世界に投げ出した者が、もっともよく孤絶に己れをさらすことができる。「にがい茶」を「狂った麦」で贖う者、裏声に裏声で応答する者のほかに、出合うべき他者は存在しなかった。出合うべき者に出合えなければ、なお孤絶して一層の地底へと降りていく。それが唯一の敗北の仕方だった。

彼らはむしろ、反時間、反歴史を生きようとしていた。一九六〇年、戦後の十六年間を、なお藪のなかで生きぬいたグァム島の二人の日本軍兵士のニュースに接した谷川は「内臓をかきむしられ」つつ「絶対に無力なものの防衛がかくも比類のない完璧さをとって、かくも長期に敗北しなかったという例は、世界史のどこにあるだろう」と驚嘆している。谷川の文脈にのっとって訂正しておけば、二人の兵士は敗北しなかったのではない。むしろ圧倒的な敗北のなかで、ついに降伏しなかったのだ。その事実は「安保闘争よりもすばらしい」と、さし迫った安保闘争のただなかで谷川は言いきってしまっている。彼のポレミイクが、当時どのように受けとめられたかは、わたくしには判らない。しかしこの断言が、谷川が状況に差し出した「あくまでもにがい茶」であったことは疑いえない。

――彼等が帰還できないという仮説を疑わなかったのは、帰りつく必要が究極の地点でほとんどなかったからであろう。たどり着いた任意のそこに、自己の世界を建設する能力で万人が一様であるわけはない。だが勝敗の観念を棄てさえすれば、すなわち自分をくつがえす力を逆支配しようとしなければ、だれのてのひらにも他人の犯すことのできない一滴の禁漁区がのこる。この極小の禁漁区を守る方法はふたつある。一つはかつての偽装転向を純粋化した形で考える際の降服無限大、敗北ゼロという道であり、一つはグァムの兵士のように敗北無限大、降服ゼロという道である。(「私のなかのグァムの兵士」『戦闘への招待』(潮出版社刊、一九七七年))

「もはや偽装転向のもつ生産性は急速に減少しつつある」とつづくこの発言で、谷川の強調は、むろん「敗北無限大、降服ゼロ」の側にある。ここでの「敗北」は外在要因に規定されざるをえないが「降服」はむしろ内在要因に規定される。政治的「敗北」は、そのまま思想的「降服」を意味するわけではないと谷川はいいたがっているように見える。この敗北主義を批判してみることは勝手だ。しかし即座に谷川なら、勝利してしまうような政治闘争の志の低さに、毒舌を投げてよこすことだろう。「降服」の反対語は「勝利」ではなく、あくまでも「敗北」なのだ。思想的「降服」をはたした者が、それゆえに「勝利」する政治という悪夢こそ廃絶されるべきなのだ。この「勝利」こそ「自分をくつがえす力の逆支配」の具現であるのにほかならない。支配と逆支配――政治とは、どちらが勝利したところで本質的には何もかわらないゲームだ。このゲームの本質は、たった二文字でいいつくされる。むろん権力という二文字だ。権力は「敗北」を強いているのではない。むしろその放棄を強要しているのだ。「敗北」することへの敗北は「降服」と呼ばれる。「降服」

だけが「勝利」の担保でありつづけることができる。つまり「降服」する者がいるから「勝利」する者がいるのであって、この順序は逆ではないと谷川雁も田中美津も信じた。差し出した「にがい茶」の撤回を拒否し「乞食の心」を排したそれぞれのどこかで、谷川も田中も無限大すなわち等身大の「敗北」を甘受していたはずだ。この「敗北」に存在をゆだね、さらしつづけることのほかに、無限大の「降服」すなわち無限大の「勝利」と拮抗する根拠はない。「敗北」だけが「勝利」に勝利するのだとしたら、このような敗北主義者はまた徹底した勝利主義者でもあるのだ。そのように信じたからこそ田中や谷川は闘争の面的拡大を、ではなく点的深化の先の、一滴の「極小の禁漁区」を幻視しつづけたのである。どこまでも実視ではなく幻視でありつづけたのは点と面を継ぎとめる線の欠如に由来する。いまもってそれは見つかっていない。

　点と面を継ぐ線とは、つまりことばのことである。谷川にも、田中にも、それは見つからなかった。見つからないことの痛覚があったからこそ、彼らはことばを発しつづけた。来たるべきことばのためのことばは、だがしかし、来たるべきことばという未来へ向けて発せられるのではない。谷川がいっていたように、何よりもそれは「未来へ進む現在」へと発せられるのだ。わたくしたちのいまとここへ。そのようなことばの見つかりがたさは、メタフォアーと毒舌《レトリック》の文体を谷川にもたらし、そして田中の文体にある種の激越をもたらしている。引用したいのは、ここでは田中の方だ。

——まず己れをつっぱね、女をつっぱね、男をつっぱね、世界をつっぱねて、さてそこから、己れを、女を、男を、世界を、とらえ返していこうではないか！　出会っていこうではないか！（『いのちの女たちへ』傍点原文）

　思わず「おお！」と呼応してしまいそうになるわたくしがいて、しかしわたくしは敵である男であったと思いとどまる自分がいた。思いは、そこでとどまる。天下平成の現在なら、何をそこまでと嗤われてしまいそうな激越さだけれども、この激越を嗤う精神は誰のものであれ、わたくしはきっと憎しむ。歪形を強いられた身体の発する、それゆえ歪形＝激越であることを強いられたことばの、まさしくそのように歪んであることの価値を知らない精神はきっと貧しい。田中の文体のもつこの価値には、つよさともろさとしかいいようのないものが、危うい平衡を保って同在している。高橋和己を援用して語るならば、連帯と孤立のどれほどの乖離にまでリブの思想が耐えうるか――その検証のために極限まで張りつめた、ことばという糸が破線しかかる寸前に田中の文体は宙吊られている。ここではその緊張が、ほとんどそのことだけが意味なのであって、だからたとえば引用文における「つっぱね」と「とらえ返し」が「まず……それから」という副詞によって段階づけられていることなどへの批判は、ただ正しいという退屈さを免れないだろう。存在の、ぎりぎりの必要に迫られて、段階づけられてはならないものを段階づける――。そこで人は、確信犯であるよりほかはない。この罪を、リブは肯定しようとし、東京大学構内の声は否定しようとしていた。少なくとも、田中の耳にはそのように聞こえた。そして、谷川は？　わたくしたちは彼が「詩とは無限に否定的にひろがっていく世界への断言的肯定以外の何であろうか」と書いた当の詩人であることを思い出せばいい。

――人間が最後の疑問につきあたるとき、その衝突がたとえどのような否定的な光を放とうとも、それは客観的積極性をもつ。それを肯定できない人間は詩を書くことができない。（「断言的肯定命題」『形の越境をめぐって』（潮出版社刊、一九七七年））

詩を書くことのできない者はしたがって「詩をやめることもできない」と谷川は書き、詩人であることの誇りをもって、詩人であった自己を揚棄した。得たものは、生活者の沈黙だったろうか。人々は今日をかぎり詩人ではなくなったひとりの男を忘れることができる――ここにあるのは、いうまでもなく谷川の最後のことばである。ひき換えに、谷川は何を忘れることができたのだろう。「あくまでもにがい茶」のそのにがさを、なのだろうか。出合いそこねた「狂った麦」売り商人の、その狂気を、なのか。いくつものかたちでたったひとつの問いはめぐり、しかし、そのたったひとつの問いだけは、なかなか名指すことがむずかしい。ここでの主題は、しかしそのことではむしろなく「断言的肯定」の検討ということであった。ひょっとすると、その過程を媒介してみることが、名指しえぬ問いへの接近を可能にするのかも知れない。

断言的肯定とまず書いて、そこにフェミニティとルビをふってみる。すると、ある角度からの谷川の思想の見通しが開けはじめる。たとえば「老婆よ　老婆よ／おまえはあまり深く泣いたので」と書き出される「母」という作品からも、「二〇世紀の『母達』はどこにいるのか。寂しい所、歩いた者のない、歩かれぬ道はどこにあるのか」（「原点が存在する」）と向う「母達」のメタフォアーからも、あるいは手厳しく批判しつつも石川啄木の歌のなかから一首「船に酔ひてやさしくなれる／いもうとの眼見ゆ／津軽の海思へば」だけはそっと批判から外しておくといった器量からも、谷川の並々ならぬフェミニティの在りようを垣間見てとることができる。生得的に谷川がそう生まれついたのだ考える男がいたら、それは自らの性にどっぷりと浸されつつ、しかもなおそれが何であるのかを知らない者だ。もし、そのように考える女がいたら自らの性と生とが、この社会では何であり、何でしかありえないかを知らないものだ。谷川の資質がそのようにあったと仮定しても、資質は掘り起こされないかぎり何の価値も産まない。谷川はそれを、おそらくは凄絶な「おのれの座標」との暗闘のなかから掘り起こした。彼の「断言的肯定命題」はそのことの里程標となっている。この一文を「絶筆」として、とりあえず彼は沈黙した。しかし抑圧する存在として、「おのれの座標」をめぐる、彼の内部での息づまる闘争は、実質的な第一詩集『天山』の、まさしくその冒頭に配された詩行にすでに鮮明に示されていた。

おれは村を知り道を知り

灰色の時を知った
明るくもなく　暗くもない
ふりつむ雪の宵のような光のなかで
おのれを断罪し　処刑することを知った
焔のなかに炎を構成する
もえない一本の糸があるように
おれはさまざまな心をあつめて
自ら終ろうとする本能のまわりで焚いた
世のありとある色彩と
みおぼえのある瞳がみんな
苦悩のいろに燃えあがったとき
おれは長い腕を垂れた
無明の時のしるしを
額にながしながら　おれはあるきだす
歩いてゆくおれに
なにか奇妙な光栄が
つきまといでもするというのか
（「或る光栄」『定本　谷川雁詩集』（潮出版社刊、一九七八年））



できうれば書く手を休めて、もう少し詩行の森を踏み迷っていたいくらいだ。わずか十八行のことばの森は、黒田喜夫が感嘆したとおりの、比類なき美しさを獲得している。しかし、ここは文学を論じる場ではなかった。

谷川が、正確には「おれ」が、訪れた「村」は、男である彼には「異端の民」の棲まう「別の地獄」だ。そこへは誰も男であるそのままでは辿り着けない。存在の否定ではなく批判のはてに「自ら終ろうとする本能」のほかは。そのような「本能」のまわりで、「さまざまな心」が焚かれたのは、ほの暗いその照りかえしのなかの、あるかなきかの生の「肯定性《フェミニティ》」を見届けたいという思いの表われである。すでに谷川がその「村」へ行った理由ははっきりしている。「おのれを断罪し処刑すること」によってようやくに回復してくる自己のなかの自己の、それゆえの「肯定性《フェミニティ》」あるいは「直接《フェミニ》性《ティ》」を彼は求めていた。

谷川の訪れた「村」はまた、田中美津の来た「村」

だ。田中は、そこから来て、そこにいた。訪れた者と、いた者について、「そこに己れを設定しうる者は、個人史の必然としてそこに存在する者によっていつもその衣の軽さを見透される」と書いた田中のことばを思い出しておこう。谷川の「衣」が軽いとは毛頭思えない。そうではなくて、谷川は詩人であることをやめられたけれども、田中は女であることをやめるわけにはいかなかったというあたりまえを確かめておきたいのだ。

この対比は、谷川と田中の紡ぐことばの、内容としては相似し、しかし方向性《ベクトル》としては相反的な関係を物語っている。先述のように田中にかぎらずリブのことばは、徹底して女たちへと発せられている。だからもし、そのことばを聴きたいと願う無暴な男がいたとしたら、彼は自らを女と化するほかはない。話したい思い、聴きたい思いが水平にならないすべての場所で、女たちのことばは秘匿する思いのためにすぐ屈折する。水平の「村」でようやく、話したい思いと聴きたい思いは、ひとつの音楽《エロス》を奏でるのではないか？　おそらくはそのように考えて、田中美津は『いのちの女たちへ』を書いた。だが谷川は——冗談でいうのではないが『いのちの坑夫たちへ』とでも題されるべきはずだった一冊の書物を、ついに書かなかった。「工作者《ポレミイク》」として、彼はもっぱら「虚妄の首都《メガロポリス》」の進歩的文化人に向けてことばを紡いでいた。谷川雁という「砲兵」の照準に第一級の醒めた狂気はあったと思われるが、狂いがあったとは考えられまい。だからこそ余計に、どうして彼が「魂の地方《プロヴァンス》」からたずさえてきた「にがい茶」を、この東京という近代のなかの前近代性《ゲットー》を強いられた庶民に差し出さなかったのかと訝るわたくしがいる。それとも、文字とは別の話しことばで、谷川はそうしていたのだろうか。そうであるならば、そのときの谷川は「おのれの座標」のどんな引き出しから、どんなことばを紡ぐことになったかと空想を試みて、無理だった。わたくしの空想の力の限界のためか、谷川という存在に、この仮定そのものが無意味であったためか——理由はふたつのうちのどちらか、あるいは両方にあるだろう。どこから押しても谷川雁の仕事が、戦後思想の重大な分水嶺となりえていることは断言できる。しかしそのような評価とは別のどこかで、この希に見る質のフェミニティを獲得しえたと思われる谷川をもってしても、なお男性《おとこせい》を刷り込まれた支配の逆支配という陥穽に逢着してしまったのではないか。そのような昏い疑念を、払拭したいのだが、なかなかにそうはできがたい。反問のあげくにようやく、谷川雁は文学者であったと、改めて思い直した。

設定《ぶんがく》において、ではなく存在において、女であるリブの闘いは本質的に不退転であるほかはなかった。そのことが女たちの身体や精神にどのような位相をもたらしているのかは、むろんわたくしに語れる能力も資格もあるわけではない。ただ、この章の終わりにわたくしはわたくしの位置から、つまり男の眼に歪んでいるにちがいない、女たちによる世界への「つっぱり」と「とらえ返し」に関するメモランダムを記しておこう。素直にいってリブたちはこの「とらえ返し」を実現していない。ほとんどことごとく失敗しているというべきだ。しかしリブの闘いは存在を直接の基底とした、あらゆる闘争がかならず出合う激越を孕んで、孕むことにたわみながら「己れ」から「世界」までのことごとくを、よくつっぱねた。むしろその非妥協性のゆえに「とらえ返し」は必敗したのである。どこまでもが徹底した往路であり、したがってターニング・ポイントという緩衝点をもたない闇を、女たちは果敢に下降したといわなくてはならない。つっぱねて背を向けたその世界に、女たちに、とりわけ自己《おんな》に、振り向いてではなく自らが下降する闇の前方において出合おうとしたのだ。その帰結がどのようにあるかを、わたくしは知らない。知らないでいいと思っている。なぜならこのような行為の意味や価値を、結果において計ろうとする精神とわたくしは無縁でありたいからだ。

［鈴城雅文著『写真＝その「肯定性《フェミニティ》」の方位』第一章。御茶の水書房、一九九二年一月刊］

# あとがき

あぁ足が短くて、本当によかった！　と、まさかそんなふうに思う日が来るなんてね。例の新宿南口の紀伊國屋での珍騒動。踏んだらドッカンの地雷女にとっつかまって、私の右足の甲が逆に踏んづけられちゃつて。

その瞬間さっと山猫のように私は反撃、でも彼女のお尻に届くには約一〇センチ、足の長さが足らなかった。足らなくて良かった。

あぁいくつになってもオッチョコチョイが直らない。永田洋子に「山岳基地を見に来ないか」と誘われると、ホイホイと付いていってしまう。元従軍慰安婦のハルモニたちが、その過去ゆえに腎臓が悪いと知れば、すぐさま韓国に飛んで、「温泉に行こうよ」と誘いたくなる。

なにごともこの身を通じて見たい、知りたい、感じたい、考えたい。そういう欲が強すぎるのね。最初に空を飛んだ人間も、たぶん私のようなオッチョコチョイだ。

危機一髪を短い足に救われて、あらためて私は考えた。足が短いことも時にマル。であるならミッチャン、やっぱり何事も悪いことばっかりってことはないのよ。って考えるまでもない、ペケの自分にいつだって助けられての人生だ。

からだが悪かったから、鍼灸師になれたんだし、ひっつかれたトラウマを、なんとか引き離そうと悪戦苦闘、おかげでイメージトレーニングを朝日カルチャーで教えるまでになっちゃつて。ウチに来てる患者だって、からだが弱かったから、ここに来れてよかったってよくいっている。あれは多分に社交辞令か。

でも醜いアヒルの子は白鳥に、蛙はピカピカの王子様に変身する御伽噺には、なにか深い真実が隠されているぞ。

その真実をお守り札に、自分であることを怖がらずに生きていく。そして、これからもますますオッチョコチョイに磨きをかけて、「あんなふうでも生きていかれる」とか、「あんたを見てると安心する」といわれるようになりたいわ。それは私のような女に出来る一番の社会奉仕だ。余計な期待もされずにすむし。

二七歳まで親元でノンベンダラリとしてたって、未婚で子どもを育てることができるんだから、自立なんてとっても簡単。始めて空を飛んだ人間も、鳥になるなんてとっても簡単って思ったから飛べたのよ。ものごとは難しいと思った時から、難しくなる。石橋も叩きすぎたら壊れてしまう。

無力感、厭世感こそが敵だから、心配すべきは体調です。それがまぁまぁなら人生なんとかなっていく。ってもう、自信をもっていえるんだから、歳をとるのも悪くない。

さていうまでもないことですが、アタマデッカチ・フェミニズムじゃ自分一人も幸せにできない。あなたの生き難さから始まる、あなたの言葉で語るフェミニズム。目指すはそれだと思っている方に、この本が少しでもお役にたてれば幸いです。

また、弱いからだをなんとかしたいという方には『新・自分で治す冷え症』（マガジンハウス）が、気持ちが過去をさ迷いがちな方には『いのちのイメージトレーニング』（筑摩書房・新潮文庫）がお役に立つと思います。

精神科医の宮地尚子さんは『いのちのイメージトレーニング』を読んで、「彼女は「運動」をやめたわけではない、運動のやり方を変えたのだ」と。そんなふうにわかってくださる人がいて、うれしい。この際あなたもゼヒ読んでみてください。

重心がシッカリと下に降りてる深田編集長。彼との二人三脚は、もう大船に乗ってるように安心でした。地道にがんばつてる雑誌『インパクション』のためにも、売れるといいね。装丁の田中実さん、こんな凛とした本にしてくださって、ありがとう。そしてウチのスタッフの宮下さん、鏡さん。この間本作りに追われていつも以上にボンヤリとしていた私を、しっかりフォローしてくれてありがとう。

そしてモチロン、読んでくださったあなたには特大の**ありがとう**を!!

なお「ミューズカル〈おんなの解放〉」のビデオを資料として入手したい方は「ドテカボ一座のビデオを見たい会」（dotekabo-info@mail.goo.ne.jp）までご連絡ください。

**田中美津**（たなかみつ）
1943年東京に生まれる。
現在、鍼灸院れらはるせ主宰
**著書**
『いのちの女たちへ―とり乱しウーマン・リブ論』田畑書店、1972年、河出文庫、1992年、新装版・パンドラ、2001年、新版・パンドラ、2016年
『何処にいようと、りぶりあん―田中美津表現集』社会評論社、1983年
『美津と千鶴子のこんとんとんからり』上野千鶴子氏との対談、木犀社、1987年
『自分で治す冷え症』マガジンハウス、1995年
『いのちのイメージトレーニング』筑摩書房、1996年、新潮文庫、2004年
『ぼーっとしようよ養生法』毎日新聞社、1997年、三笠書房、2003年
『新・自分で治す冷え症』マガジンハウス、2004年
『かけがえのない、大したことのない私』インパクト出版会、2005年
『この星は、私の星じゃない』岩波書店、2019年
『明日は生きてないかもしれない……という自由』インパクト出版会、2019年

かけがえのない、大したことのない私

2005年 10月15日　第1刷発行
2024年　5月25日　第4刷発行
著　者　田　中　美　津
発行人　川　満　昭　広
装幀者　田　中　　　実
発　行　インパクト出版会
〒113-0033　東京都文京区本郷2-5-11　服部ビル2F
Tel 03-3818-7576　Fax 03-3818-8676
E-mail：impact@jca.apc.org
郵便振替　00110-9-83148

モリモト印刷

## 明日は生きてないかもしれない……という自由

私、76歳　こだわりも諦めも力にして、生きてきた。

**田中美津**

田中美津は「人を自由にする力」を放射している」――竹信三恵子

1970年代、ウーマンリブ運動を牽引した田中美津の最新表現集。

定価1800円＋税　ISBN978-4-7554-0293-7　2019年刊

## 越えられなかった海峡

女性飛行士・朴敬元の生涯

**加納実紀代・解説＝池川玲子**

1933年8月、羽田を飛び立つがあえなく伊豆半島で墜死した朝鮮人女性飛行士・朴敬元。民族や女性への差別のなかで自由を求め、自己実現を希求した朴敬元に思いを重ね、綿密な調査のもとに彼女の生涯を描き切る。

定価3000円＋税　ISBN978-4-7554-0334-7　2023年刊

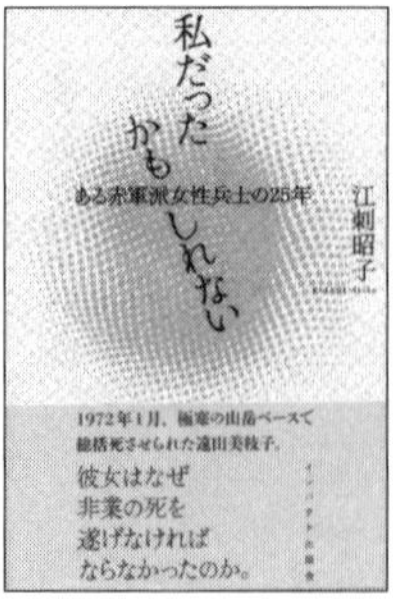


## 私だったかもしれない

ある赤軍派女性兵士の25年

**江刺昭子**

1972年1月、極寒の山岳ベースで総括死させられた遠山美枝子。彼女はなぜ非業の死を遂げなければならなかったのか。1960年代末の学生反乱の時代をひたむきに革命に生き、連合赤軍事件に至るまでの生の軌跡。

定価2000円＋税　ISBN978-4-7554-0319-4　2022年刊